# 미디어
## MEDIA ——— POLITICS

구교태 지음

# 정치학

한울
아카데미

# 차례

# 서문

　인간의 존엄과 가치 그리고 행복 추구를 위해서는 의식 있고 박식한 민주 시민의 정치 참여가 무엇보다 중요하다. 한국 사회에서 정치 관련 대화나 정보 이용은 상대적으로 많지만, 현실 정치를 읽는 안목과 판단 그리고 합리적 정치 행위는 여전히 개선될 여지가 있다. 민주적 자질과 소양을 위해 독자의 관심을 자극하고 기본적 정치 지식을 제공하고자 이 책이 기획되었고, 민주적 정치 문화 정립에 보탬이 될 수 있는 미디어 정치 관련 주제들이 다뤄졌다.

　최근 온·오프라인 매체의 폭발적 성장은 미디어에 대한 사람들의 의존 현상을 더욱 부추기고 있다. 정치 영역에서도 미디어를 매개로 한 정치 활동이 더욱 전문화되는 추세다. 미디어 기술의 발달로 정보 처리와 참여에서도 매체 활용이 강화되고 있다. 심지어 메타버스, AI, 빅데이터, SNS 등이 정치 현장에 등장하면서 새로운 커뮤니케이션 기법에 대한 이해도 요구되는 시점이다.

　민주적 정치 문화를 위해서는 미디어를 중심으로 전개되는 현실 정치에 대한 이해가 중요하다. 특히, 정치 환경과 작동 체계에 대한 지식은 필수적이다. 정치 지식을 기반으로 감시, 비판, 견제 등의 이성적이고 합리적인 활동이 가능하기 때문이다. 나아가, 정치 지식은 미디어를 활용한 정치 행위의 자율성을 높이는 데 도움이 된다. 미디어 매개 정치에 대한 통찰력을 통해 정치 정보를 능동적·창의적으로 해석하고 의사결정과 참여의 자율성을 증대시킬 수 있다.

이 책의 제목으로 '미디어 정치학'을 결정하는 데는 적지 않은 고민이 있었다. 실무적 영역들이 특정 분야의 학문으로 정립될 수 있는가에 대한 의문이 있었기 때문이다. 하지만 '학문'의 사전적 의미가 특정 분야의 체계적 학습을 지칭한다는 점을 고려하면, 지식 체계로서의 '미디어 정치학'도 논의될 시점이라 판단했다. 미디어 정치 연구자들의 다양한 탐구 활동과 통찰력이 축적되어 왔기 때문이다. 따라서 미디어 정치 분야에 헌신한 학자와 전문가를 위해 '미디어 정치학'이란 제목으로 결정했다. 향후 학문 분야로서의 정체성 확립을 위한 학술적, 실무적 노력에 대한 기대감도 일정 부분 반영되어 있다.

미디어를 통해 현상적으로 드러난 내용을 넘어 정치 전반에 대한 통찰력을 가지려면 다양한 분야에 대한 총체적 접근이 요구된다. 이를 위해 이 책에서는 현재까지 연구되고 활용된 다양한 미디어 정치 분야들을 다루고자했다. 언론 보도, 방송토론, 정치광고, 인터넷 캠페인 등이 대표적이다. 이 주제들을 효과적으로 학습하기 위해서는 다양한 미디어 자료를 활용할 필요가 있다. 이 책에서도 여러 실제 사례들을 담아내고자 했지만 다양한 선거 상황들을 다루기에는 많은 한계가 있었다. 따라서 주제별 학습활동에서는 선거 수준과 시대별 매체 활용 사례들을 수집하고 비교하는 활동들이 더욱 강화되었으면 한다.

이 책은 미디어 매개 정치에 대한 이해를 넘어 정치 전문가를 위한 기초자료의 성격도 가지고 있다. 정치 실무를 체계적으로 학습하여 효율적 캠페인 활동에 활용했으면 한다. 정치 전문가 양성은 여론 조작과 같은 부정적이미지와도 연결되지만, 이들의 전략을 간파하여 의미를 제대로 파악할 수있는 유권자 양성이라는 측면도 있다. 미디어 정치 관련 다양한 실천 영역에 대한 유권자들의 이해와 대처 능력에 도움이 되었으면 한다.

　미디어 정치는 많은 가능성과 두려움을 내포하고 있다. 미디어 정치로 인해 정보 마당, 토론 광장 등의 기능이 활성화되었다. 이는 정치를 경험하고 실천하는 공간의 확대를 의미한다. 반면, 미디어 정치는 특정 이미지를 과장 혹은 축소하여 기만적 의미 생산에도 관여한다. 특별한 지위와 직무를 감추기 위한 교묘한 전략 속에서 사람들이 다른 이슈들을 망각하거나 가볍게 다루도록 조작·통제되기도 한다. 시민들의 고려나 판단이 무뎌지고 그릇된 행위로 이어지기도 한다. 이 책의 주제들이 기만과 조작의 정치에서 희망의 정치로 나아가는 데 활용되길 기대한다.

　기획과 편집에 도움을 주신 한울엠플러스(주)에 감사드린다.

제**1**장

정치와 민주주의

# 정치와 여론

## 1. 정치와 커뮤니케이션

삶 속에서 정치의 영향력은 지대하다. 다양한 가치가 정치를 통해 실현되거나 보호될 수 있기 때문이다. 현실 정치의 영역뿐만 아니라 대인 관계 속에서도 개인의 정치 정보는 서로를 판단하는 기준으로 작동하기도 한다. 또한, 정치는 가장 빈번한 대화 소재이기도 하다. 정치가 인간의 삶과 밀접한 관계를 보이지만 정치란 무엇인가에 대한 명쾌한 답변은 쉽지 않다.

우리의 삶이 정치를 벗어나 생각될 수 없듯이, 정치도 미디어를 벗어나 생각하기 어렵다. 현실을 반영하는 미디어가 정치를 폭넓게 다루고, 정치도 미디어를 적극적으로 활용하기 때문이다. 예를 들어, 뉴스 매체에서 정치는 가장 비중 높은 주제의 하나이고, 선거 캠페인 비용에서도 미디어 관련 지출이 가장 높은 분야의 하나임을 통해서도 알 수 있다. 또한, 미디어 콘텐츠의 제작이 매체 이용자의 수요를 반영한 것임을 생각하면, 사람들의 가장 보편적 관심사 중 하나가 정치임을 쉽게 이해할 수 있다.

일반적으로 정치는 정치 공동체의 복지와 행복 추구를 위한 계획과 노력으로 정의될 수 있다(조용상, 2005). 시민들의 안녕과 행복을 구현하는 활동, 즉 인간 삶을 안정적으로 보호하기 위한 노력이 정치의 본질인 셈이다. 이러한 정치의 본질이 제대로 구현되기 위해서는 다양한 영역의 조화가 필요하다. 정치 지도자의 올바른 정치 감각과 리더십, 효율적으로 작동되는 정치제도, 식견 있는informed 시민들의 능동적이고도 참여적인 정치 문화 등이 상호 유기적으로 구현되어야 한다. 이를 위한 미디어 기능과 역할은 저널리즘 영역과 정치 커뮤니케이션 영역에서도 중요한 논의의 대상이었다. 정치 엘리트에 대한 언론의 비판과 감시, 제도에 대한 진단과 대안 제시, 적절한 정치 정보 제공자의 역할 등으로 요약될 수 있다.

또한, 정치는 사회 구성원들의 갈등과 분쟁을 해결하기 위한 활동으로 정의되기도 한다. 여러 갈등을 해소할 질서와 규범을 확립하고, 갈등 요소를 조정 혹은 통제할 수 있는 노력을 통해 사회 구성원 간 화합과 공존을 이루는 과정이기도 하다. 즉, 더불어 살기에 적합한 환경을 만들어가는 노력이라 할 수 있다. 갈등과 분열 지향적 미디어 내용은 이러한 노력을 상쇄시킬 수 있다. 또한, 감성보다 이성, 이미지보다 이슈 중심의 보도가 필요한 이유이다. 미디어가 갈등 해소를 위한 정치적 노력을 전달하고 관련 토론을 활성화할 때, 정치도 제대로 기능할 수 있을 것이다.

마지막으로, 정치는 사회 희소가치들을 적절히 배분하기 위한 활동을 지칭하는 것이기도 하다. 가치에는 재화나 자원 등과 같은 물질적 가치와 권력이나 명예와 같은 비물질적 가치가 있다. 따라서 우리는 정치가 사회 내 빈부 격차, 성별 불평등, 소외 계층이 직면한 문제 등을 해소 또는 개선해 주기를 기대한다. 국민을 대변하고, 시민의 이익을 위해 존재하는 미디어가 사회의 다양한 불균형과 불평등 문제를 진단하고, 발전적 대안을 모색해야 하는 것은 지극히 당연한 의무일 것이다.

요약하면 정치는 타인과 더불어 조화로운 삶을 살아가기 위한 인간의 형태 및 활동이다. 우리는 이러한 정치적 활동을 통해 개인과 사회의 이상과 가치들을 추구하곤 한다.* 이 과정에서 국가, 시민, 미디어 등은 자신의 권력적 작용을 위해 역동적인 모습을 보여야 할 것이다. 각 영역이 상호 영향을 주고받으면서 사회와 개인 차원에서 긍정적인 새로운 변화를 주도할 때, 정치가 추구하는 이상들에 다가설 수 있을 것이다.

정치에 대한 학술적 접근은 정치학과 커뮤니케이션 관점으로 구분될 수 있다. 여기서 정치학적 접근은 국가나 정부 기구의 구성 및 정치 절차 등에 초점을 맞춘다. 반면, 커뮤니케이션은 정치 활동에 관여된 사람이나 조직들 사이의 의미 전달, 공유, 설득의 과정에 주목한다는 차이점이 있다. 그리고 이 영역은 정치 커뮤니케이션으로 지칭된다.

정치학적 접근에서 연구의 범위는 지역이나 학문 영역으로 구분될 수 있다. 지역적으로는 국제정치, 국가정치, 지방정치 등이 있으며, 학문적으로는 정치철학, 정책 및 행정, 정치 인식 및 태도 등이 있다. 최근에는 지역, 국가, 국제적으로 조직된 순수 민간조직이나 단체를 지칭하는 다양한 비정부기구 NGO: Non-Governmental Organization 활동들도 국내외 정치에서 크게 주목받고 있다. 정부 활동을 감시하거나 사회문제 해결을 목표로 활동하는 NGO들은 입법, 사법, 행정, 언론에 이어 제5부 혹은 제5의 권력으로 지칭되거나, 정부와 기업에 대응하는 제3섹터the 3rd sector로 불린다.[1]

정치 커뮤니케이션의 연구 범위는 정치 담론과 문화 그리고 해방emancipa-

---

1    NGO의 효시는 1863년 스위스의 국제적십자사이지만, 이 용어의 본격적인 사용은 1945년 국제연합 설립과 더불어 시작되었다. 국제적으로 인지도 높은 기구로는 양심수 석방을 위해 창립된 '국제사면위원회', 분쟁 지역에서 주로 활동하는 '국경없는의사회', 환경문제를 다루는 '그린피스' 등이 있다. 이들의 활동은 주로 인권, 환경, 여성, 소비자를 위한 운동과 정치 개혁 등에 집중되고 있다. 국내에서는 1903년 YMCA가 효시로 알려져 있으며 '흥사단', '경실련', '환경운동연합', '언론개혁시민연대', '참여연대' 등이 대표적이다. 참고로 NGO와 유사한 용어로 비영리조직(NPO: Non Profit Organization)도 있다. 이는 국가와 시장 영역에서 분리된 조직과 단체를 지칭하는 포괄적 개념으로서 이윤을 추구하지 않고 활동하는 준공공(semi-public) 및 민간 조직을 통칭하는 용어다.

tion의 관점에서 접근하는 학술적 논의와 설득과 공유를 효과적으로 달성하기 위한 실용적 연구로 구분될 수 있다. 이 책에서는 정치제도와 체계에 대한 이해를 바탕으로, 미디어를 중심으로 진행되는 다양한 정치 실전 영역을 다루었다. 특히, 설득 차원에서 수행되는 다양한 정치 활동을 언론, PR, 과학적 마케팅 관점에서 설명하고 있다.

커뮤니케이션 과정은 송신자sender, 메시지message, 채널channel, 수신자receiver, 피드백feedback 등의 형태로 간결하게 설명될 수 있다. 정치 커뮤니케이션에서 송신자는 후보자, 정당, 정부 등과 같은 인물이나 조직을 지칭하지만, 시민이 송신자의 역할을 할 수도 있다. 문재인 정부의 국민청원 제도를 생각해 보면 쉽게 이해할 수 있다. 온라인 매체를 통한 국민과의 소통 채널은 제도 및 법률적 변화의 동력이 되었다.[2] "국민이 물으면 대통령이 답한다"라는 국민청원 슬로건이 보여주듯, 청원하는 국민이 송신자이고 정부나 청와대 책임자가 수신자가 된 것이다.

메시지는 송신자가 목표 대상을 위해 구성한 말, 문자, 상징 기호, 사진, 영상 등을 말한다. 토론을 통해 전해지는 말, 정치광고의 영상이나 기호, 정치보도에 포함된 글과 사진 등이 메시지인 것이다. 여기서 유의할 점은 메시지 전달과 의미 해석은 차별적이라는 것이다. 동일한 메시지도 해석 과정에 따라 상의한 의미로 나타날 수 있기 때문이다. 따라서 목표 대상에 따라 어떤 메시지를 사용하고 어떻게 구성하는가에 따라 커뮤니케이션 효과도 달라질 수 있다.

---

2  2017년 8월 19일 '국민청원'제도가 만들어진 후, 2021년 8월 18일까지 4년 동안 104만 건의 국민청원이 올라왔고, 2억 명의 국민이 동의를 눌렀다. 하루 평균 33만 55명이 방문해서 14만 5162명이 청원에 동의를 누른 것이다. 청원에 대한 답변이 이뤄지는 기준인 20만 이상 동의를 받은 건수는 4년 동안 257건이었다. 국민청원이 바꾼 변화들은 '어린이 교통안전 확보', '음주운전 처벌 강화', '아동학대방지시스템 구축', '디지털/아동 대상 성범죄 처벌 강화', '소방공무원 국가직 전환', '동물보호법 강화' 등이 있다. 온라인 국민청원 제도는 유엔 전자정부 평가에서 '온라인 참여 부문' 1위(2018년, 2020년)에 오르기도 했다(www1.president.go.kr/petitions).

구성된 메시지 전달은 다양한 온·오프라인 채널을 통해 이뤄진다. 메시지가 목표 대상에 따라 상이하듯 활용되는 채널도 대상이나 메시지에 따라 차별화되어야 한다. 예를 들어, 영상 메시지라면 방송이나 인터넷을 고려할 수 있고 방송이라면 좀 더 감성적인 메시지가 적합할 수 있다. 또한, 채널별 이용자층도 고려되어야 한다. 미디어 이용 통계를 반영하여 대상에 맞는 적합한 채널을 선택해야 메시지 노출 가능성도 커질 수 있다.

오늘날 ICT 기술과 시민의식 확대로 수신자의 역할과 피드백feedback도 증대되고 있다. 수동적 수신자로 인식되었던 시민들이 능동적인 커뮤니케이션 송신자의 역할을 담당하면서 정치 변화의 주체가 되고 있다. 이러한 정치 참여 문화는 향후 우리 사회의 민주주의를 견인하는 동력이 될 것이다. 우리는 이미 2016년 탄핵 정국을 통해 시민들이 당당한 역사의 주체라는 사실을 확인할 수 있었다. 참여하는 시민들의 조직된 힘이 성숙한 민주주의로 나아가는 동력인 것이다.

정부나 정치 지도자들이 어떤 방식으로 커뮤니케이션을 하는가는 매우 중요하다. 국민을 대하는 태도와 국민의 의사 반영 방식에 영향을 미치기 때문이다. 정치 커뮤니케이션은 커뮤니케이션 특징에 따라 크게 세 유형으로 분류될 수 있다(권혁남, 2004).

먼저, 자유롭고 수평적인 민주적 커뮤니케이션 유형을 생각해 볼 수 있다. 민주적 커뮤니케이션을 추구하는 국가는 주로 여론 수렴을 통해 정책을 결정하는 방법을 택하는 경향이 있다. 그리고 이러한 형태에서는 일방적 발표나 선전 및 설득보다 상호 비판과 토론을 통한 건전한 여론 형성을 더욱 선호한다. 이를 위한 미디어의 바람직한 정보 매개자 역할과 공론장 활성화가 무엇보다 중요하다.

둘째, 정치 지도자의 카리스마가 강조되고 개인 간 의사소통이나 표현의 권리가 제한되는 권위적 정치 커뮤니케이션 형태를 생각해 볼 수 있다. 이러한 형태의 정부는 독재 정치와 유사하다. 소수 엘리트의 의견만을 수용하면서 정책을 결정하고 대중에게 발표하는 형식을 취한다. 자신들의 정책은 설득과 선전을 통해 옹호하고자 하며, 국민에 대해서는 비판할 권리보다 수용의 의무를 강조하는 경향을 보인다.

마지막으로 사회와 국가의 개발과 발전을 위한 목적으로 커뮤니케이션을 수행하는 발전적 정치 커뮤니케이션 형태가 있다. 이 유형의 가장 큰 특징으로는 미디어 중심의 커뮤니케이션이 국가의 개발 목표에 부합되어야 한다는 점이다. 이는 경제 우선의 원칙과 사회개발 필요에 따라 커뮤니케이션도 제한될 수 있다는 주장이다. 이 유형에 집중하는 사람들은 국가 내 미디어가 정보를 수집하고 보급할 자유와 더불어 책임도 지녀야 하며, 국가는 개발 목표를 위해 필요할 경우 미디어 운영을 간섭하고 통제할 수 있다고 주장한다. 즉, 정치 커뮤니케이션은 국가 발전을 위한 수단으로만 작동되어야 한다는 것이다.

커뮤니케이션 유형은 정치 지도자의 리더십[3]에 따라 변화될 수 있다. 사회에 필요한 지도자가 되려면 성실성, 신뢰감, 탐구력, 책임감, 사회참여 등에서 남다른 특성을 보여야 한다. 다양한 이슈에 대해 박식하고, 유연한 사고와 비권위적인 모습 등도 가져야 한다. 이러한 자질은 단순히 선거의 승리를 넘어 정치적 목표를 효과적으로 달성하기 위해서도 필요하다. 리더십은 크게 민주적democratic, 권위적authoritarian, 자유방임적laissez-faire 유형으로 구분된다(Baker, 1990; 〈그림 1-1〉 참조).

먼저, 민주적 리더십을 가진 사람은 소속 구성원이나 집단이 의사결정을 할 수 있도록 도와주는 안내자의 역할에 집중한다. 이를 위해 다양한 제안을 경청하고 필요한 지원 방안을 탐색하거나 실천하고자 노력한다. 조직은 이러한 리더십을 선호하지만, 구성원이 지식이나 경험이 부족한 경우 문제에

---

3   리더십은 다양하게 정의되고 있지만, 대체로 지도 권, 지도력, 지도적 지위, 지도자로서의 능력, 지도 관계 등의 의미를 포함한다(이동희, 1985).

그림 1-1 **지도자의 리더십 유형**

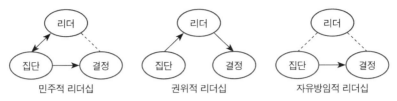

자료: Baker(1990: 182).

직면할 수 있다.

반면, 권위적 리더십을 가진 지도자는 지시적인 경향을 보인다. 지나치게 목표 지향적이고 목표 달성 방안에 대한 확고한 의견을 가진 경우가 많다. 조직의 구성원들이 지도자의 수행 능력을 존중한다면, 조직은 효과적으로 작동할 수도 있다. 하지만 리더에 대한 존중이 부족할 경우, 조직 내 갈등이 발생할 수 있다.

자유방임적 지도자는 집단을 지휘하는 사람이 아니다. 집단 내 정보나 피드백을 주는 잠재적 정보원으로서, 관찰자나 기록자의 역할을 하며 집단이 원할 때만 조언하는 특성을 보인다. 이러한 리더십은 창의적 활동을 하는 조직이나 집단에 적합하다. 지나친 지도가 창의성을 제한할 수 있기 때문이다.

일반적으로 효과적 리더십은 그 사람이 누구인가보다 무엇을 행하는가를 통해 평가된다. 효과적인 지도자의 자질과 특성은 〈표 1-1〉의 다섯가지 영역으로 설명될 수 있다(Giammatteo, 1981). 대인 행위personal behavior, 커뮤니케이션communication, 평등equality, 조직organization, 자아 감시 영역에서의 인식과 행위로 평가될 수 있다. 평가 영역 중 평등은 리더가 가져야 할 대인 간 혹은 업무 처리에 대한 인식과 관계된 것이고, 자기 분석self-examination은 자신이 수행한 일이 옳고 그른가를 되짚어 보는 행위 즉, 자기 성찰을 의미한다.

정치인들이 어떻게 리더십을 발휘하는가에 따라 정당 내 위상이나 선거 출마 및 승리 가능성도 상이할 수 있다. 또한, 선거에 승리한 정치인이 어

표 1-1 효과적 지도자 자질

| 영역 | 내용 |
|---|---|
| 대인 행위 | · 구성원의 감정에 민감<br>· 구성원의 필요 파악<br>· 구성원 목소리 경청<br>· 구성원의 제안을 비판하거나 경시하지 않음<br>· 구성원 각자 중요하고 필요하다고 느끼도록 함<br>· 다툼을 만들지 않음 |
| 커뮤니케이션 | · 구성원이 무엇이 그리고 왜 필요한지 이해시킴<br>· 구성원과의 커뮤니케이션 일상화 |
| 평등 | · 모두가 중요하다는 인식<br>· 독점이 아닌 공유의 리더십 인식<br>· 리더십 기능 분산의 중요성 인식 |
| 조직 | · 장·단기 목표 개발<br>· 큰 쟁점을 작은 이슈로 분리<br>· 기회와 책임 공유<br>· 기획, 행위, 업데이트, 평가 |
| 자기 분석 | · 행위 동기에 대한 인식<br>· 적절한 반대급부 위해 구성원의 반감과 인내력 수준 인식<br>· 사실 탐구 행위에 대한 인식<br>· 구성원의 능력, 태도, 가치에 대한 인식 |

떠한 리더십을 드러내느냐에 따라 정치 커뮤니케이션 유형도 차별화될 수 있다.

오늘날 대다수 민주 정부가 채택하고 있는 대의 민주주의[4] 체제에서 국민의 의사를 효율적으로 반영하는 것은 무엇보다 중요하다. 이는 대의 민주주의의 한계로 인식되는 시민 참여의 제한, 대표의 실패, 정치적 소외감과 무관심 등을 다소 극복할 수 있는 대안이기 때문이다. 국민의 의견이나 생각들은

---

[4]  바버(B. Barber)는 대의 민주주의를 '약한 민주주의'라 비판한다(Barber, 1992). 대의 민주주의는 모두에 의해 선출된 일부가 모든 공적 문제를 통치하는 형태이기에, 능률은 있고 참여와 시민 정신은 훼손되었다고 보았다. 따라서 참여와 교육을 통해 시민의식을 가진 사람들이 구현하는 '강한 민주주의'를 강조했고, 이러한 참여적 정치가 더욱 양질의 민주주의를 이뤄낼 수 있다고 보았다.

여론의 형태로 나타나기에 여론 형성 과정 그리고 여론이 담당하는 역할과 기능은 정치 커뮤니케이션이 작동하는 방식을 이해할 수 있는 적절한 수단이다.

## 2. 여론 형성과 역할

### 1) 여론 요소 및 형성

여론(public opinion)에 대한 명확한 개념 정의는 없지만, 특정 이슈나 대상에 대한 집단 구성원의 합리적 의견이라고 볼 수 있다. 즉, 어떤 이슈나 대상에 대해 공동체 다수가 표현한 개인 의견, 태도, 신념의 집합을 일컫는 용어다.

여론이 만들어지기 위해서는 다수가 관심을 갖는, 쟁점이 되는 이슈(issue)가 있어야 하고, 다양한 선호 경향을 지닌 공중[5]이 있어야 하며, 공중의 의견이 표현되어야 한다(Hennessy, 1965). 다수의 공중과 쟁점이 되는 이슈의 존재가 전제 조건이다. 여기서 공중은 모든 집단을 지칭하는 용어가 아니다. 논점을 중심으로 대립을 보이며, 견해 차이를 토론으로 나타낼 수 있는 집단을 의미한다. 또한, 쟁점은 특정 주제와 관련하여 찬반이 나뉘고 논쟁의 여지가

---

[5] 공중(public)이라는 용어는 민중(people)을 의미하는 라틴어 'publicus'에서 나왔다. 초기에는 두 개의 의미로 사용되었는데, 하나는 공공장소에 대한 일반인의 접근을 의미하는 공개성과 이용 가능성을 의미하고, 다른 하나는 공공 이익과 공공선(common good)과 관련되어 있다(원우현·박종민, 2000). 유사한 용어로 군중과 대중이 있다. 군중이 특정한 시기에 일정한 장소에서 만나는 집단이라면 공중은 떨어져 있어도 간접적으로 상호 연결된 집단이라는 점에서 차별적이다. 한 사람이 여러 공중에 속할 수 있지만, 군중에서는 하나에만 속한다. 한편, 대중(mass)은 공중과 달리 구성원 간 상호작용이나 의사소통이 거의 없고 극단적으로 이질적이라는 특징이 있다.

있는 이슈를 말한다. 구성원이 지지하는 전통과 관습, 당위성을 전제로 한 법률과 도덕 등은 논점이 되기 어렵다.

여론 형성의 조건으로 공중의 의견 표현이 필요하다는 점을 고려하면 표현과 토론할 공간과 자유도 중요하다. 권력 통제가 심각한 국가에서는 진정한 의미의 여론을 기대하기가 어려운 이유다. 쟁점에 대한 의견이 가시화되기 위해서는 미디어나 대인 채널이 필요하다. 미디어가 사람들의 관심을 끌도록 보도하지 않으면 그 이슈는 쟁점이 되지 못하고 소멸할 수 있다. 또한, 공중의 표현된 의견도 미디어를 통해 확인하는 것이 보편적 추세임을 고려하면, 여론 형성을 위한 미디어의 중요성이 지대하다는 것을 알 수 있다.

여론이 형성되는 과정은 크게 다섯 단계로 요약될 수 있다(최한수 외, 2000). 첫째, 쟁점의 가시화되는 단계다. 쟁점의 존재는 여론 형성의 요건이며, 이는 미디어나 대인 간 커뮤니케이션을 통해 이뤄진다. 둘째, 공중의 의견 형성이다. 공중은 미디어나 대인 간 커뮤니케이션 그리고 외부 환경과의 상호작용을 통해 의견을 형성해 나간다. 셋째, 공중 의견으로 가시화되는 단계다. 예를 들어, 하나의 이슈에 대해 현저하게 대립된 의견을 생각해 볼 수 있다. 넷째, 의견의 합의점 도달이다. 하나의 의견으로 합의점을 이루는 단계를 말한다. 마지막으로 합의된 의견은 여론으로서 힘을 가지는 단계다. 여론이 개인의 결정이나 행위에 영향을 미치고, 후보자나 정부도 여론에 근거하여 정책을 기획하거나 집행할 수 있다.

앞서 여론이 형성되기 위한 조건이 갖추어져도, 여론 형성 과정과 기간은 쟁점과 상황에 따라 다르다.[6] 여론이 형성되는 과정은 가로 형태의 원뿔로 설명될 수 있다. 여론 형성 속도는 이슈의 성격이나 미디어와 공중의 관심에 따라 상이하다. 또한, 그 사회가 가진 공론장의 민주성도 여론의 특성과 형

---

6    미국 워터게이트(Watergate) 사건의 경우 여론 형성에는 약 1년이 소요되었다. 어떤 이슈는 공개와 더불어 여론 형성이 이뤄지기도 한다.

성 과정에 영향을 미칠 수 있다. 최근에는 이슈가 생성, 유통, 소비되는 주기가 급속도로 빨라지면서, 여론 형성에 드는 시간이 상대적으로 감소했다.

최종 의견에 이르는 여론화 시간이 줄어들면, 시간 차원이 감소하여 원뿔의 길이가 짧다. 이는 의견수렴 과정이 좀 더 신속하게 이뤄졌음을 의미한다. 일반적으로 미디어의 강력하고도 일관된 주목을 받는다면 신속한 의견수렴이 가능하다. 반면, 의견수렴 과정이 오랜 시간에 걸쳐 이뤄진다면 시간차원이 늘어난다. 이는 논의되는 이슈가 여러 요인과 복합적으로 얽혀 있거나 공중의 주목을 받지 못하는 경우 혹은 장기간에 걸쳐 의견이 수렴되는 상황과 관계있다. 원뿔의 모양이 뾰족하지 않고 중간에 단절될 수도 있다. 이러한 경우는 최종 의견으로 수렴되지 못한 상황을 말한다. 의견 대립이 심한상황에서 갈등이 고조되고 논쟁이 지속되는 경우 그리고 정보 단절 혹은 논쟁이 중단된 상태라 할 수 있다.

## 2) 여론의 기능

형성된 여론은 개인과 사회에 대해 다양한 역할을 담당한다. 순기능과 역기능을 중심으로 여론의 역할을 살펴보았다(최한수 외, 2000). 순기능으로는 먼저, 여론이 국민적 통합과 사회적 안정에 도움이 된다는 통합적 기능을 들 수 있다. 여론을 토대로 공유된 사회 규범과 가치를 반영하는 제도나법에 자발적으로 순응하기에 갈등이나 마찰 없이 사회 통합을 원만히 이룰수 있다.

다음 순기능으로는, 여론이 법률 제·개정과 폐지 및 정책 결정에 영향을주는 정치적 기능을 한다는 점이다. 국민의 지지를 받지 못하는 정책이나 법률은 실효를 거두기 어렵다. 여론은 정부가 나아가야 할 방향을 제시하는 역할을 하기에 여론이 없다면 정부의 업무 기준도 혼란스러울 것이다.

셋째, 문화적 기능에 관한 순기능을 들 수 있다. 여론은 관습 및 풍속을 유지하거나 변화를 가져오는 기능을 한다. 특히, 급격한 변화의 시기에 합리적 대안을 위한 조정 기능을 할 수 있다. 하지만 여론 형성이 언제나 합리적으로 이뤄지는 것은 아니다. 때론 충동적·감정적 요소에 의해 문제가 해결되기도 하며, 권력 개입으로 인해 정당한 여론 형성이 방해 받거나 왜곡되기도 한다.

넷째, 집단 차원의 순기능이 있다. 여론이 각종 사회조직에 대한 견제 및 집단 내 통일성 확보와 관계된 기능을 한다는 것을 의미한다. 여론은 이익집단들에 대해 물리적 구속력은 없지만, 조직들의 행동을 규제함으로써 상당한 견제 작용을 한다. 여론에 심각하게 반하는 조직은 그 사회에서 존재하기가 어렵다.

마지막으로 여론은 구성원들의 정서적인 안정감과 사기 앙양에 도움을 주기도 한다. 개인적 차원의 순기능이다. 의견이 집단에 의해 뒷받침되고, 공유된다는 믿음이 심리적 안정감 형성에 도움을 준다. 나아가 여론이 정부 정책에 반영될 때, 정치체제의 일원이라는 자부심도 가질 수 있다.

반면, 여론의 부정적인 측면도 있다. 여론의 역기능은 여론 자체를 불완전하게 보는 학자들에게서 많이 지적되고 있다. 여론의 역기능은 다수의 횡포, 피설득성, 유사 여론 등이 있다. 다수의 압력으로 문제가 있는 의견이 우세한 의견으로 주장될 수 있으며, 공중은 감정적이고 비이성적 호소에 쉽게 설득당하기 쉽고, 유사한 여론을 진정한 여론의 지지로 잘못 수용할 수 있다는 것이다.

여론의 기능이 제대로 작동하기 위해, 미디어는 공중이 특정 쟁점을 신속하고 올바르게 알 수 있도록 노력해야 한다. 공정하고 객관적인 보도와 다원화된 정보 전달 노력이 필요하다. 제도적으로는 자유로운 언론 활동이 보장되어야 하며, 소외 계층의 미디어 접근이 강화되고, 취재원이 아닌 언론인 중심의 취재 및 보도 활동이 이뤄져야 할 것이다.

# 민주주의 이념과 원칙

## 1. 민주주의 정의와 평가

민주주의에 대한 통일된 정의는 없다. 민주주의 개념에 대한 다양한 정의
와 설명은 수 세기에 걸쳐 여러 담론 속에서 등장한다. 유사성도 있지만 상
호 충돌되는 부분도 있다. 민주주의democracy의 어원은 국민을 뜻하는 'demos'
와 통치를 뜻하는 'kratos'를 의미한다. 소수에 의한 통치보다 국민에 의한 지
배나 통치를 강조한다. 즉, 민주주의 이념은 시민이 주인 의식을 가지고 참
여하며 나라를 이끄는 모습을 말한다.

역사적으로 민주주의는 엘리트 민주주의로부터 출발하여 대중민주주의로
발전했다. 특정 계층에서 보편적 권리로 참정권이 확대된 것이다.[1] 시민의
참여 요구를 정부가 충실히 반영하면서 민주주의는 성장해 온 것이다. 이러

---

1  미국에서도 흑인의 참정권 허용 법안 통과는 린든 존슨(L. Johnson) 대통령이 재직하던 1965
   년 때 이뤄졌다. 여성 참정권은 1893년 뉴질랜드에서 처음 허용되었고, 제1차 대전 전후 대다
   수 유럽으로 퍼져나갔다. 한국의 여성 참정권 허용은 1948년에 이뤄졌고, 북한의 경우 1946년
   에 허용되었다. 사우디아라비아 여성들의 선거 참여 허용은 2015년에야 이뤄졌다.

한 측면에서 민주주의는 바람직한 거버넌스governance[2] 이슈와 맞닿아 있다.

바람직한 거버넌스를 위해서는 정치제도와 자원의 분포가 정치적으로 균형을 이뤄야 한다. 이때 시민의 선호에 반응하는 정책 실천이 무엇보다 중요하다. 이러한 관점은 '국민의of the people, 국민에 의한by the people, 국민을 위한 for the people' 정치 체계를 주장한 링컨A. Lincoln의 명언에도 담겨져 있다.

민주주의 이념이 추구하는 가장 기본적인 것은 인간 존엄과 가치의 존중 그리고 이를 위한 자유와 평등의 보장이다. 자연권 사상에서 출발한 인간 존중은 근대 시민혁명 이후 법적 보장을 받게 되었다. 인간 존엄에 대한 조문은 세계인권선언이나 각국의 헌법에 명문화되어 있다. 대한민국 헌법 제10조도 "모든 국민은 인간으로서의 존엄과 가치를 가지며 행복을 추구할 권리를 가진다. 국가는 개인이 가지는 불가침의 기본적 인권을 확인하고 이를 보장할 의무를 진다"라고 밝히고 있다. 인간 존엄과 가치 존중은 윤리적인 측면뿐 아니라 정치, 경제, 문화 관련 생활의 자유와 평등을 보장하고 인간다운 삶을 영위하도록 지원하는 것을 의미한다(김일수, 2005).

민주주의 국가에서 자유는 개인의 인간다운 삶 그리고 민주정치를 위한 필수 조건으로 인식된다. 이로 인해 민주주의 발전은 자유 투쟁의 역사와 무관치 않다. 자유는 외부 위협과 강제로부터 탈피를 의미하는 소극적인 의미와 자율적 의지 또는 결정에 바탕을 둔 선택권의 행사나 자신의 의사를 발표할 기회를 보장받는 상태를 포함하는 적극적 의미로 구분될 수 있다. 커뮤니케이션 관점에서도 소극적 자유는 탄압이나 검열 없는 자유로운 언론, 표현,

---

2    거버넌스(governance)라는 용어는 '키를 조정한다(steer)'와 '항해한다(pilot)'를 의미하는 그리스어 'kybenan'과 'kybernetes'로부터 출발했다. 어원으로 보면, 한 조직 혹은 사회가 스스로 방향키를 조정하는 과정을 의미한다. 주어진 자원하에서 이해 당사자들이 책임감을 느끼며 투명하게 의사결정을 수행하는 여러 장치나 공공 활동을 의미한다. 학문 분야와 관심 영역에 따라 다양한 정의가 있는데, 정치학에서는 다원적 주체들 간의 협력적 통치 방식을 의미한다.

그림 1-2 **연도별 세계 자유 수준**

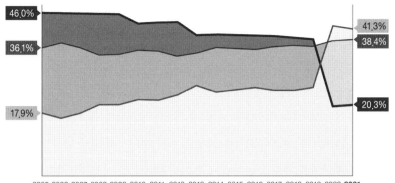

자료: Freedom in the World 2022(www.freedomhous.org).

결사, 집회 활동을 의미하지만, 적극적 자유는 다양한 채널을 통해 자신이 추구하는 가치를 적극적으로 표현하고 참여하는 것을 말한다. 하지만 자유는 절대적이지 않고 상대적이다. 타인의 자유도 더불어 존중받아야 한다. 사회 안전과 복리를 위해 국가의 간섭을 요구하는 이유이기도 하다.

프리덤하우스Freedom House의 2022년 보고서에 따르면, 지난 16년 동안 세계에서 권위적이고 독재적인 관행이 증가하면서 자유로운 환경에서 살아가는 사람들의 비율이 감소한 것으로 나타났다(〈그림 1-2〉 참조).[3]

2021년 '부분 자유'나 '자유 없음' 국가에서 생활하는 사람은 거의 80%에 달하고 있다. 이러한 환경은 국민의 이익에 봉사하거나 자신의 삶을 개선하려는 시민들을 위한 것이 아니라, 자신들의 권력 남용에 대한 견제를 최소화하고 권력 장악력을 유지하는 방향과 관계된 것이다. 사람들이 무력 충돌,

---

**3** 프리덤하우스는 민주주의 확산과 인권 및 언론 감시 활동을 위해 1941년 설립된 비영리 인권 단체다. 프리덤하우스 보고서에 제시된 세 유형의 자유 수준은 '정치적 권리'(0~40점)와 '시민 자유'(0~60점)를 합산한 결과로 구분되었다. 이 단체에서는 측정 문항과 방법론을 홈페이지를 통해 공개하고 있다.

무법적인 폭력, 부패, 경제적 변동성 가득한 무질서한 세상을 직면할 가능성이 커졌다. 세계적 불안정성으로 인해 인류가 감당해야 할 부담도 계속 증대될 것으로 보인다.

민주주의를 위한 또 하나의 중요한 개념은 평등이다. 이는 개인 능력이 평등하다는 것을 의미하는 것이 아니라, 누구나 법 앞에 평등하다는 것을 말한다. 인간 존엄과 관련하여 동등한 인격체로서 평등하게 대우받아야 한다는 것을 의미한다. 즉, 민주주의 평등사상은 인간 존엄성에 대한 평등을 시사한다. 인간의 존엄과 가치를 높이기 위한 자유와 평등은 상호 대립적인 개념이 아니다. 이 두 개념을 상호 조화롭게 그리고 균형을 이루도록 만드는 노력이 중요하다.

민주주의를 자유, 평등 등을 중심으로 설명하는 접근과 달리, 거시적 혹은 미시적 관점으로 민주주의를 정의하려는 시도도 있다(Bühlmann et al., 2012). 일반적 정의에서는 구체적이고 절차적 민주주의를 강조한다. 정치적 자유, 정치적 평등, 정치와 법적 통제가 의사결정, 참여, 공적 커뮤니케이션, 권리의 보장, 규칙과 실천 등에서 잘 이뤄지는가를 평가한다. 반면, 거시적 관점에서는 민주주의를 정책 달성과 같은 산출output 측면에서 평가한다. 사회경제학적 요인들이나 복지국가 정도로 판단될 수 있다. 민주주의를 물질적 개념으로 바라보는 관점이다. 또한, 미시적 관점에서는 후보자들과 유권자들이 참여하여 경합할 수 있는 선거가 가능한가를 중심으로 민주주의를 정의한다(〈그림 1-3〉 참조).

민주주의를 질적으로 평가해 온 독일 뷔르츠부르크 대학교University of Würzburg는 자유와 평등 외에도 적절한 '통제(감시·감독)' 체계의 중요성을 강조한다. '자유', '평등',

**그림 1-3 민주주의 정의의 범위**

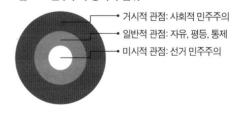

거시적 관점: 사회적 민주주의
일반적 관점: 자유, 평등, 통제
미시적 관점: 선거 민주주의

자료: University of Würzburg(www.democracymatrix.com).

**표 1-2 민주주의에 대한 질적 평가 요소와 평가 분야**

| 요소 / 분야 | 자유 | 평등 | 통제(감시·감독) |
|---|---|---|---|
| 결정 절차 | 자유로운 선거 | 평등한 참여 기회 | 선관위 감독 |
| 집단·단체 규제 | 자유로운 조직화 | 자유로운 조직 구성과 실천 | 협회, 정당, 시민단체의 감독 |
| 공적 커뮤니케이션 | 커뮤니케이션 자유 | 평등한 참여 기회 | 미디어 감시 |
| 권리 보장 | 사법권 독립 | 평등한 권리와 평등한 처리 | 효율적 법체계 |
| 규정·집행 | 성부의 독립 | 입법과 행정의 평등한 집행 | 의회와 정부 감독 |

자료: University of Würzburg(www.democracymatrix.com).

'감시·감독'이 〈표 1-2〉에 있는 다섯 개 분야에서 어떻게 구현되느냐에 따라 매년 각 국가의 민주주의 수준을 평가하여 공표한다. 다섯 개 분야 중 결정의 절차procedures of decision는 의사결정과 관련된 것으로서, 선거를 통한 시민의 참여에 주목한다. 집단이나 단체에 대한 규제는 조직화와 실천 가능성이 누구에게나 열려 있는지 그리고 효과적으로 견제 및 감시가 이뤄지는가를 평가한다. 공적 커뮤니케이션public communication은 협의를 이뤄가는 커뮤니케이션 기능과 관계된 것으로 표현의 자유와 적절한 미디어 감시가 효과적으로 작동하는지를 평가하는 것이다. 권리의 보장guarantee of rights은 법률적 원칙들을 보장하는 기능과 관련된 분야이다. 마지막으로 규정과 집행rules settlement and implementation은 정치 체계 내의 권력 견제와 정부나 의회의 민주적 발전에 관한 것이다.

영국 이코노미스트 인텔리전스 유닛EIU: Economist Intelligence Unit의 보고서에 따르면, 2021년 세계 민주주의 수준은 코로나19와 권위주의 확산의 영향으로 전반적으로 후퇴한 것으로 나타났다. 그러나 한국의 민주주의 지수(10점 만점에 8.16)는 전년보다 7단계 상승한 16위를 기록했다. 2020년부터 완전한 민주국가 대열에 합류하면서 성숙한 민주주의 국가로 평가받고 있다.[4] 완전

---

4    민주주의 지수(DI: democracy index)는 ① 선거 과정과 다원주의, ② 정부 기능, ③ 정치 참

그림 1-4 G20 국가의 GDP와 민주주의 지수(DI) 순위

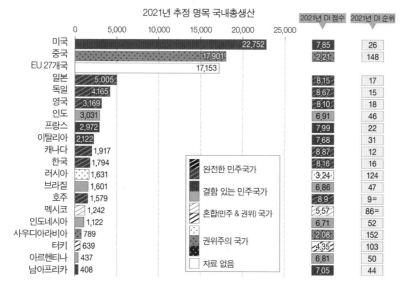

주: 국내총생산의 단위는 10억 달러이다.
자료: The Economist Intelligence Unit(2022).

한 민주국가는 기본적 정치적 자유와 시민 자유가 존중받으며, 민주주의 발전에 도움이 되는 정치 문화를 토대로 할 때 가능하다. 완전한 민주주의로 분류되기 위해서는 정부 기능이 만족스러워야 하고, 미디어는 독립적이고 다양해야 한다. 또한, 견제와 균형의 효과적 체계를 가져야 하며, 사법부의

---

여, ④ 정치 문화, ⑤ 시민 자유 등 5개 지표로 산출된다. DI 분류 체계에 따르면, 8점 이상은 완전한 민주국가, 6~8점은 결함 있는 민주국가, 4~6점은 혼합형 정권, 4점 미만은 권위주의 체제이다. 한국의 민주주의 지수 산출을 위한 세부적인 점수를 보면, '선거 과정과 다원주의' 9.58점, '정부 기능' 8.57점, '정치 참여' 7.22점, '정치 문화' 7.5점, '시민 자유' 7.94점으로 나타났다. '선거 과정과 다원주의' 영역과 '정부 기능'에서 상대적으로 높은 점수를 보였다.
참고로 미국의 평균 점수는 7.85로 '결함 있는 민주국가'로 분류되었고, 중국의 경우 2.21로 '권위주의 체제'로 평가되었다. 북한의 평균 점수는 매우 낮은 1.08을 기록했다. 결함 있는 민주국가는 자유롭고 공정한 선거와 기본적 시민 자유가 존중되지만, 거버넌스 문제, 미숙한 정치 문화, 낮은 정치 참여 수준 등의 문제를 안고 있다.

독립과 법치주의 원칙을 가져야 한다.

〈그림 1-4〉는 경제력 규모가 민주주의 수준을 결정하는 것은 아님을 시사한다. GDP 규모가 세계 1위인 미국의 경우, 오바마 정부 후기부터 민주주의 지수가 8점 미만으로 나타나 '결함 있는 민주주의' 국가로 분류되고 있다. GDP 규모 2위인 중국의 민주주의 지수는 2.21(전체 148위)로 나타나 권위주의 체제로 평가되었다.

## 2. 민주주의 운영 원칙

한편, 민주주의 운영에 관여되는 주요 원칙으로는 국민주권, 국민 참여, 권력분립, 다수결주의, 입헌주의 등이 있다(김일수, 2005). 미디어의 정치적 활용은 이들 원칙을 강화하거나 보완할 가능성을 높여주었다. 예를 들어, 온라인 매체와 소셜 네트워크를 통해 정치 정보 공유와 참여가 증대되고, 이를 통해 국민주권과 국민 참여 가능성도 증대되었다.

국민주권은 국가의사를 결정하는 원동력이 국민에게 있다는 사상을 의미한다. 대한민국 헌법 제1조 1항과 2항은 이러한 사상을 명문화하고 있다. 즉, 민주공화국으로서 대한민국의 주권은 국민에게 있고, 모든 권력은 국민에서 나오는 것임을 명확히 하고 있다.

현대사회에서 국민주권은 크게 두 가지 형태로 구분된다. 하나는 국민이 직접 국가의 중대사를 결정하는 데 참여하는 직접 민주주의 형태이다. 헌법 개정이나 법률안 등 국가의 중요 사안을 표결하여 국민의 의사를 반영하는 국민투표제referendum[5] 제도가 대표적이다. 다른 하나는 국민의 대표[6]로 국민

---

**5**   국민투표제의 방법으로 플레비사이트(plebiscite)도 있다. 이는 영토 변경이나 병합, 집권자에 대한 신임 등을 국민투표로 결정하는 것을 말한다. 전제적 지배를 정당화하거나 쿠데타나 혁

주권을 실현하는 간접민주주의 방식이다. 이는 국민이 대표를 선출하고 이들을 통해 정책 결정을 하는 방식인 대의 민주주의[7]를 의미한다. 대다수 국가에서는 간접 민주제를 보완하기 위해 국민이 직접 주권 행사가 가능한 직접민주제를 가미한 혼합 민주제를 채택하고 있다.

대의 민주주의가 제대로 작동되기 위해서는 시민의 정치 참여가 무엇보다 중요하다. 여러 정치 이슈에 대해 목소리를 내고, 선거[8]에서 자신의 투표권을 행사해야 한다. 또한, 정치인들은 시민의 요구에 부응하도록 전문 지식과 양식에 따라 공동체나 유권자 전체의 이익을 도모해야 한다. 따라서 정치 과정에서 국민 참여는 대의 민주주의에 정당성을 부여하고 대표성을 보완하는 수단이다.

권력분립은 균형의 원칙을 토대로 국가권력의 작용을 입법, 행정, 사법으로 분리하여 상호 견제하도록 하는 것을 말한다. 이는 전제정치로부터 국민

---

명 등을 통해 새로운 정권을 창출한 경우, 이를 정당화하기 위한 수단으로 국민투표를 시행하기도 한다.

6    대표와 관련된 쟁점은 위임대표(delegate)인가 또는 책임(envoy)인가라는 문제와 가치를 대표하느냐 또는 이익을 대표하느냐는 문제로 요약될 수 있다(조일수, 2020). 전자의 이슈는 선출된 대표자가 유권자의 의사를 정책 결정 과정에 그대로 반영하는 위임대표인가 혹은 자신의 전문 지식과 양식에 따라 스스로 정치적 의사결정을 하는 책임대표인가의 이슈를 말한다. 즉, 대표자가 국민을 닮아야 하는가와 관련된 문제이며, 대표자의 책임성(accountability) 이슈와 관계된다. 위임대표의 경우 정치적 책임을 묻기가 어렵다는 한계가 있다. 한편, 이익을 대변하는 사람은 전략적 사고와 뛰어난 협상 능력을 지녀야 하지만, 이념이나 윤리적 덕목과 같은 가치를 대표하는 사람은 원칙을 준수하면서 자신이 대변하는 가치나 신념을 쉽게 양보하지 않아야 한다. 우리가 가진 입장에 따라 대표자의 모습도 상이할 수 있다.

7    대의 민주주의와 관련된 비판 중의 하나는 '대표의 실패'와 관련되어 있다(조일수, 2020). 이는 대표자가 국민의 의사를 제대로 대변하지 않는다는 것을 의미한다. 이러한 요인으로는 대표자가 정책 결정에 국민의 의사를 반영할 의사가 없거나 시민 의사를 파악할 능력이 부족한 것을 들 수 있다.

8    선거를 지칭하는 'election'의 어원은 대중(mass)과 대조되는 특별한 사람을 의미하는 'elite'의 어원과 같다. 선거는 '보통 사람'을 선출하는 것이 아니라 훌륭한 사람을 뽑는다는 의미를 내포하고 있다. 선출된 대표가 시민들과 비슷한 생각이나 특성을 가진 사람이 아니라는 점은 선거를 통한 책임대표 선출의 한계이기도 하다.

의 자유와 권리를 보장하기 위한 것으로, 근대 초기 로크J. Locke와 몽테스키외C. D. Montesquieu의 주장에서 비롯되었다. 삼권분립을 주장한 몽테스키외는 권력을 장악한 자에게는 권력을 남용하려는 경향이 있기에, 상호 견제와 균형의 체계를 마련해야 국민의 자유가 보장되고 전제정치의 출현도 막을 수 있다고 보았다.[9] 미국 헌법의 아버지로 불리는 제임스 메디슨J. Madison도 권력분립의 목적은 효율성 극대화에 있지 않고 자유 신장에 있다고 보았다. 하지만 삼권분립의 원칙이 반드시 동등하게 행사되는 것은 아니다. 현대국가에서는 행정부의 기능이 입법과 사법 기능과 비교하면 상대적으로 확대되었다는 의미에서 행정국가로 불리기도 한다.

다수결주의는 대의 민주주의 운영에서 국민의 의사를 반영하거나 정책을 결정짓는 형식적 절차이다. 다원적 사회 구성원들이 공통된 의견을 갖는 것은 매우 힘든 일이다. 그래서 다수결주의가 사회 구성원의 의사를 가장 합리적이고 현실적인 방법으로 확인하는 절차로 활용된다. 하지만 다수결주의가 정당성을 확보하기 위해서는 숙의deliberative 과정이 필요하다. 자유로운 토론을 통한 설득, 타협, 양보가 이뤄질 때 다수의 횡포나 독재도 지양될 수 있기 때문이다. 또한, 이해관계가 첨예한 인종·종교·지역적 갈등 등은 다수결 원리로 해결될 수 없는 영역일 수 있다. 따라서 소수의 의견 존중과 상호 타협 자세가 함께 할 때 다수결주의도 본래의 기능을 할 수 있다.

한편, 다수결 원칙에서 말하는 '다수'는 특정 사안의 어떠한 '다수a majority'이지, 모든 사안에서 자신의 의사를 관철할 수 있는 특정된 '다수the majority'를 의미하는 것은 아니다. 만약 특정 다수가 항상 자신의 의사를 관철하고자 한다면 평등, 자유 등의 민주주의 가치들이 훼손될 수도 있다.

---

9　몽테스키외는 군주, 귀족, 인민의 입장이 균형을 이루는 혼합정치 체제와 입법, 사법, 행정의 삼권분립이 자유를 유지하는 중요한 요소임을 강조했다. 그는 권력 남용이 없는 절제된 정부를 원했으며, '권력이 권력을 억제하도록 배치'함으로써 권력 남용을 막을 수 있다고 주장했다.

마지막으로 입헌주의constitutionalism는 헌법에 근거한 정치 형태를 말한다. 최상위법인 헌법에 대해 어떠한 권력자나 법도 그 헌법을 넘어서지 못하도록 하는 체제를 지칭한다. 특정 권력자나 집단의 권위도 헌법 아래에 둠으로써 헌법 정신을 따르도록 강제하자는 취지이다.[10] 입헌주의 국가와 대조적인 국가 형태로는 전제주의 국가를 들 수 있다.[11]

현대 입헌주의의 위기를 초래하는 요인으로는 권력자의 명예훼손법 남용, 기득권을 보호하는 선거제도, 검찰권 또는 과세권의 자의적 행사, 반대 세력에 대한 사찰 등이 있다(강승식, 2016). 나아가 강승식(2016)은 입헌주의를 가장한 권위주의 통치의 위험성도 경고한다. 예를 들어, 현대 권위주의 정권들은 권력을 유지 또는 강화하기 위한 개혁적 조치를 하면서 법치주의, 민주주의, 입헌주의 같은 명분을 내세우곤 했다. 개혁을 빌미로 비민주적 통치 행태를 숨기거나 반대 세력의 저항을 최소화하려는 의도로 해석될 수 있다. 또한, 특정 권위주의 정부는 친정부 성향의 관변 단체를 설립하고, 그들의 목소리를 통해 정부 정책을 홍보하거나 반대 세력을 공격하기도 한다. 정치적 목적을 가진 이러한 활동들은 입헌주의의 본질을 훼손하고 나아가 민주주의를 위협하는 것이다.

---

[10] 자의적 권력 행사를 통제하고 규정된 법에 따라 행정권이 행사되어야 한다는 정치 사상이나 원칙을 법치주의(nomocracy)라 한다. 이는 절대주의 국가를 부정하고 성립한 근대 시민국가의 정치 원리이다. 우리 헌법도 법치국가의 원칙을 채용하고 있다. 헌법에 가장 빈번하게 등장하는 단어도 '법률'이다.

[11] 전제주의 국가의 대표적인 모습은 파시즘이나 공산주의처럼 단일 국가 이데올로기와 단일 국가 정당을 기반으로 한 전체주의(totalitarianism) 체제다. 또한, 단일 국가 이데올로기와 단일 국가 정당은 존재하지 않으나 국가권력이 통제되지 않는 권위주의(authoritarianism) 체제도 있다. 과거 강한 권위주의 정권에서 반대 세력에 대한 처벌, 극단적 언론 통제, 부정선거 등 법치주의를 무시한 사례들이 많았다(강승식, 2016).

# 선거와 투표

## 1. 선거 유형과 제도

민주주의 국가에서 선거는 국민이 주권을 행사하는 대표적 방법이다.[1] 선거를 통해 국민의 의사가 효과적으로 반영될 때 민주주의의 정당성도 확보될 수 있다. 또한, 선거는 사회 갈등과 분쟁을 정치적으로 해소하고 국민을 통합시킬 수 있는 유용한 제도이다. 선거를 통해 경쟁 후보를 이기고 선출된 사람은 임기 동안 책임 정치를 소신 있게 펼칠 수 있다.

대다수 민주주의 국가에서 이뤄지는 현대의 선거권 행사는 오랜 투쟁을 통해 달성되었다. 오늘날 민주적 방식이라 할 수 있는 보통, 평등, 비밀, 직접

---

[1]  미국 대통령이었던 링컨(A. Lincoln)은 "The ballot is stronger than the bullet(투표는 총알보다 강하다)"이라며, 투표가 세상을 바꾸는 강력한 힘임을 강조했다. 2016년 총선 유세 당시에 더불어민주당 비대위 대표는 이 경구를 인용하면서 "국민 여러분에게는 무서운 총알이 있습니다. 그 총알을 쓰십시오"라는 말로 적극적인 투표 참여를 호소하기도 했다. 정치인들이 가장 무서워하는 것이 바로 투표라는 사실을 고려하면, 유권자라면 적극적인 투표 참여를 통해 주어진 정당한 권리를 행사해야 할 것이다.

선거가 이뤄진 것은 20세기 초·중반이었다. 선거는 목적과 방식에 따라 몇 가지로 구분된다. 목적에 따라 총선거general election, 재선거reelection, 보궐선거 by-election 등으로 나뉜다. 선거 방식에 의해서는 보통과 제한선거, 직접과 간접선거, 평등과 차등선거, 비밀과 공개선거로 구분된다(성장환, 2005).

총선거 또는 총선은 국가 단위 유권자 대다수가 투표권을 갖는 선거다. 의회를 처음으로 구성하거나 의원 전원을 바꾸기 위한 선거를 말한다. 한국의 경우, 1948년 5월 10일 남한 단독으로 총선거를 하고, 제헌의회를 구성했다.[2]

재선거는 임기 개시 전에 당선자가 사망하거나 사퇴했을 때 그리고 당선 무효나 선거가 전부 무효 혹은 선거 결과 당선인이 없을 때 이뤄지는 선거 유형이다. 재선거는 선거구 내의 전 투표구를 대상으로 실시되지만, 부득이한 사유 발생 시 일부 재선거와 재투표도 가능하다. 보궐선거는 대통령과 지역 선거구에서 당선된 국회의원, 지방의회의원, 지방자치단체장이 활동 중 사망하거나 사표 제출로 인해 해당 직을 수행할 수 없을 때 이뤄지는 선거다. 즉, 당선자의 임기가 시작되고 나서 대통령이나 의원 등이 그 직위를 상실했을 때 치르는 선거이다. 예를 들어, 지자체 의원이나 장이 총선을 빌미로 선출직을 포기하는 경우 보궐선거를 한다. 하지만 선거일로부터 임기 만료일까지의 기간이 1년 미만이거나 지방의회의 의원 정수의 4분의 1 이상이 결원되지 아니한 경우에는 실시하지 아니할 수 있다.

천재·지변, 기타 부득이한 사유로 투표하지 못했거나, 투표함의 분실·멸실 등의 사유가 발생한 경우, 재투표를 해야 한다. 일부 투표구에 대해서만 실시한다는 점에서 재선거와 구별되고, 천재·지변이나 투표함의 분실·멸실

---

2   한국에서는 의원 임기만료일 전(前) 50일 이후 첫 번째 수요일에 총선거를 실시하는 것이 원칙이다. 선거일이 공휴일이거나 선거일 전일이나 다음 날이 공휴일인 경우, 그다음 주 목요일로 변경된다. 공식 선거운동 기간은 14일이다. 국회의원 총선거가 있을 때 한국은 날짜와 총선을 결합한 명칭을 사용한다. 이로 인해 4·15 총선과 같이 투표일을 사용하는 것이 보편적이다.

사유라는 점에서 일부 재선거[3]와 차별적이다.

  선거 방식으로 분류되는 보통선거는 개인의 재산, 인종, 성별,[4] 교육 등과 무관하게 특정 나이의 유권자라면 누구나 투표권 행사가 가능한 선거를 지칭한다. 2020년 선거법 개정을 통해 18세 이상의 국민에게 선거권을 부여했다.[5] 선거권 연령에 대한 접근은 소속 정당의 의석 확보와 같은 정치적 이해득실을 넘어 젊은 층의 여론 수렴이나 참정권 확대 관점에서 논의하는 것이 바람직해 보인다.

  직접선거란 유권자인 국민이 대표를 선출하고자 투표에 직접 참여하는 것을 지칭하며, 평등선거란 유권자 각자가 같은 표로 동일한 정치적 가치를 행사하는 선거를 말한다. 마지막으로 비밀선거는 자신의 투표 행위를 타인이 알지 못하도록 보장하는 선거를 의미한다.

  선거제도란 정당이나 후보가 선거를 통해 경쟁하도록 만든 일종의 규칙이다. 선거제도는 투표 방식, 선거구 크기, 의석 배분(당선자 결정) 방식, 표 등가성 등과 관련된 내용을 포함하고 있다. 다양한 선거제도가 존재하지만 가장 큰 차이는 유권자가 개인 후보자를 선출하는지 혹은 정당을 선출하는지와 관련되어 있다. 개인 후보자를 선출하는 제도는 소선거구제이며 정당을 선출하는 제도는 비례대표제가 대표적이다. 현실에서는 이들 제도를 다양하게 혼용하여 사용하는 것이 일반적이다. 어떠한 선거제도인지에 따라 정당과 후보자의 선거 전략도 달라질 수 있다.

  선거구[6] 크기에 따라 대선거구제, 중선거구제, 소선거구로 구분될 수 있

---

3    일부 재선거는 선거의 일부 무효 판결 또는 결정이 확정된 때에 행하는 선거를 말한다.

4    여성에게 투표권을 부여한 최초의 국가는 뉴질랜드이며, 그 시기는 1893년이다. 한국은 광복을 계기로 1948년 제정헌법을 수립했고, 이를 통해 남녀의 평등한 참정권을 인정했다.

5    한국의 선거 연령은 1948년 21세, 1960년 20세, 2005년 19세, 2020년 18세로 하향 조정되어 왔다. 2022년 현재 다수의 선진 국가들이 선거권 나이를 만 18세로 규정하고 있다. 참고로 오스트리아는 16세, 북한은 17세를 선거 연령으로 정하고 있다.

6    선거구는 선출직 공직자를 선출하기 위해 선거가 실시되는 단위 지역을 말한다. 선거 종류에

다. 한 선거구에서 의원을 5명 이상 선출하는 대선거구제, 2~4명을 선출하는 중선거구제, 1인 대표를 선출하는 소선거구제로 요약될 수 있다.

소선거구의 장점으로는 안정된 다수당의 출현으로 정국이 안정될 가능성이 상대적으로 높으며, 작은 선거구로 인해 선거 자금이 적게 든다는 점이다. 또한, 유권자와 후보자의 친밀한 관계 형성 가능성도 상대적으로 높다. 이로 인해 후보자 파악도 상대적으로 쉽다. 나아가, 재선거나 보궐선거를 해야 할 경우, 선거 운영이 용이할 수 있다. 반면, 사표가 많아 득표율과 의석 간 불균형 상태를 가져오거나 전국적 인물보다 지역 유명 인사의 진출 가능성이 크다는 점은 소선거구제의 단점들이다. 또한, 낮은 후보 선택 기회나 인맥에 의한 투표 가능성도 한계라 할 수 있다.

대선거구제의 장점으로는 사표 감소, 전국적 인물의 당선 가능성, 폭넓은 후보자 선택, 상대적으로 낮은 부정선거 가능성 등을 들 수 있다. 반면, 단점으로는 다양한 정당 후보자가 의회에 진출함으로써 정국이 불안정할 수 있으며, 선거 비용도 증대될 수 있다는 점이다. 또한, 선거구가 넓어 후보자 파악이 어렵거나 재·보궐 선거가 복잡한 점도 단점이다.

한편, 한국은 국가가 선거를 관리하고 소요된 선거 비용의 일부를 국가 또는 지방자치단체가 부담하는 선거공영제를 시행하고 있다. 이 제도는 선거운동 과열과 금권선거 방지 그리고 후보자의 경제력 차이에 따른 선거운동 불균형을 완화하기 위한 것이다. 선거 비용에 대해서는 선거 관리를 맡고 있는 중앙선거관리위원회가 선거 때마다 선거비용제한액[7]을 산정·공고한다.

---

따라 그 단위 지역의 규모가 다르고 단위 지역에 따라 공직자를 선출하는 선거인단도 다르다. 대통령 선거와 비례대표 국회의원 선거는 전국을 단위로 하므로 선거구가 1개이다. 제20대 국회의원 선거의 선거구는 246개이었고 시·도지사 선거와 비례대표 시·도의회의원 선거는 해당 시·도의 행정구역을 단위로 하므로 선거구는 시도마다 각각 1개이다.

7    민주 사회에서 영향력을 가지려는 욕망은 모든 정치인의 본성이다. 그러나 자신의 욕망을 법과 사회적 원칙 안에 제한시켜야 하는 것도 권력을 가진 정치인의 임무라 할 수 있다. 선거 비용 지출이 선거 결과에 많은 영향을 미칠 수 있다는 사실은 마케팅 비용 증대로 이어질 수 있

후보자들은 공고한 범위 이내에서 선거 비용[8]을 지출하고, 일정 기준을 충족할 경우, 해당 비용을 보전[9]받을 수 있다.

제21대 국회의원 선거에서는 비례대표의 경우 5개 정당이 총 약 203억 원을 보전 받았고, 지역구에서는 529명이 약 672억 원을 보전 받았다(중앙선거관리위원회, 2020). 약 874억 원에 달하는 비용이 정당이나 후보자에게 보전되었고, 추가로 선거공보 작성 비용 등을 고려하면 거의 1000억 원에 달하는 비용이 세금으로 지출된 것이다. 민주정치를 위한 막대한 비용을 고려하더라도 유권자의 책임 있는 정치 참여가 필요해 보인다.

선거에서 당선자를 결정하는 방식도 선거제도에 따라 상이하다. 국민의 의사를 반영하여 대표를 선출하는 의석 배분 방식은 다수대표제plurality system, 비례대표제proportional system, 그리고 두 방식을 혼합한 혼합형대표제mixed system로 구분된다(성장환, 2005).

다수대표제로는 득표수와 상관없이 가장 많은 표를 얻은 후보가 당선되는 '1위 대표제', 한 선거구에서 여러 명의 의원을 선출하는 '연기다수대표제the block vote', 50% 이상의 득표율을 당선 요건으로 하는 '절대다수대표제majority system' 등이 있다. 1위 대표제에서 각 정당은 한 선거구에 한 명의 후보를 낸다. 출마 후보자가 많을 경우, 50% 미만 득표자가 당선될 수 있기에 사표死票

---

지만, 선거 자금 관련 규정에 맞는 공정한 경쟁도 중요하다.

[8] 선거 비용은 후보자가 선거사무원 인건비, 연설·대담용 차량 등 선거운동을 위해 지출한 비용을 포함한다. '당내 경선운동'에 소요된 비용도 선거 비용에 포함된다. 단, 기탁금이나 선거운동을 위한 준비 행위, 선거사무소 설치·유지 비용 등 선거운동에 직접적으로 사용되지 않는 비용은 제외된다.

[9] 대통령 선거, 지역구국회의원 선거, 지역구지방의회의원 선거 및 지방자치단체의 장 선거의 경우, 후보자가 당선 또는 사망한 경우 그리고 후보자의 득표수가 유효투표 총수의 15% 이상이라면 후보자가 지출한 선거 비용 전액을 보전 받을 수 있다. 하지만 후보자 득표수가 유효투표 총수의 10~15% 미만인 경우에는 지출한 선거 비용의 50%만 보전 받을 수 있다. 비례대표국회의원 선거 및 비례대표지방의회의원 선거의 경우, 후보자 명부에 있는 후보자 중 당선인이 있다면 당해 정당이 지출한 선거 비용 전액을 보전 받는다.

가 많을 수 있다는 점이 단점이다. 연기다수대표제에서 유권자는 선거구별 의원 정수만큼 투표권을 가지며, 당선자는 득표순에 의해 결정된다. 이 제도에서는 동일 정당의 후보가 복수로 당선될 수도 있다. 절대다수표제는 50% 이상의 득표를 달성하는 방법에 따라 결선투표제와 대안투표제로 구분된다. 결선투표제에서는 1차 투표에서 과반이 없는 경우 2차 투표를 진행하지만, 대안투표제에서는 2차 투표의 번거로움을 없애기 위해 유권자가 선호하는 후보를 순서대로 투표용지에 기표한다.

한편, 비례대표제는 정당의 유효득표율에 따라 산술적으로 의석을 배분하여 국민의 의사를 의석에 반영하려는 제도이다. 총 의석수는 정당득표율로 정해지고, 지역구에서 몇 명이 당선되느냐에 따라 비례대표 의석수를 조정하는 방식이다. 득표수와 당선자 수의 비례관계를 반영하기에 사표[10]를 방지할 수 있다는 장점이 있다. 정당 득표 비례에 따라 의석이 배분되기에 중소 정당의 국회 진출이 상대적으로 쉽다는 점도 장점이다.[11]

비례대표제 유형으로는 크게 정당명부식list system과 단기이양식single transferable vote system이 있다. 정당명부식은 국민이 후보에게 직접 투표하는 것이 아니라 자신이 지지하는 정당에 투표하고 정당이 제출한 명부에 따라 의석이 배분된다. 단기이양식은 유권자가 투표용지에 출마 후보 전원에 대한 선호 순위를 표시하고, 그 순위에 따라 당선자를 결정하는 제도이다.

표의 등가성에 대한 논의도 선거제도에서 다뤄지는 중요한 이슈다. 등가성 원칙을 충족시킬 수 있는 이상적인 기준은 인구 비례 1대 1의 방식이다. 즉, 개인 누구나 같은 값의 표를 행사할 수 있음을 의미한다. 하지만 우리 사

---

**10**  2016년 제20대 총선에서 지역구 국회의원 당선자 253명이 획득한 표는 약 830만 표(전체 투표 수의 약 34%)에 불과한 것으로 나타났다. 나머지 66% 정도의 표가 사표였다.

**11**  정당 득표율을 100% 반영해 의석을 배분하는 연동형 비례대표제와 달리 50%만 연동하는 준연동형 비례대표제가 2019년 12월 국회 본회의를 통해 통과되었다. 하지만 더불어시민당, 미래한국당과 같은 위성 정당이 등장하면서 법 개정의 필요성이 제기되었다.

회는 정치적·사회적 상황을 고려한 인구 편차 기준을 적용해 왔다. 인구 밀집 지역인 도시와 달리 인구가 적은 농촌과 같은 지역에서도 지역대표를 선출할 수 있도록 배려한 결과다. 1994년에는 최대와 최소 선거구 간 인구 편차가 5.87대 1에 이르기도 했다. 예를 들어, 도시에서 587명당 한 명의 대표를 선출할 수 있다면, 농촌에서는 100명당 한 명을 선출하는 것이 가능하다는 의미이다.

도시와 농촌 간 경제력 차이나 인구 격차를 고려하면 지역 이익이 이러한 방식으로 보호될 수 있다. 하지만 국민주권주의의 출발점인 투표 가치의 평등도 간과될 수 없는 중요한 가치이다. 이에 근거하여 2014년 헌법재판소는 최소 인구수 지역구와 최대 인구수 지역구 간 인구 차이를 두 배 이하로 조정하도록 선거구 획정을 주문한 바 있다.


## 2. 투표 요인

민주주의에서는 다양한 정치 참여가 가능하다. 헌법이 보장하는 집회결사의 자유에 따른 집단행동이나 표현의 자유에 기초한 다양한 미디어 활동도 있다. 하지만 선거 참여는 민주주의 발전과 정당성 측면에서 가장 대표적이고 중요한 행위로 인식되고 있다.

투표가 선거 결과의 대표성과 당선자의 정통성에 영향을 미치는 변수지만, 정치 참여의 한 지표인 투표율을 지나치게 강조하는 것도 지양될 필요가 있다(동아시아연구원, 2010). 투표 행위에서 중요한 가치는 모든 유권자가 자신의 권한을 자유롭게 행사하는 것이다.

투표율 제고보다 투표 참여 제고에 초점을 맞춘다면, 대표성 보장을 위해 정당한 권리를 가진 유권자들의 참여 권리를 동등하고도 실질적으로 보장해 주는 정책이 강조되어야 한다. 예를 들어, 2012년 시행된 해외거주자 투표는 투표율 제고 차원이 아니라, 대표성의 폭을 확대하는 것이 투표 참여의 우선적 가치임을 보여준 사례라 할 수 있다. 투표율로 보면 이러한 조치는 투표율 감소 가능성으로 나타나기 때문이다. 투표 공휴일제, 사전투표제 등은 투표자들의 투표 비용을 감소시키고 투표 접근성을 높이기 위한 제도라 할 수 있다.

## 1) 사회경제적 재원과 투표

투표 행위를 사회경제적 재원으로 설명하려는 시도는 사회과학적 접근에서 비롯되었다. 교육과 수입이 높고 더 좋은 직업을 가진 사람들이 상대적으로 투표 참여가 높다고 보았다. 하지만 서구와 달리 한국에서는 저학력층과 저소득층에서 높은 투표 참여가 보고되었다(서현진, 2008).

정치적 참여를 포괄적으로 설명하는 시민 자원봉사 모델은 투표 참여를 세 가지 요인에서 설명한다(Verba, Schlozman, and Brady, 1995). 시간, 돈, 문제해결 능력이 있는 사람의 투표 가능성이 상대적으로 높다는 것이다.[12] 연구자들에 따르면, 돈이나 시간을 많이 가진 사람들이 정치에 참여할 가능성도 크다. 특히, 금전적 여유를 가진 사람들이 정당, 후보자, 이익집단에 금전적 기부를 할 가능성이 크다고 보았다. 문제해결 능력이 있는 사람은 정치 참여를 더 자연스럽게 느끼고 효과적으로 참여할 수 있다는 것이다. 이러한 능력은 교육 수준이 높은 사람들에게서 대체로 나타나는 경향이 있다.

효과적인 투표 행위를 위해서는 문제해결 능력처럼 정보를 획득하고 처리하는 능력도 필요하다. 교육 수준이 높은 사람일수록 정치 시스템이 어떻게

---

12   시민이 참여할 수 있는 일반적인 정치적 활동은 투표, 캠페인 활동, 지역 활동(지역에 있는 단체들과의 활동), 공직자와의 대면 접촉 등으로 분류될 수 있다(Verba, Nie, and Kim, 1971). 벌바(Verba)와 동료들에 따르면, 사람들은 이들 활동을 넘나들며 활동하기보다 자신들의 동기와 목적에 부합되는 활동에 전문화되는 경향을 띤다.

작동하는지 그리고 자신의 삶에 대한 정치의 영향력을 더 잘 파악할 수 있어, 선거 정보나 정부 정책에 대한 모니터링 활동으로 이어질 수 있다.

소득도 투표 행위와 관련되어 있다. 소득이 높은 사람들일수록 다양한 형태의 정치 활동에 참여할 수 있다. 또한, 정치적 정보 노출은 이들에게 일상적일 수 있다. 정치 관심과 투표 가능성도 그만큼 증대될 수 있다. 반대로 소득이 상대적으로 낮은 사람들은 정치나 투표 행위보다 기본적인 생활에 더욱 집중할 수 있다. 이로 인해 정치 참여가 다소 저조할 수 있다.

경제적 요인이 투표 행위에 미치는 영향력은 국가 간 차별적으로 나타날 수 있다. 경제 상황이 좋지 않을 때, 개발도상국에서의 투표율은 높을 수 있지만, 선진국에서는 낮은 상반된 결과를 보여준다. 상반된 현상은 복지 시스템의 안정성과 관계있다(Radcliff, 1992). 선진국의 경우 복지에 대한 경제적 안정성이 확보되어 있어, 경기 침체기에도 시민들은 국가가 최소한의 필요를 여전히 공급한다고 확신할 수 있다. 반면, 복지 체계가 약한 개발도상국에서는 경제 위기가 곧 생존 위협이 될 수 있다. 유권자들이 열악한 상황을 바꾸기 위해 정치에 참여하는 동기로 작용할 수 있다.

## 2) 정당 소속감

투표는 정치적 요인으로 설명될 수 있다. 정당 소속감이나 정당 일체감 정도가 투표 행위에 정적으로 영향을 미치기 때문이다.[13] 최근 투표 감소 현상을 정당정치의 위기로 설명하는 것도 이러한 맥락에서 비롯되었다. 정당 소속감은 정당에 대한 장기간의 심리적 지지를 의미한다. 기존 연구에 따르면,

---

**13** 정당 일체감 이론은 정서적 반응뿐만 아니라 인지적 반응을 통해 형성될 수 있는 것으로 이해할 필요가 있다. 달톤(Dalton)은 정당 일체감을 지지 정당의 여부, 교육 수준, 정치적 관심도로 설명했다.

## 그림 1-5 유권자의 동원 유형

| | | 정파적 동원 | |
|---|---|---|---|
| | | 무소속 | 정당 일체감 |
| 인지적 동원 | 높음 | 인지적 비당원<br>(apartisans) | 인지적 당원<br>(cognitive partisans) |
| | 낮음 | 무관심층<br>(apoliticals) | 의례적 당원<br>(ritual partisans) |

자료: Dalton(2006: 196).

정당 소속감이 높을수록 상대적으로 높은 투표 가능성을 보여준다. 1964년부터 2002년까지 투표 결과를 분석한 힐D. Hill에 따르면, 정당 소속감이 강한 사람들은 86%가 투표했지만, 정당 소속감이 낮은 사람들은 73%만 투표한 것으로 나타났다(Hill, 2009).

일부 유권자들은 정당 소속감을 통해 정치 활동을 하지만, 어떤 사람들은 인지적 동원을 통해 정치에 관심을 가지고 학습된 유권자가 되기도 한다. 정파적 동원party mobilization과 인지적 동원cognitive mobilization[14]에 따라 유권자들은 크게 네 가지로 유형화될 수 있다(Dalton, 2006; 〈그림 1-5〉 참조).

먼저, 정당에 소속되지 않고 인지적으로 동원되지도 않는 무관심층 혹은 무정치파apoliticals가 있다. 이 집단은 정치의 변방에 있는 사람으로서 정치에 관여하지 않고 정치 이슈나 후보자에 관한 관심도 적다. 이들은 과거 무소속

---

[14] 인지적 동원은 시민들이 외부 환경과는 다소 독립적으로 정치에 관여할 능력과 재원을 가졌는지와 관계된다. 또한, 정치적 의사결정에 활용될 수 있는 심리학적 관여를 의미하기도 한다. 최근에는 교육과 정치적 관여와 관련된 정치 지식(political knowledge)도 인지적 동원을 파악할 수 있는 타당성 있는 접근으로 인식되고 있다.
정치 지식이 높은 사람은 정치 관여가 높고 투표 가능성도 크다. 1964년과 2002년에 미국 하원에서 어느 당이 우세했는지를 정확하게 알고 있는 사람들은 84%가 투표한 것으로 나타났지만, 잘못 알고 있는 사람들의 경우 58%만이 투표에 참여했다(Hill, 2009). 이는 정치 지식 수준이 투표 행위에 영향을 미치는 주요 변인일 수 있음을 시사한다.

파independents로 분류되었던 사람들이다.

의례적 당원은 자신이 선호하는 정당을 지지하고 투표나 캠페인 활동과 같은 정당 관련 활동에 참여하기도 한다. 그러나 이들의 지지는 습관적 활동에 머무르며, 정당 관련 단서가 부족한 경우 정치적 관여나 이해도 사라질 수 있다. 또한, 이들은 강력한 정당 일체감을 가지고 정당 관련 활동에 관여하며, 모든 일을 정당 중심으로 판단하는 경향이 있다.

정치적으로 동원 유형 가운데 무당파에 속하는 인지적 비당원apartisan은 전통적인 무소속 집단과 구별되는 사람들이다. 비정당원은 비록 정당 소속은 아닐지라도 인지적으로 동원 가능한 사람들로서, 높은 정치적 관여와 정치 지식화 경향을 보인다. 이로 인해 이들은 이슈 투표 행태를 보여주는 경향이 있다. 이들은 상대적으로 교육 수준이 높고, 젊은 편이며, 탈물질주의자적 특성post-materialist[15]을 갖고 있다. 정치 캠페인을 통한 설득 노력은 대다수 이들을 대상으로 이뤄지는 경우가 많다. 또한, 이들은 로비나 항의 시위 등과 같은 비관례적 정치 활동을 조직하곤 한다.

### 3) 심리적 관여와 투표

유권자들의 투표 행위는 개별 유권자의 심리 과정으로 설명될 수 있다. 일반적으로 정치에 대한 심리적 관여가 높을수록 정치 참여도 높다. 정치 관여 수준은 정치 관심, 정치 효능감, 정당 소속감, 정치 정보 등으로 측정될 수 있다. 예를 들어, 선거에 관심이 많고 정치 정보 획득에 관심이 많을수록 정치 참여 가능성도 증대될 수 있다. 1964년부터 2002년까지 미국 선거 투표율은

---

**15**  이들은 종교적 믿음을 거부하지만, 영적인 삶을 지향하며, 다른 사람들보다 자기 계발과 자기 표현을 통한 자기 정체성에 관심이 많고 다양한 취향을 가진 사람들이다. 자신이 금전적 물질 주의자가 아니라는 점을 강조하는 경향이 있다. 탈물질주의에 관한 이론은 1970년대 잉글하트로부터 나왔다(Inglehart, 2008).

정치적 관심 수준에 따라 차별적이었다. 높은 정치 관심을 가진 유권자의 평균 투표율은 87.8%였지만, 낮은 관심을 가졌던 사람들의 투표율은 43.7%였다(Hill, 2009).

정치 효능감은 개인의 정치적 행동이 정치 과정에 영향을 미칠 것이라는 감정이나 믿음을 의미한다. 개인의 정치 연결 정도와 관련된 정치 효능감은 크게 두 요인으로 이뤄져 있다. 먼저, 내적 효능감internal efficacy은 정치 참여가 효과적이라고 스스로 인지하는 개인의 능력을 지칭한다. 높은 내적 효능감으로 자신이 정치에 효과적으로 참여할 수 있다고 믿는 사람들은 내적 효능감이 낮은 사람들에 비해 투표 가능성이 크다(Craig, Niemi, and Silver, 1990).

두 번째 요인인 외적 효능감external efficacy은 정부가 유권자의 요구와 필요에 적절히 반응한다고 믿는 정도를 의미한다. 외적 효능감이 높은 사람들은 선거가 정책 결과들을 이뤄낸다고 판단하므로 상대적으로 투표할 가능성도 크다(Franklin, 1996, 2004).

국내 선거에서도 정치 관심과 정치 효능감은 투표 참여 의향에 영향을 미친 것으로 나타났다(중앙선거관리위원회, 2014). 제2회부터 제6회 지방선거까지를 분석한 연구는 정치 효능감이 낮거나 정치에 관심이 낮은 사람들이 투표에 상대적으로 많이 불참한 것으로 나타났다. 특히, '투표를 해도 바뀌는 것이 없어서'라는 정치 효능감 요인은 제6회 지방선거의 투표 불참 요인의 50.3%를 설명한 것으로 나타났다.

한편, 투표 행위는 개인적·미시적 차원에서 합리적 선택 과정을 거쳐 이뤄진다는 주장도 있다. 합리적 선택이론은 다운스A. Downs의 투표 기대효용모델에서 출발했다(Downs, 1957). 투표 행위도 인간의 다른 행위와 다르지 않기에, 행위의 효용 즉, 비용과 혜택에 따라 결정된다고 보았다. 즉, 유권자가 투표할 때 보상이 커지면 투표할 가능성이 크고 반대의 경우라면 투표하지 않을 수 있다는 것이다.

$$R = (PB) - C$$

다운스의 방정식에서 R(reward)은 시민들이 투표 행위를 통해 획득할 수 있는 보상을 의미한다. P(probability)는 자신의 한 표가 선거 결과에 중요하다고 보는 확률을 상징하며, B(benefit)는 유권자가 타 후보자보다 자신이 선호하는 후보자가 선거에 승리할 때 얻을 수 있는 혜택을 말한다. 마지막으로, C(cost)는 시민이 투표할 때 소모되는 비용을 뜻한다. 등록 절차, 투표 소요 시간, 선거 관련 정보 획득에 필요한 시간과 노력 등이 대표적 비용이다. 비용이 기대되는 혜택보다 크다면 투표 가능성도 그만큼 낮아질 수 있다.

유권자가 인식하는 기대 이익만큼 중요한 것은 자신의 표가 매우 중요하다는 인식과 관련된 P이다. 일반적으로 P는 박빙의 선거, 유권자 규모에 따라 상이할 수 있다. 선거가 경합이라면 유권자는 일반적으로 자신의 투표가 중요하다고 인식할 수 있다. 그러나 특정 후보자가 압도적으로 우세한 경우에는 자신이 행사할 투표가 중요하다고 인식하지 않을 수 있다.

유권자 규모도 P와 관계가 있다. 소규모 투표 권역에서 후보자 간 경합이 이뤄지는 선거구에서는 자신이 행사할 한 표가 선거 결과에 영향을 미친다고 판단할 수 있다. 따라서 선호하는 후보자를 위한 투표 가능성은 증대된다. 하지만 대규모 전국 투표에서 행사되는 한 표의 가치는 상대적으로 적을 수 있다. 전국 선거에서는 자신이 선호하는 후보자가 승리하더라도 얻는 이익은 적을 수 있다고 생각하기 때문이다.

다운스의 방정식에 따르면, 유권자들은 투표하기 전에 투표 비용 대비 전체적 이익을 계산한다. 즉, 투표를 통한 보상이 0에 가까워지거나 비용이 높을 때 투표하지 않아야 한다(Blais, 2000). 하지만 현실에서 어느 정도의 투표율이 나타난다는 점은 이 방정식의 한계일 수 있다. 이러한 문제점을 보완하고자 시민 의무civic duty를 상징하는 'D'를 새로이 추가했다(동아시아연구원, 2010; Riket and Ordeshook, 1968).

$$R = (PB) - C + D$$

민주주의가 지속되길 원하는 시민은 사회적 책임감 때문에 투표하며, 이는 민주주에 참여했다는 만족감, 자신의 정당 선호를 확인했다는 만족감, 정치체제에 대한 효능감을 확인했다는 만족감 등을 준다고 보았다. 하지만 시민 의무라는 사회심리학적 설명으로 보완된 합리적 선택 모델이 기본 이론을 퇴보시켰다는 지적도 있다.

다운스의 투표 방정식은 양적으로 투표 행위를 설명하는 유용한 도구일 수 있지만, 투표 행위 설명이 매우 협소하다는 지적도 있다(Aldrich, 1993). 또한, 시민들의 투표 행위에 영향을 미치는 중요한 요인으로서 선거 캠페인 활동도 무시할 수는 없다. 그러나 분명한 것은 후보자 간 경쟁 환경을 잘못 인식하도록 만들거나 투표 관련 비용을 증대시키는 것은 투표율 감소로 이어질 수 있다는 점이다.

### 4) 캠페인 활동

유권자의 정치 행위는 자신의 사회적 범주나 심리적 상태에 따라 결정되기도 하지만 후보자의 캠페인에 의해 직접적으로 영향을 받기도 한다. 투표 양분split-ticket voting[16]이 발생하는 것은 유권자들이 후보자 개개인을 보고 투표 대상을 판단하기 때문이다. 즉, 출마 후보자의 능력과 자질에 따라 투표 행위가 이뤄진다는 점을 시사한다. 이는 후보자의 캠페인 활동이 가장 중요할 요소일 수 있다는 점을 의미한다. 이는 후보자 개인들이 자신의 정책들을

---

16  투표 양분은 한 선거에서 상이한 선거 수준의 모든 의석을 동일 정당이 모두 차지할 수 있도록 특정 정당 후보자들만 일관되게 투표하는 행위(straight ticket voting)와는 대조되는 현상을 말한다. 예를 들어, 투표 양분하는 유권자라면 특정 정당을 지지할지라도 광역의원, 기초의원 의석을 모두 동일 정당의 후보자에게 투표하지 않는다.

좀 더 구체적으로 차별화시키는 요인이기도 하다.

특히, 투표 양분은 무소속 유권자들의 경우에 뚜렷이 확인된다. 유권자들은 캠페인을 통한 후보자의 능력이나 정책 수행 능력을 분석한 뒤 투표 여부와 대상을 선택한다는 것이다. 후보자의 캠페인 활동이 무소속 유권자나 부동층에 집중되어야 한다는 점을 시사한다. 투표 양분 현상을 보여주는 사람들의 특성으로는 상대적으로 젊고 교육 수준이 높으며 고소득, 전문직, 높은 미디어 이용 등이 있다.

2014년 지방선거에서 후보 선택 시 고려 사항을 조사한 결과에 따르면, 유권자들은 '인물/능력'(37.3%), '정책/공약'(33.5%), '소속 정당'(14.6%), '주위 평가'(4.8%), '정치 경력(4.0%)' 순으로 고려하는 것으로 나타났다(중앙선거관리위원회, 2014). 젊은 층으로 갈수록 정책이나 공약이 후보자를 선택하는 중요한 기준이었다(20대 이하 46.2%, 30대 41.7% vs 50대 26.5%, 60대 이상 24%). 반면, 높은 연령의 유권자들은 젊은 층에 비해 후보자의 인물이나 능력을 중시하는 것으로 나타났다. 젊은 층에게 어필되는 정책이나 공약은 미래 지향적인 성격이 강하지만 인물이나 능력은 과거 지향적인 특성이 강한 측면이 있다. 목표 대상별 차별화된 캠페인 내용이 필요해 보인다.

이 밖에도 투표 행위는 다양한 요인에 따라 달라질 수 있다. 투표 방식을 결정하는 제도, 법, 규칙들과 비공식적인 규범과 관습들에 의해 영향을 받을 수 있다. 예를 들어, 투표율과 관련된 선거법 가운데 민감한 이슈 중의 하나는 자동등록 체계이다. 대다수 선진국에서는 자동등록 시스템을 갖추고 있지만, 미국에서는 투표 등록을 개인이 한다. 개인이 유권자로 등록하고 투표를 하는 경우 약 14%의 투표율 감소가 보고되고 있다. 따라서 유권자 명부 확보의 책임이 누구에게 있는지 혹은 어떠한 등록 절차를 가지는지에 따라 투표율도 달라질 수 있다.

선거에서 후보자 간 경합 수준도 투표율과 관련성이 있다. 경합 지역이라면 정당의 물량 투입과 캠페인 활동도 더욱 두드러지질 것이다. 이로 인해 개별 표의 의미는 더욱 중요해지고 후보자나 정당의 유권자 접촉 노력은 더욱 치열해져, 투표율 상승효과로 이어질 수 있다. 또한, 출마 후보자 수도 투표 결정에 영향을 미치는 요인일 수 있다. 후보자가 많을수록 캠페인에 대한 유권자의 관심은 분산되고, 이로 인한 투표율 감소도 나타날 수 있다.

정당과 사회 집단과의 연결 정도도 투표율에 영향을 미칠 수 있다(Powell, 1986). 예를 들어, 노동자 단체는 진보 정당을 지지하고 기업이나 경제 단체들은 보수 정당이나 시장 친화적인 정당을 지지하는 경향을 보인다. 이들 사회 집단들과 정당의 연결 고리가 얼마나 강한지에 따라 이들 집단의 선거 참여도 달라질 수 있다.

당선자와 관련된 투표수의 비율 수준과 관련된 불균형disproportionality도 투표율과 관계가 있는 것으로 알려져 있다(Jackman, 1987). 불균형은 선거 당선자의 득표 비율로 의석수가 정해지는 정도와 관계된다. 예를 들어, 특정 정당 후보자들이 획득한 총득표수가 과반 정도임에도 이 정당의 의석수가 과반에 훨씬 못 미친다면 이는 불균형한 상태로 인식될 수 있다. 표가 의석수로 전환되는 과정에서 발생하는 이러한 불균형은 전국적인 투표율 감소로 이어질 수 있다. 따라서 정당의 전체 득표 비율에 따라 의석수가 비례적으로 결정되는 체계는 불균형적인 체계보다 높은 투표율로 연결될 수 있다.

### 5) 투표 독려

투표율 하락이 세계적인 추세가 되면서 민주주의 기초를 흔들 수 있다는 우려도 크다. 〈그림 1-6〉은 중앙선거관리위원회의 자료를 토대로 1980년 이후의 국회의원 및 대통령 선거의 투표율 변화를 보여준다. 국회의원 및 대통령 선거의 경우 투표율은 1980년대와 비교하면 전반적으로 감소한 것으로 나타났다. 대선의 경우 제17대 대선(2007년)에서 투표율이 가장 낮았고 이후 다소 회복된 모습을 보여주었다. 국회의원 선거는 제18대(2008년) 때 가장 낮

그림 1-6 **연도별 선거 투표율 변화**

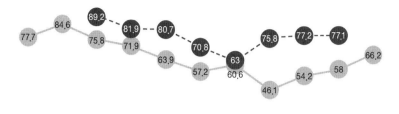

|  | 11대 | 12대 | 13대 | 14대 | 15대 | 16대 | 17대 | 18대 | 19대 | 20대 | 21대 |

───── 국회의원 선거 투표율　- -●- - 대통령 선거 투표율

자료: 중앙선거관리위원회(www.nec.go.kr).
주: 제11대와 제12대 대통령 선거는 직접선거가 아닌 간접선거였기에, 투표율 관련 정보가 없다.

은 투표율(46.1%)을 보이다 이후 증가 추세이다. 두 유형의 선거에서 가장 낮은 투표율을 보여준 시기는 10년 만의 정권 교체가 이뤄진 시기라는 유사성이 있다. 투표율 하락은 대표자 선출을 위한 민의 수렴의 불완전성과 선출자의 정당성을 위협하는 요인일 수 있다. 내적 갈등과 국론 분열, 정책 집행의 비효율성 등으로 이어질 수 있어 개선을 위한 다양한 노력이 요구된다.

정부나 정치 관계자가 유권자의 정치 참여를 독려할 경우, 유의미한 투표율 증대를 보일 수 있다(Rosenstone and Hansen, 1993). 이는 후보자, 정당, 정치 관계 기관들의 유권자 동원 활동이 투표율 향상에 무엇보다 중요하다는 점을 시사한다. 참여 독려는 전통적 미디어를 활용한 다양한 홍보 활동 등도 있지만, 최근에는 소셜 미디어를 중심으로 한 다양한 투표 독려 운동도 벌어지고 있다.

최근에는 시민들의 자발적 투표 독려 캠페인도 활발히 이뤄지고 있다. 투표 참여 활동 관련 메시지(사진, 댓글 등)를 남기면 상품권이나 협찬 물품을 주는 방식이다. 투표 인증샷 참여 형태도 변화되고 있다. 과거 인증샷 공유가 젊은 세대에 집중되었다면 최근에는 가족 단위의 인증샷도 등장하고 있다. 연예인들도 팬덤 현상을 활용한 투표 독려 인증샷 이벤트를 활발히 하고 있다. 투표소 앞에서 찍은 사진으로 투표를 인증하는 방식이 보편적 문화가 된 것으로 보인다.

인증샷 활동 참가자는 특정 후보자를 지지하는 행동이 제한되고 있기에 특별히 주의해야 한다. 투표장 내 전경이나 투표용지를 찍거나 특정 후보의 번호를 연상시키는 손동작을 보이는 사진 그리고 특정 후보를 지지하는 문구 등은 금지되어 있다. 투표 인증을 마케팅과 연계하는 사례도 있다. 2016년 4·13 총선에서는 다양한 매들이 이러한 이벤트에 참여했는데, 유권자들이 투표 인증을 하면 물품 구입 시 할인, 선물 등의 이벤트를 했다. 투표 도장이 찍힌 손 사진이나 투표소 앞에서 찍은 사진 등이 인증 방식으로 활용되었다.

제**2**장

정치 커뮤니케이션

# 정치와 미디어

## 1. 정치 영역

미디어 중심의 정치 커뮤니케이션은 학문적·실용적 영역으로 구분될 수 있다. 각 영역에 따라 정치 커뮤니케이션을 바라보는 시각에는 다소 차이가 있다. 먼저, 학술적 영역에서 정치 커뮤니케이션political communication은 단수로 사용되지만, 정치 전문가와 같은 실무적 영역에서는 'communications' 복수로 표기된다. 학술적 영역에서 정치 커뮤니케이션은 하나의 학문 영역으로 인식되며, 집합명사로 사용된다. 이로 인해 관련 변인과 요인들은 하나의 개념 속에서 다뤄진다.

반면, 정치 전문가와 같은 실용적 영역에서는 유권자와 커뮤니케이션하기 위한 여러 메시지 전략과 행위들에 주목하는 경향이 있다. 후보자와 캠페인 조직에서 사용하는 다양한 메시지를 고려하기 때문에, 복수형 형태의 용어를 사용한다. 따라서 정치 실무 전문가들이 단수 용어를 사용할 때는 구체적인 하나의 메시지를 지칭하는 것으로 이해할 필요가 있다.

나아가 정치 커뮤니케이션 학자들은 외부의 관점에서 정치 과정을 효과적으로 설명하거나 개선하려는 의도를 가지고 관련 이슈들을 다루곤 한다. 반면, 정치 현장 전문가들은 목표 대상과의 커뮤니케이션을 촉진하고 정치 의제를 홍보하는 데 집중한다. 이들의 활동은 자신들의 이익이나 향후 전문가로서의 명성과 연결된다. 이로 인해 업무 관여도가 상대적으로 높다.

일부 커뮤니케이션 학자들은 부정 광고의 남발, 지나친 이미지 창출 등과 같은 그릇된 정치 활동에 대해 정치 전문가들을 비판하기도 한다. 반면, 정치 전문가들은 정치광고, 여론조사, 메시지 전략 등에 대해 의뢰인들에게 조언하는 역할이 자신의 업무라고 답변할 수 있다. 학자들의 관심이 선거 과정을 개선하는 것이라면, 전문가들은 현재의 규범 속에서 의뢰인들에게 유용한 캠페인 전략과 기법들을 조언하고 기획·집행하는 활동을 수행한다.

정치 커뮤니케이션 분야는 다양한 영역에서 다뤄진다. 스피치speech 커뮤니케이션 전문가들은 대중 연설, 토론 등을 연구해 왔으며, 저널리즘 영역에서는 선거 보도의 관점에서 캠페인 이슈들을 다루어왔다. 정치학자들은 정부 조직과 제도에 따른 캠페인 활동에 관심을 두지만, 심리학자들은 투표 결정에서의 태도 형성에 주목하기도 한다. 또한, 사회학자들은 정치적 특성에 따른 사회 변화나 집단 특성의 역할을 탐구할 수도 있다.

과거에는 소수가 주도적으로 선거판을 결정해 왔지만 미디어 정치 시대에는 이들의 영향력이 상당 부분 줄어들었다. 정치 캠페인의 승패가 정치 전문가들에 의해 좌우될 수 있는 시대다. 미국에서 배우나 기업인 출신의 후보자가 당선되기도 하며, 국내에서도 기업가나 검사 출신의 정치 외부인이 성공적인 캠페인을 할 수 있게 된 것이다. 정치 전문가들이 후보자가 승리할 수 있는 전략과 전술을 개발하고, 집행하는 실용적인 작업을 담당한다. 또한, 효과적인 메시지 전략을 수립하여 유권자들과 소통하고 설득하는 업무를 한다.

미디어를 중심으로 한 캠페인 전문가들이 등장하면서 후보자와 유권자를 매개해 왔던 정당이나 조직의 영향력도 상대적으로 줄어들었다. 과거에는 정당의 지역 조직들이 다양한 인적 네트워크를 동원하여 담당했던 일들이 정치 전문가에 의해 가능해졌다. 미디어와 정치 전문가의 역할 증대로 인해, 후보자들은 영향력 있는 정계 인사들의 역할과 무관하게 유권자들과 효과적인 커뮤니케이션을 할 수 있게 된 것이다.

직업적 정치 전문가들은 많은 선거를 치르면서 유의미한 경험과 전문 지식을 축적하고 활용해 왔다. 이들은 교육과정을 통해 전문 지식을 쌓기보다 축적된 실전 경험을 바탕으로 유권자들과 소통하는 다양한 방법을 개발해 왔다. 또한, 복잡한 이슈들을 단순화하여 일반인들이 이해할 만한 수준으로 캠페인 기법들을 개발한 것도 이들의 긍정적 역할로 평가되고 있다(Allyn, 1999).

직업적 정치 전문가들은 학술적 접근이 현장과는 거리가 있다는 주장을 펼치곤 한다. 하지만 자신의 활동이나 역할을 과학적·체계적으로 이론화하는 데는 한계가 있다. 자신만의 이론적 접근도 다른 선거에서 만나는 새로운 상황에선 폐기되곤 한다. 지속해서 변하는 여론 동향, 자금 상황 등에 대한 고려 없이는 정치 환경을 충분히 이해할 수 없다고 판단한다.

정치 컨설팅 관련 산업은 PR에서 나온 것으로 알려져 있다(Nimmo, 1970). 1933년 미국 캘리포니아에서 투표 안건을 반박하기 위한 활동들이 성공을 거두면서 관련 기업들이 등장했다고 한다.

이슈로 동기 부여된 유권자들이 이상적으로 투표하는 합리적 투표 행위는 전통적 민주주의를 위한 기본 전제이다(Nimmo, 1974). 이러한 점에서 보면 직업적 정치 전문가들은 정치의 근본을 위협하는 요인일 수 있다. 오늘날의 캠페인이 정치 전문가들에 의해 주도된다는 점을 고려하면 합리적인 판단을 위한 유권자의 노력도 전례 없이 중요해졌다. 후보자가 여론조사나 이미지 광고를 통해 지도자적 역량을 만들 수 있지만, 이는 만들어지고 기획된 것일 수 있다. 따라서 정치 커뮤니케이션 학자들은 유권자들이 합리적으로 캠페인 메시지를 해독하고 관련 정치 맥락들을 파악할 수 있도록 민주 시민 교육

**그림 2-1 태도 및 전문 지식에 의한 선거 참여 유형**

| | | 태도 | |
|---|---|---|---|
| | | 초보자 | 전문가 |
| **전문 지식** | 초보자 | · 자원봉사자 | · 열성 당원<br>· 정당 지도부 |
| | 전문가 | · 무계약 전문가<br>· 정치컴 학자 | · 계약 전문가 |

자료: Rosenbloom(1973: 100)의 분류를 일부 수정.

에도 힘써야 한다.

선거와 관련된 사람들은 열정적 태도attitude와 전문 지식skills에 따라 네 가지 유형으로 구분될 수 있다. 이는 열정적 태도 유무와 과학적이고 체계적인 전문 지식을 가지고 있느냐에 따라 초보자와 전문가로 분류되었다. 유형 간 분류는 일반적이고도 상대적인 차원으로 유형화되었기에 개인이나 집단은 제시된 분류와 다소 상이할 수도 있다(〈그림 2-1〉 참조).

먼저, 직업적 정치 전문가는 캠페인 관련 전문 지식을 가진 사람들이지만 선거 캠프와의 계약에 따라 태도가 상이할 수 있다. 이들은 독립된 사업체를 운영하면서 철저히 이윤 추구 활동을 수행하는 사람들이다. 유능한 정치 전문가를 확보하기 위한 경쟁도 치열하다. 이들과의 효율적인 계약을 위해서는 소속 정당이나 후보자와 오랫동안 협력적 관계를 해온 사람이나 정당과 무관하게 홍보 관련 업무를 수행한 사람을 고려할 수 있다. 전자의 경우 계약 당사자에 대한 이해는 높을 수 있지만, 객관적인 판단에 한계가 있을 수 있다.

오늘날의 정치 전문가는 전문 지식을 바탕으로 이윤 추구 활동을 하는 사업가이기도 하다. 정치인과의 관계는 선거 비용 지출과 관련되어 있다. 비용 지출이 적고 이윤이 적은 업무에 대해서는 소극적이지만 캠페인 비용 지출이 많은 분야에 대해서는 적극적일 수 있다. 이로 인해 캠페인 관련 특정 산업의 발전은 선거 비용 지출이 원인이자 결과로 해석될 수 있다. 예를 들어, 정치광고 영역에 대한 비용 지출이 선거 비용 중 가장 많은 부분을 차지하면서 정치광고 관련 영역이 양적·질적으로 발전한 부분도 있다.

직업적 정치 전문가는 후보자 당선을 목표로 계약을 한다. 이들의 유일한 관심은 선거 승리이다. 민주적 혹은 합리적 의사결정 여부는 상대적으로 중요하지 않다. 따라서 시민들은 이들의 정치 캠페인을 주의 깊게 살펴야 한다. 정치 전문가에 의해 주도되는 정치는 민주주의 가치를 훼손할 개연성도 크기 때문이다.

직업적 정치 전문가들이 수행하는 구체적 활동들은 앞으로 살펴볼 과학적 캠페인 방법들을 통해 확인할 수 있다. 유권자에 대한 인구사회학적 조사, 기존 투표 행위 조사, 여론조사, 이슈 관련 조사, 상대 후보나 정당 관련 조사 등과 같은 연구 조사가 대표적이다.

인구사회학적 조사는 유권자의 위치 그리고 유권자가 어떠한 삶을 살고 있는지를 파악하고자 수행된다. 이 조사를 통해 정치 전문가들은 해당 주민들이 과거 어떠한 행위를 했으며 이들 행위를 설명할 만한 특성은 무엇인지를 파악할 수 있다. 주민들의 정치 사회적 특성과 과거 투표 행위를 조사함으로써 이들의 행위 예측도 가능하다. 또한 어디서 누가 특정 후보를 지지했는지도 파악할 수 있다. 무엇보다 소득, 직업, 주택 소유, 교육, 종교, 가입 정당 등에 따른 투표 행위에도 관심이 많다.

투표 행위 조사는 유권자 투표 성향을 이해하는 데 유용하다. 또한, 여론을 파악하고 유권자 투표를 예측하는 것도 정치 전문가의 중요한 업무 중 하나이다. 전문가가 이슈 관련 조사를 수행할 때는 이슈의 본질적 내용이나 사람들의 생각을 파악하는 데 목적이 있지 않다. 유권자들과 효과적인 커뮤니케이션 수단을 위한 시도로 보아야 한다.

전문 지식은 있지만, 초보적인 태도를 가진 사람에는 정치 커뮤니케이션 학자가 포함된다. 선거 캠프가 이들과 어떠한 관계를 만드느냐에 따라 이들의 활용 가능성도 달라질 수 있다. 선거 캠프에서 다양한 자문 집단을 운영하는 이유는 전문 지식을 갖춘 이들의 태도를 좀 더 열정적으로 변화시키고 대외적인 후광효과도 얻으려는 데 있다.

열성 당원이나 정당 지도부는 열정적인 태도를 보여주지만, 대체로 선거 관련 과학적 기법이나 실천에는 상대적으로 부족하다. 실제 선거에서 이들의 말실수나 행동이 캠프에 해를 끼치는 사례도 많다. 정당 지도부는 캠페인 승리에 필요한 커뮤니케이션 기법이 부족할 수 있다는 인식을 가질 필요가 있다. 정치 전문가와의 통제 속에서 통일된 모습을 보여주기 위한 긴밀한 체계를 갖추어야 한다. 모든 일정과 프로그램을 성공적으로 수행하기 위해서는 전문가와 토론하고 점검하는 과정을 거쳐야 한다. 특히, 선거 승리를 위해서는 정당 지도부의 권위를 내려놓고 전문 정치 전문가가 주도적으로 활동할 수 있는 환경을 조성해 주어야 한다.

열정적인 태도를 가진 당원이 있다는 것은 선거 캠프의 큰 자산이다. 과거보다 대규모 집회나 이벤트 활동은 줄었지만, 선거 때마다 기획된 크고 작은 행사들에서 이들의 참여는 행사 분위기를 좌우할 수 있다. 특히, 참여자 규모나 열정적인 모습들이 미디어를 통해 노출될 경우, 승자편승bandwagon 효과를 누릴 수 있다. 이는 선거 대세를 파악하려는 유권자들에게 의사결정을 위한 중요한 단서가 될 수 있다.

선거에 참여하는 자원봉사자들은 일반적으로 태도와 전문 지식에서 초보자로 분류될 수 있다. 선거 캠프에서는 이들이 열정적인 자원봉사 활동을 할 수 있도록 전문가적 태도를 위한 다양한 교육 프로그램을 운영할 필요가 있다. 특히, 대면 접촉을 통한 설득 캠페인을 위해서는 이들이 전문가적 태도와 최소 준전문가에 해당하는 지식을 가질 수 있도록 지도해야 한다. 또한, 자원봉사 활동 후 캠페인 효과를 점검하기 위한 이들과의 지속적 토의 활동도 필수적이다.

## 2. 정치와 미디어 역할

현대 정치에서 미디어 활용은 다양한 방식으로 강화되고 있다. 미디어 이용 인구의 증가와 더불어 세련된 미디어 기법들이 등장하면서 캠페인 효율성이 증대되었기 때문이다. 미디어 정치의 가속화는 미디어 정치 전문가의 출현과 미디어 지출 비용의 상승으로 연결되고 있다.[1]

한국의 선거 비용 산정은 인구수와 물가상승률에 비례하여 이뤄진다.[2] 선거 비용의 30% 이상은 미디어와 관련된 지출로 예상된다. 막대한 미디어 지출 비용은 미디어 정치의 보편적 현상을 가늠하는 기준이기도 하다.

일반적으로 민주주의를 위한 미디어의 역할은 세 가지로 요약될 수 있다 (Norris, 2000). 먼저, 민주적 숙의를 위한 토론 광장의 역할을 수행해야 한다. 이는 공적 의제에 대해 숙의할 수 있는 공간을 의미한다. 토론을 위해서는 충분한 정보 전달이 전제된다. 다양하고도 균형 잡힌 양질의 정보를 제공해야 한다. 편협한 시각이나 후보자 중심의 일방적 정보 전달은 이상적 공론장[3] 형성에 악영향을 미칠 수 있다(〈표 2-1〉 참조).

---

[1] 미국 연방선거위원회(Federal Election Commission)는 후보자별 수입과 지출 내역을 상세히 공개하고 있다. 한국의 경우, 2022년 선관위는 정보공개청구를 통해 관련 자료를 받아볼 수 있다는 입장이었다. 그리고 관련 양식도 매체 집행비, 광고 제작비 등 등 항목별로 세세히 구분되지 않은 것으로 파악되었다. 모든 국민이 집행된 정치자금을 공개적으로 쉽게 볼 수 있는 시스템을 갖추어 투명한 정치 문화 형성에 노력해야 할 것이다.

[2] 2022년 제20대 대통령 선거의 경우, 발표 시점의 전국 총 인구수에 950원을 곱한 금액에 통계청장이 고시한 전국소비자물가변동율을 감안한 선거 비용제한액 산정비율(4.5%)을 증감하여 산정했다. 선거단위별 선거비용제한액 산정 공식은 '공직선거법' 제121조에 명시되어 있다.

[3] 공론장은 공중을 구성하는 개인이 공개성을 바탕으로 토론에 참여하고 소통하는 공적 의사소통 구조인 민주적 정치 공간을 의미한다. 하버마스(Harbermas)는 누구나 제약 없이 합리적으로 의사결정에 참여하면 민주주의는 발전한다고 보았다. 이를 위해 국가와 시장의 압력으로부터 자유로운 공적 대화와 토론을 수행하는 것이 민주주의를 위해 무엇보다 중요하다고 판단했다. 하지만 공론장에서 배제된 소외 계층과 엘리트적이고 상업화된 주류 미디어는 공론장을 왜곡시킬 수 있다고 보았다.

표 2-1 민주주의와 미디어 역할

| 토론 광장 | 파수견 | 동원자 |
|---|---|---|
| · 이슈 전달 및 분석 | · 공중의 이익 추구 | · 공중 학습 |
| · 토론 공간 제공 | · 권력 감시 및 감독 | · 투표 참여 촉구 |
| · 정보 균형, 다양성 | · 공적 의제 심층 분석 | · 신뢰 및 효능감 구축 |

　시민 참여의 양과 질은 민주정치의 핵심이며, 미디어 정보를 통한 유권자의 정치 지식은 정치 참여를 견인하는 주요 동인임을 고려해야 한다. 또한, 유권자들이 합리적 투표 행위를 수행하기 위해서도 미디어가 주도적으로 선거 관련 이슈를 개발하고, 분석하는 노력이 필요하다. 내·외적 다양성이 보장된 언론 활동을 통해 공중이 숙의에 필요한 정보를 획득할 수 있도록 노력해야 한다.

　둘째, 미디어는 주권자인 국민을 위해 엘리트나 권력 집단을 감시하고 비판하는 파수견watchdog 역할을 해야 한다. 공중의 옹호자로서 공중의 관점에서, 국민의 알 권리right to know를 충족시키고 국민의 이익을 추구하거나 대변하는 활동을 수행해야 한다. 미디어가 후보자나 정치인의 단순한 홍보 수단이 아니라, 유권자를 위해 후보자의 공약을 분석하고, 리더의 자격을 검증하는 활동을 수행해야 한다. 이를 위해서는 정치인이나 정당 중심의 콘텐츠 생산을 지양하고, 국민의 이익에 합당한 시민 중심의 미디어 활동을 해야 한다. 커뮤니케이션 흐름이 아래로부터 위로 향할 수 있도록 시민의 요구를 정치권에 전달하고, 이에 기반한 정책이 집행될 수 있도록 노력해야 한다.

　셋째, 미디어는 정치 동원 주관자political mobilizing agent의 역할을 담당해야 한다. 시민의 정치적 관심이 정치 행위로 이어질 수 있도록 견인하는 미디어 활동을 의미한다. 이는 공중을 학습시키고 투표 참여 독려와 같은 활동을 통해 구체화될 수 있다. 예를 들어, 미디어는 정착되고 있는 사전투표제[4]를 자

---

4　사전투표제는 사전투표 기간 동안 선거인이 별도의 신고 없이 사전투표소가 설치된 곳 어디에

세히 설명하고 안내함으로써 유권자의 정치 참여를 독려할 수 있다. 또한, 시민성 제고를 위한 민주 시민 교육 등도 정치적 동원자로서의 미디어 역할과 관련되어 있다.

선거에서 미디어 정치가 활발한 영역은 크게 네 가지로 구분될 수 있다. 먼저, 후보자의 선거 유세, 정책, 정견 등이나 정당 관련 내용을 전달하는 선거 보도가 있다. 주로 정치 담당 기자에 의해 작성되지만, 정치 관련 기고자나 언론사 필진에 의해서도 뉴스가 제작될 수 있다. 바람직한 선거 보도는 시민들의 정치 지식화를 불러와 합리적인 정치 참여에 긍정적으로 작용할 수 있다.

둘째, 자신을 지지하거나 상대방을 공격하기 위한 정치광고 영역이 있다. 유권자들의 정치적 태도, 신념, 행동 등에 영향을 미치려는 메시지를 정당이나 후보자 스스로 제작할 수 있다는 장점이 있다. 정치광고를 위해 미디어에 지불해야만 했던 비용들이 온라인이 활성화되면서 상당 부분 해결되었다. 하지만 비용 측면에서 중소 정당 후보자에겐 여전히 큰 부담이 되는 영역이다. 미디어 지출 비용의 상당 부분이 정치광고와 관련되어 있다.

다음으로는 유권자들이 쟁점에 대한 후보자 간 상호 토론을 지켜볼 수 있는 선거방송토론 영역이 있다. 논리적 주장을 교환하는 후보자를 좀 더 현실적으로 지켜봄으로써 후보자의 능력과 자질을 판단해 볼 수 있는 미디어 이벤트이다. 이 외에도 찬조 연설, 후보 연설 등과 같이 캠페인 주체가 방송 연설을 통해 자신들의 의견을 표명하는 미디어 정치 유형도 있다.

한편, 미디어 정치가 활성화되면서 본질적인 이슈보다는 피상적 이미지가 중요해졌다는 비판도 많다. 실질적 정책 제안보다 후보자의 용모, 표정, 연기

---

서나 투표할 수 있는 제도이다. 유권자에게 공간적·시간적 편의를 제공할 뿐만 아니라 투표참여 기회 확대에도 기여한 것으로 평가받고 있다. 한국에서의 사전투표제는 2013년 상반기 재보궐 선거에서 처음으로 시행되었다. 제20대 대선의 사전투표율은 역대 최고인 36.93%였다.

력 등이 평가받고, 짧은 사운드 바이트sound bite(특정 인물의 지속적 발언) 등으로 인해 후보자들에 대한 심층적 평가가 어렵다는 불만도 제기되고 있다. 이러한 측면들은 이슈 중심적인 합리적 투표를 방해하는 요소이기도 하다.

일반적으로 시민이 정치인에 대해 가지는 이미지는 자신이 그 사람에 대해 좋아하거나 싫어하는 것에 대한 주관적 이해를 토대로 만들어진다. 브랜드 이미지와 유사하게 정치적 이미지는 해당 정치인에 대한 감정이나 태도와 밀접하게 관련되어 있다. 정치 이미지는 후보자가 외형적으로 보여주는 시각적 인상과 미디어를 통해 전달된 모습들이 시민들의 생각으로 통합되는 과정을 통해 형성된다.

후보자의 이미지는 지지자에 의해서도 영향을 받는다. 마케팅 영역에서 유명 인사들의 제품 홍보 행위와 유사하다는 것이다. 선거 때마다 유명 연예인들이 특정 후보를 지지하는 모습을 쉽게 접할 수 있다. 정치인의 헤어스타일, 옷차림 등과 같은 상징들도 그 사람을 평가하는 데 이용된다. 즉, 이미지 메이킹 전략에 따라 후보자에 대한 태도가 달라질 수 있다는 점이 약점으로 지적되고 있다.

특히, 정치 전문가 중심의 캠페인 활동은 이슈보다 이미지 중심의 선거 문화를 강화하는 요인이다. 유권자들이 피상적이고 감성적 이미지에 근거하여 후보자를 판단하고 투표하는 원인이 되기도 한다. 반면, 정치 전문가에 의한 이미지 중심적 캠페인이 유권자들의 정치적 관심을 증대시키고 이슈 관련 논의에 주목하도록 만드는 측면도 있다.

# 정치 정보와 미디어 효과

정치 영역에서 미디어 사용이 보편화되면서 미디어 이용자의 정보처리 과정과 해당 정보의 효과에 대한 다양한 학술적 연구가 이뤄져 왔다. 커뮤니케이션 과정에 대한 합리적·이성적 접근뿐만 아니라 감성적 영역까지 논의가 확대된 데는, 인간이 논리적이며 이성적인 아플로적Apollinian 인성과 본능과 열정의 디오니소스적Dionysian 비합리적 요소를 가진 모두 가졌기 때문이다. 예를 들어, 사람들은 철저히 이익 추구적 방식으로 정보를 처리하고 행위하곤 하지만, 때론 군중심리나 심미적 판단 속에서 상대를 판단하고 결정하기도 한다.

과학적 커뮤니케이션 연구들은 미디어 메시지 처리 과정과 효과에 대한 탐구심에서 비롯되었다. 이로 인해 우리는 태도 구성 요인과 태도의 기능에 대한 이해를 바탕으로 미디어 효과를 이해하거나 설명할 수 있다. 나아가 메시지 노출·처리 과정에 대한 이해는 향후 정치 메시지를 기획 및 분석할 수 있는 토대가 될 수 있다.

미디어 정치가 활성화되면서 정치 현상을 설명하고 효과적 캠페인 활용을 위한 다양한 이론적 논의도 증대되었다. 고전적 이론인 탄환 이론부터 능동적 미디어 이용을 설명하는 이용과 충족 이론은 미디어 중심의 다양한 정치 현상에 대한 실무적 지식을 확장하는 데 기여해 왔다(구교태, 2017).

## 1. 정치 정보와 태도

정치 정보에 대한 유권자 반응은 태도 측면에서 생각해 볼 수 있다. 일반적으로 태도는 인지cognition, 정서affection, 행위behavior로 구분하여 설명될 수 있다. 인식과 관련된 인지적 태도는 지식과 신념으로 구성되며, '옳다' 또는 '그르다'와 관련된 태도를 지칭한다. 인지적 태도는 신념과는 상이하다. 가장 명확한 차이는 신념은 인식과 달리 검증이 어렵다는 점이다. 정서나 감정으로 설명되는 정서적 태도는 대상이나 이슈에 대한 호불호를 말하며, '좋다' 또는 '나쁘다'와 관련되어 있다. 마지막으로, 외부로 표출된 행위와 관련된 행위적 태도는 이슈나 대상에 대한 행위 성향을 의미한다. 예를 들어, '투표에 참여하고 싶다', '자원봉사 활동을 하고 싶다' 등은 행위와 관련된 태도를 의미한다. 이처럼 태도는 평가, 감정, 행위를 모두 의미한다.

사람들은 왜 태도를 형성하는가? 이에 대해 카츠D. Katz는 도구나 수단, 자아 방어, 가치 표현, 지식 등과 연계하여 태도를 설명한다(Katz, 1960). 먼저, 사람들은 외부 환경으로부터 보상을 극대화하고 피해를 최소화하기 위해 태도를 형성한다는 것이다. 이는 태도의 실용적 기능[1]이라 할 수 있다. 후보자의 정책으로부터 받을 수 있는 혜택 때문에, 해당 후보자를 선호하는 태도에서 나타나는 기능이다.

둘째, 사람들은 자아 방어적ego-defensive으로 태도를 형성하기도 한다. 즉,

---

[1]    실용적 기능은 도구적(instrumental)·적응적(adjustive)·공리적(utilitarian) 기능을 의미한다. 카츠의 논문에서는 후자의 용어들이 사용되었다.

태도 형성은 자신의 신념을 지키고 내적 갈등을 피할 수 있는 방어 수단으로 기능할 수 있다. 마치 자신이 속한 공동체의 인식을 열정적으로 따르는 사람이 다른 지역이 배경인 후보자를 싫어하는 것과 같다.

셋째, 사람들은 자신의 핵심적 가치관을 표현하고 만족감을 얻고자 태도를 형성하기도 한다. 이를 가치 표현적value-expressive 기능이라 한다. 예를 들어, 에너지 보존이나 환경 정책에 관심이 있는 유권자가 화석연료 사용을 줄이려는 후보자에게 긍정적인 태도를 형성한 경우를 생각해 볼 수 있다.

마지막으로 지식knowlege 기능을 위해 태도를 형성할 수 있다. 이는 세계에 대한 지식을 추구하거나 의미 구조를 부여하기 위한 태도 형성을 의미한다. 다양한 현상을 조직화된 세계로 이해하고자 할 때의 태도 기능과 관계있다. 후보자의 실책에 대한 지식에 근거하여 특정 후보자를 싫어하는 경우가 해당된다.

정보 수용자의 반응에 영향을 미치는 요인들로 인구사회학적 요인, 심리적 특성, 지각, 메시지 난이도가 언급될 수 있다(유일상, 2001). 정치적 영역에서는 유권자의 교육 수준이나 문자 해독 능력 등의 개인차에 따라 상이한 반응이 나타날 수 있다. 또한, 심리적으로 잘 믿는 성향의 사람들이나 내향적인 사람들에게서 반응이 쉽게 나타날 수 있다. 지각은 대상에 대한 이해를 말하는 것으로서 개인의 지각력이나 이해력에 따라 반응이 달라질 수 있음을 의미한다. 마지막으로 설득 메시지의 난이도에 따라 수용자의 반응도 차이가 있다.

전통적으로 메시지는 수용자의 주의attention, 관심interest, 욕구memory, 기억memory,[2] 행동action 과정으로 처리된다. 개혁혁신 이론가들은 수용자의 메시

---

[2] 기억이 작동하는 과정에는 단기와 장기 기억이 있다(김광수·우성택·권은아, 2010). 단기 기억은 정보 처리 능력이 제한적이다. 정보 저장에 대한 판단이 이뤄지면 리허설을 통해 장기 기억에 저장한다. 장기 기억 정보는 이미지 또는 단어나 문장의 형태로 기억된다. 기억 내용에 따라 일화적(episodic) 기억과 의미(semantic) 기억으로 구분되기도 한다. 일화적 기억은 "과

지 수용 과정을 인식awareness, 관심interest, 평가evaluation, 시도trial, 채택adoption 단계로 구분하여 설명한다. 태도의 구성 요소로 보면, 인식은 인지적 요소와 관계되고, 관심과 평가는 정서적 요소를 말하며, 시도와 채택은 행위적 요소로 작용하여 수용자의 반응을 만든다. 사람들은 메시지를 채택한 이후에도 자신의 결정이 옳았는지를 확인하기 위한 정보 추구 활동을 계속해서 수행하는 경향이 있다.

## 2. 정치와 커뮤니케이션 이론

### 1) 탄환 이론

탄환 이론Bullet theory은 강력한 미디어 효과를 설명하기 위한 접근에서 비롯되었다. 사회에 미친 미디어의 영향력이 강력하다는 주장은 탄환 이론이나 피하주사 모델Hypodermic model로 정립되었다. 이론의 명칭이 시사하듯, 미디어는 직접적이고 강력한 설득 효과가 있다고 보았다. 미디어 수용자 측면에서 보면, 미디어에 노출된 개인은 수동적으로 메시지를 수용하고, 쉽게 설득될 수 있는 존재였다.

탄환 이론은 미디어의 설득 메시지가 매우 강력한 효과로 이어질 수 있다는 포괄적 믿음을 만들었다. 이는 메시지 효과를 높이기 위한 다양한 기법에 주목하는 계기가 되었다. 특히, 선전분석연구소Institution for Propaganda Analysis는 다양한 선전 기법을 분석하고 정립하기에 이르렀다.

---

거에 어떤 일이 있었다"와 같이 구체적 정보와 관계된 것이고, 의미는 사실이나 개념에 대한 기억과 관계된 것이다.

### (1) 낙인찍기

사람, 집단 등에 대해 부정적인 용어를 사용하는 기법을 말한다. 대상에 대해 부정적인 정서적 반응을 일으킬 수 있는 부정적인 용어를 연결하는 방식이다. 예를 들어, 본질과 무관하게 특정 보수 세력을 부정적으로 지칭하고자 '가짜 보수', '수구 세력' 등을 사용하거나, 진보 세력을 공격하고자 색깔론과 관련된 진술을 하는 것이 낙인찍기name calling다. 이 기법의 특징은 슬로건처럼 추가 설명 없이 자명한 것처럼 메시지를 구성한다는 점이다. 이러한 낙인찍기는 최근에도 정치집단들 사이에 광범위하게 사용되고 있다. 낙인찍기를 심하게 할 경우, 균형 감각을 잃을 수 있기에 스스로 적절한 규제를 하는 것이 바람직하다.

### (2) 미사여구

낙인찍기와 대조적인 미사여구glittering generality 기법은 긍정적 평가를 받을 수 있는 용어를 어떤 인물이나 대상에 사용하는 것을 의미한다. 선거 때마다 각 선거 캠프에서는 자신들에게 우호적인 다양한 미사여구를 사용해 왔다. 예를 들어, 구체적 과정과 내용을 생략한 채, "국민을 대표하는", "정의를 실현하는" 등과 같이 듣기에 좋은 문구들을 후보나 정당에 연결하여 사용하고 있다. 구체적 실천 공약 등이 생략되어 있다면 미사여구 선전 기법이 사용되지 않았나 의심해 볼 필요가 있다.

### (3) 전이

선전에서 전이transfer는 자신에게는 긍정적 의미의 상징을 연결하고, 상대방에겐 부정적인 기호나 상징을 연결하는 기법이다. 예를 들어, 국방이나 안보 전문가라는 인상을 남기려는 후보자가 부대를 시찰하는 이미지를 보여주거나, 젊고 소통하는 정당에 대한 이미지를 전달하고자 청년들과의 토론 장면을 보여주는 행위는 전이 기법과 관련되어 있다. 보수 진영에서 태극기를 활용하는 것도 전이 기법과 무관치 않다. 상대 진영을 공격할 때 분열, 폭력 등과 관련된 정보나 이미지를 활용하기도 한다. 부정적 메시지가 상대방에 전이되면 부정적 인식이 만들어진다는 판단에서 전이 기법을 사용한다.

### (4) 증언

권위에 호소하여 특정 대상을 지지하거나 반박하는 기법이다. 증언testimonials 기법이 효과적으로 작동하기 위해서는 증언하는 사람에 대한 사람들의 인식이 중요하다. 증언하는 사람에 대한 높은 신뢰가 목표 대상들 사이에 형성되어 있을 때 효과적인 기법이다. 효과적인 증언 기법에 노출된 사람은 증언자의 의견이나 신념을 자신의 것으로 생각할 수 있다.

한편, 대중 인식이 낮거나 부정적인 사람이 증언하는 경우 자신이 소속된 특정 집단만을 대상으로 한 설득이 될 수 있다. 증언 기법을 효과적으로 사용하기 위해서는 목표 대상이 선호하거나 신뢰하는 인물을 발굴해야 한다.

### (5) 서민

'서민plain folks'을 표방하는 기법은 유권자로 하여금 후보자의 위치나 입장이 일반인의 상식을 반영하고 있음을 믿도록 유도하는 전략이다. 나와 당신이 다르지 않다는 것을 어필하는 기법이다. 즉, 후보자가 일반 유권자와 같은 부류의 사람이라는 것을 말하는 방식이다. 이를 통해 목표 대상과의 동질감이나 유대감을 얻고자 한다. 자신이 좋은 친구라는 점을 호소하고자, 후보자는 자신을 '보통 사람'이라 부르거나 일반 식당이나 시장을 돌며 서민적 삶을 보여주고자 한다. 서민의 아들이나 딸 혹은 힘든 서민의 삶을 살아왔다는 점을 강조하는 뉴스나 정치광고를 기획하기도 한다. 또한, 서민을 가장하는 수법으로 특정 지역의 방언을 사용하기도 하고, 일상에서 사용하는 기분 좋은 말들을 사용하기도 한다.

## (6) 감추기

감추기stacking the deck는 자신에게 유리한 측면만을 선별적으로 드러내는 기법을 말한다. 즉, 많은 내용 가운데 일부분만을 제시하는 방식이다. 상대방의 잘못을 들추거나 자신의 정당성을 드러내고자 사용한다. 예를 들어, 상대방이 부패한 정치인으로 자신을 공격할 때, 자신의 잘못된 과거를 언급하기보다 깨끗한 경력 가운데 하나만을 제시하며 상대방을 비난한다면 감추기 기법이라 생각해 볼 수 있다.

사실을 감추는 방법에는 두 가지가 있다. 하나는 자신에게 유리한 내용만을 제시하는 방법이고, 다른 하나는 후보자가 의도하는 결론으로 유도하기 위해 결론의 기초가 되는 사실만 제시하는 방법이다. 상대 후보자가 감추기 기법을 사용하면, 대응 방법으로 상대방의 선전 효과를 감소시키기 위해서도 사용될 수 있다. 하지만 사실에 반하는 것을 진실이라고 주장할 만큼이나 심각한 감추기는 시간이 지나 자신의 지지자까지 잃을 수 있어 유의해야 한다. 최악의 상황이 아니라면 함부로 사용해서는 안 된다.

## (7) 승자편승

이슈나 대상에 대해 대다수가 특정한 태도를 가졌다고 목표 대상을 설득한다면 승자편승 기법을 사용하는 것이다. 승자편승bandwagon은 많은 사람이 해당 이슈나 대상을 원하고 지지하고 있다는 메시지를 전달하는 기법이기 때문이다.

자신에게 유리한 여론조사를 보여주거나 자신을 지지하는 다양한 집단을 열거함으로써, 후보자는 자신이 대세라는 분위기를 전달할 수 있다. 소위 선점 효과를 노린 기법이다. 〈그림 2-2〉는 승자편승 기법을 활용하여 다양한 사람의 지지를 보여주는 정치광고이다. 다양한 연령의 남녀가 출연하여 후보자에 대한 기대와 지지를 음악에 맞춰 말하는 방식으로 광고가 제작되었다.

일반적으로 승자편승 기법을 효과적으로 반박하기 위해서는 관련 통계의

그림 2-2 **승자편승 기법 활용 광고**

진짜 해결해 길을 제시해

자료: 이재명의 '나를 위해' 정치광고.

정당성을 공격하거나 승자편승을 사용하는 후보자를 지지하지 않거나 비난하는 집단을 언급할 수 있다. 승자편승 효과를 지나치게 강조하면, 다수보다 소수나 약자를 지지하는 열세자 효과underdog effect가 나타날 수 있어 주의해야 한다.

## 2) 제한효과 모델

미디어의 강력한 효과에 대한 믿음이 지배적일 때, 일부 커뮤니케이션 학자들은 유권자들이 미디어의 정치 메시지에 크게 영향 받지 않았음을 보여주는 증거들을 제시했다. 이는 대중매체를 통한 설득 메시지와 무관한 미디어 이용자의 투표 행위를 통해 확인되었다.

1940년 초 미국 유권자를 대상으로 한 연구에 따르면, 조사 응답자의 절반 정도는 투표일 약 5개월 전에 자신들이 누구를 투표할지를 결정했다. 단지 25%의 유권자만이 미디어가 적극적으로 활용된 캠페인 기간 후보자를 결정했는데, 이들 중 약 8%만이 투표 대상을 바꾼 것으로 밝혀졌다. 이는 유권자의 태도 변화를 위한 미디어의 효과가 매우 적었다는 것을 시사한다. 유권자들은 미디어 정보보다 자신들의 사회적 성향social predisposition을 토대로 투표한 것이다. 선거가 임박해 후보자를 결정할 때는 주변의 친구나 이웃의 의견에 따르는 경향이 발견되었다(Lazarsfeld et al., 1948). 새로운 정보를 위해 미디어를 이용한 것이 아니라, 자신의 기존 결정을 강화하기 위한 수단으로 미디어를 사용한 것이 밝혀졌다. 기존의 인지적 상태를 강화하는 미디어의 재강화reinforcement 효과가 확인되었다.

제한적 미디어 효과는 미국 뉴욕 엘미라Elmira 지역 연구에서도 확인되었다. 이 지역에서도 단지 10%만이 캠페인 기간인 마지막 한 달 동안 투표 대상을 결정한 것으로 나타났다. 이들 연구는 유권자의 투표 결정에 대한 미디어의 효과가 미미하고, 미디어보다 사회적 배경이 투표 행위를 더 효과적으로 설명한다는 것을 보여주었다. 연구 결과들은 최소 효과 원칙rule of minimal effects 개념으로 요약되었다(Klapper, 1960). 이는 수용자의 미디어 정보처리가 개인의 정당 성향이나 대인 관계에 좌우될 수 있다는 것을 의미한다.

나아가 제한효과 관련 연구들은 수용자의 선택성selectivity 개념과 2단계two-step 정보 흐름에 대한 가설도 발견했다. 선택성은 유권자들이 자신의 성향을 토대로 투표 결정을 지지하고자 미디어를 선택적으로 이용한다는 것을 설명하는 개념이다. 이후 선택성 가설은 선택적 노출exposure, 주목attention, 지각perception, 기억retention 등으로 구체적으로 분류되었다.

선택적 노출은 사람들이 자신의 커뮤니케이션 경험으로부터 자신의 기존 신념과 태도와 조화되는 메시지를 선택하는 경향을 말한다. 선택적 주목은 자신의 기존 신념과 태도에 부합되는 메시지에 주목할 가능성이 크다는 것을 의미한다.[3] 선택성 가설은 사람들의 정보처리가 자신의 생활양식과 연계되어 있음을 시사한다. 이러한 사실은 캠페인 주체들이 유권자의 생활양식

---

**3** 정보 이론가들에 따르면, 우리의 시선은 초당 500만 비트의 데이터를 처리할 수 있지만 동일 시간 동안 우리 두뇌는 500비트만 처리할 수 있다. 따라서 처리 가능한 데이터는 우리의 장기간 기억 장치와 부합되는 것에 제한될 수 있다.

을 철저히 이해하고 선거 전략을 수립해야 유권자들과 효과적으로 커뮤니케
이션할 수 있다는 것을 말해 준다.

2단계 정보 흐름은 개인에 대한 미디어의 정보 전달은 단순한 1단계 흐름
이 아니라 여론 지도자opinion leader⁴를 매개하여 이뤄진다는 것을 강조한다.
미디어 정보가 대인 채널을 거쳐 공중에게 전달되기 때문에 수용자에 대한
미디어의 직접적 효과는 적을 수 있다. 사람들이 여론 지도자의 해석을 수용
할 가능성이 상대적으로 크기 때문에, 개인에 대한 설득은 미디어보다 대인
채널을 통해 이뤄질 수 있다. 따라서 미디어는 사람들의 태도 변화를 이끌기
보다 기존 태도를 강화하는 데 그칠 수 있다.

〈그림 2-3〉의 '별' 모양이 여론 지도자이며 이들은 미디어와 이용자 간
중재자 역할을 하는 사람들이다. 여론 지도자 개념은 혁신 확산diffusion of
innovation 관련 논의에서도 핵심적 위치를 점하고 있다. 새로운 사상, 인물, 정
책 등에 대한 선택이나 지지를 도출할 때 활용할 수 있다.

제한효과 모델Limited effects model은 미디어 효과가 과장되었던 초기 대중 미
디어 시대 그리고 대인 영향력이 높았던 사회문화 속에서 도출된 이론이다.
또한, 정당 소속감의 영향력이 강력했던 시기이기도 했다. 무당층이나 부동
층의 비율이 상대적으로 많은 최근의 상황과 관계있다. 제한효과 모델의 한
계에도 불구하고, 캠페인을 수행하는 정치 전문가에게 시사하는 바가 있다.

먼저, 태도 강화의 중요성을 확인하는 계기가 되었다. 이는 캠페인의 단순
한 원리인 "먼저 자신의 토대를 다져라"라는 격언을 생각하도록 만든다. 후
보자는 자신을 반대하는 사람을 자신의 편으로 바꾸는 것보다 자신의 지지
자들을 확고하게 만드는 것이 효과적이고 쉬울 수 있다. 자신의 지지자들이

---

4    여론 지도자는 사회에 영향력 있는 정부 지도자나 조직 대표들이 아니라 사람들의 생각에 영
     향을 미치는 사람들을 말한다. 주로 주변인들로부터 존중받으며, 분야별 지식이 많고, 미디어
     이용 경향이 높은 특성을 보인다.

**그림 2-3 미디어 정보의 2단계 구조**

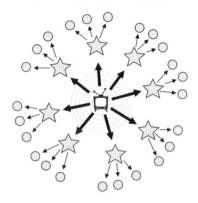

자료: Watts and Dodds(2007: 441).

적극적으로 설득에 참여한다면, 성공적인 캠페인 결과를 얻어낼 수 있다. 우리는 선거 때마다 다양한 후보자의 팬클럽 활동을 경험해 왔다. 이들의 열성적인 미디어 정치 참여는 다른 사람들에게 후보자의 우호적인 상황을 전달하는 데 효과적이다.

또한, 대중 설득에서 대인 간 영향력을 파악하는 데 도움이 되었다. 무엇보다 여론 지도자를 확인하고 설득 과정에 이들을 활용해야 할 필요성이 제기되었다. 선거에서 다양한 집단을 파악하고 영향력 있는 사람들을 접촉하여 그들과 관계된 사람들을 설득하는 것이 효과적일 수 있다는 것이다.

### 3) 의제 설정 이론

1970년대 초까지 미디어 효과 연구는 태도 변화와 관련된 설득 연구에 집중되어 있었다. 하지만 미디어 효과는 인지, 정서, 행위로 구분될 수 있다. 맥콤M. E. McCombs과 쇼D. L. Shaw의 연구 이후 비로소 인지적 측면에 대한 관심이 증대되었다(McCombs and Shaw, 1972). 이들의 관심은 설득 효과보다 미디어가 공중의 이슈 인식에 어떠한 영향을 미치는가에 집중되었다. 관련 연구들은 사람들이 직접 무엇을 생각해야 할지를 인식시키는 미디어의 의제 설정 기능을 확인시켜 주었다. 의제 설정 개념에 따르면, 유권자는 미디어가 중요하게 다룬 선거 관련 뉴스들을 중요하게 인식할 수 있다. 사람들의 인식에 대한 선거 보도의 영향력은 언론에 대한 정치 전문가의 활동을 자극하는 요인이 된다.

선거 보도를 통해 설정된 의제들은 공적 토론의 주제가 된다. 오락 프로그램에서 다뤄진 내용도 공중 인식에 영향을 미칠 수 있다. 일반적으로 여론 형성은 미디어가 이슈를 집중적으로 다루어 미디어 의제로 발전하면서 시작된다. 이러한 미디어 의제가 공중 의제가 되는 것이다.

의제 설정 효과는 선거에 대한 관여도가 낮은 유권자들에게 높게 나타난다. 선거 관여도가 큰 사람은 정치 정보를 판단하기 위해 자신의 기존 신념이나 지식과 비교할 수 있다. 하지만 관여도가 낮은 사람은 정치 정보를 판단할 수 있는 근거가 부족하여 미디어 정보에 대해 높은 의존 성향을 보일 수 있다.

또한, 의제 설정 효과는 매체에 따라 상이할 수 있다. 인쇄 매체는 영상 매체에 비해 심층적인 정보에 대한 효과가 크고, 선거 초기에 효과적이다. 반면, 정치 의제 형성 후에는 텔레비전이 의제를 지배하는 경향이 있다. 미디어 간 의제 설정 연구(Ku, Kaid, and Phau, 2002)에 따르면, 신문은 TV 의제를 결정하는 효과도 있다. 또한, 온라인 홍보 활동이 활성화되면서, 온라인 의제들이 신문의 의제에 유의미한 영향을 미치기도 한다.

의제 설정 이론Agenda-setting theory은 정치 전문가들이 선거 보도를 높게 평가하는 근거가 된다. 선거 보도의 영향력은 '30~30 규칙rule'[5]으로도 설명된

---

5    30초간 노출된 저녁 뉴스의 효과가 30분 분량의 정치광고 효과보다 클 수 있음을 강조하는 용어이다.

다. 이러한 선거 보도 효과는 뉴스가 후보자의 개입 없이 제작된 상대적으로 편견 없는 정보라는 인식에 기인한다. 후보자의 캠페인 이슈나 주장이 선거 보도의 초점이 된다는 것은 후보자 캠프에는 매우 고무적인 일이다. 이로 인해 정치 전문가들은 후보자에게 우호적인 선거 보도를 유도하고자 보도자료, 영상 자료, 각종 이벤트 등을 활용한 공격적인 언론 활동을 수행하고 있다.

사람들이 뉴스를 이해하는 방식에 대한 미디어 효과를 설명하는 틀 짓기 framing 이론은 유권자의 투표권 행사 기준을 이해하는 데 도움이 된다(Iyengar and Kinder, 1987). 뉴스 틀frame은 유권자의 정치적 판단을 위한 일련의 기대치를 형성한다. 뉴스 미디어를 통해 설정된 의제나 틀frame은 사람들의 행위에도 영향을 미칠 수 있다.

행위에 대한 점화효과priming 이론은 사람들의 정신 체계나 뉴스 틀이 상호 연결되어 작동된다는 점을 설명한다. 점화효과를 설명하는 정보처리의 기억 기반 모델memory-based model은 판단과 태도 형성은 기억을 상기시키는 사례나 연상의 용이성ease과 직접적으로 연관되어 있음을 시사해 준다(Tversky and Kahneman, 1973). 정신적 연계망의 작동은 미디어 정보에 민감한 유권자를 양산할 수 있다는 우려를 낳기도 한다.

### 4) 이용과 충족 이론

앞서 살펴본 커뮤니케이션 이론들은 수용자에 대한 효과라는 미디어 중심의 시각에서 비롯되었다. 하지만 이용과 충족 이론Uses-gratifications theory은 미디어 이용자의 관점에서 이용 행태와 미디어의 역할에 초점을 맞추고 있다. 연구자의 관심은 미디어에 의한 태도나 행위 효과보다 미디어 이용 과정에서의 지각과 인지 변화에 집중되었다. 미디어를 이용하는 내적 동기를 검증하고 충족을 통한 미디어 이용 경향이 다뤄졌다.

이용과 충족 이론에 따르면 미디어 이용자는 정치와 관련된 자신의 욕구를 충족시키려는 동기를 가지고 미디어를 이용한다. 초기 연구자들은 사람들이 정치 정보를 추구함으로써 얻는 충족 항목들에 관심을 두었다. 대표적 항목으로 투표 가이드,[6] 재강화reinforcement, 감시surveillance, 오락excitement, 대인 활용interpersonal utility 등이 확인되었다. 이러한 발견은 개인의 정치 정보 이용은 소속 정당이 아니라 자신의 욕망과 예측 가능한 행위에 있음을 시사한다.[7]

재강화reinforcement 욕구는 사람들이 자신의 기존 태도를 강화할 수 있는 정치 정보를 추구하는 경향을 의미한다. 사람들의 미디어 이용 만족감은 자신의 선험적 성향에 따른 선택성과 관계되어 있음을 의미한다. 감시surveillance 욕구는 세상을 알고자 하거나 주변과 연계되려는 욕망과 관련되어 있다. 이는 사람들의 정치 정보 이용의 많은 부분을 설명해 준다. 피상적인 정치 활동이라도 정치 환경에 대한 감시로부터 시작하는 이유는 개인의 감시 요구 때문이다. 한편, 오락excitement 욕구는 정치적 메시지를 재미난 가십거리로 접하는 사람들과 관계되어 있다. 오락 욕구로 정치 정보를 소비하는 사람은 하나의 스포츠 이벤트처럼 정치를 바라보기도 한다. 이들에겐 선거 과정이 하나의 정치 드라마 혹은 이벤트로 인식될 수 있다. 후보 간 대결이나 갈등 상황들은 오락 욕구를 충족시킬 수 있는 주요 요소이다. 마지막으로, 대인 활용interpersonal utility 욕구는 사람과의 대화에 필요한 정보를 획득하려는 욕구를 의미한다. 미디어는 자신의 대화나 주장에 필요한 지식을 제공하는 주요 정보원이기 때문이다. 스완슨D. L. Swanson은 대인 활용 욕구를 '사람과의 정치적 토론', '타인에게 조언하려는 욕구', '타인의 조언을 얻고자 하는 욕구'

---

6   투표 가이드는 투표 결정을 도와주는 수단을 의미한다.

7   자신의 정체성을 파악하고자 미디어 정보를 이용하기도 한다. 우리가 무엇을 보고, 읽고, 경청하는지를 통해 우리는 자신의 정체성을 확인할 수도 있기 때문이다(Larson, 1995). 라슨(Larson)에 따르면, 자존감 높은 사람은 읽기를 통해 정체성 욕구를 충족하는 반면, 낮은 사람은 메시지 보기에 의존하는 경향을 보인다.

로 구분하기도 했다(Swanson, 1976).

사람들은 개인적 욕구 충족을 위해 정치 정보를 이용하지만, 정치 정보를 회피하기도 한다. 정치 정보 회피가 정치 참여 감소를 초래할 수 있다는 점을 고려하면 관련 요인 분석과 대안도 필요해 보인다. 대표적인 미디어의 정치 정보 회피 요인들을 살펴보았다.

첫째, 소외Alienation에 대한 생각이 정보 회피 현상을 만들 수 있다. 사람들은 정치 과정에서 무력감과 제외되었다는 느낌을 받을 때 정치 정보 욕구가 줄어든다. 또한, 자신의 투표가 중요하지 않다는 인식도 정치 정보에 대한 동기를 감소시킬 수 있다. 이러한 요인은 정치 정보 회피를 불러오고, 궁극적으로는 소극적 정치 활동으로 연결될 수 있다.

둘째, 정당 소속감partisanship도 정보 이용에 영향을 미치는 요인이다. 특히, 정당 소속감이 높은 사람들은 자신이 선거에 깊이 관여되어 있고 투표 대상을 결정했다는 생각 때문에 정치 정보를 회피할 수 있다. 이들에게서 후보자에 대한 정보수집 욕구를 찾아보기 어렵지만, 열렬 정당원에겐 해당하지 않는다. 대인 간 논쟁이나 주장에 필요한 정보를 계속해서 수집하기 때문이다.

셋째, 정보 회피 현상은 휴식Relaxation을 원하는 사람들에게서 나타날 수 있다. 어떤 사람들에겐 정치는 재미없는 정보다. 미디어의 정치 정보는 이들의 관심 밖에 있다. 이들은 정치 정보를 이용하기보다 자신들이 원하는 오락이나 휴식을 추구하고, 영상 콘텐츠에 대한 의존이 상대적으로 많다. 이들을 대상으로 한 후보자들의 쇼 프로그램 출연이 빈번한 이유다.[8]

---

**8** '공직선거법'에 따르면 방송사는 선거일 전 90일부터 선거일까지 선거법에 의한 방송 및 보도, 토론 방송을 제외한 프로그램에 후보자를 출연시키거나 후보자의 음성, 영상 등 실질적인 출연 효과를 줄 수 있는 내용을 방송할 수 없다. 다만 선거에 특별한 영향을 미칠 우려가 없거나 프로그램의 성격상 다른 것으로 변경 또는 대체가 현저히 곤란한 경우에는 예외로 한다. 또한, 선거 기간 중에는 후보자를 보도, 토론 프로그램의 진행자로 출연시켜서도 안 되며 특정한 후보자나 정당 지지를 공표한 자 혹은 정당 당원을 시사정보 프로그램의 진행자로 출연시켜서도 안 된다.

정치 출마 예상자들의 예능 프로그램 출연은 호의적 대중 이미지를 만들기 위해 다양하게 시도되고 있다. 정치라는 다소 무거운 주제를 벗어나 인간적인 면을 보여줌으로써 보통 사람의 이미지를 전달하는 데 효과적이다. 후보자는 잔잔한 감동과 재미를 줄 수 있는 일화들을 발굴하고 정치 철학과 비전을 효과적으로 전달할 방안을 강구해야 한다. 출연 영상이 다양한 숏폼 영상으로 편집되어 온라인 공간에서 활용되는 점도 후보자가 누릴 수 있는 장점이다. 정치의 오락화를 지적하는 목소리도 있지만, 가벼운 정치나 극화된 정치가 시민의 정치 관심 증대와 다양한 정치 담론 생산이라는 긍정적인 효과도 있다.

최근 인기 유튜브에 후보자가 출연하는 경우도 빈번하다. 특정 전문 분야에 출연하는 경우, 주 시청자가 관련 전문 지식을 가진 경우가 많아 이에 대한 철저한 준비가 요구된다. 예를 들어, 제20대 대선에서 여야의 유력 후보자는 유튜브 '삼프로TV'에 출연하기도 했다. 이 채널은 경제 전문 채널로서 주식에 대한 정보를 추구하는 이용자들이 많다. 그들의 정보 욕구와 향후 기대를 충족시킬 수 있도록 후보자의 정책들과 식견을 전달하려는 전략이 필요하다.

두 후보자가 출연한 프로그램 조회 수는 투표일 기준으로 각 300만을 넘었다. 노출 효과가 매우 컸다는 것을 보여준다. 또한, 유튜브 이용자의 특성과 프로그램에 대한 댓글들을 고려하면, 온·오프라인에서 누릴 수 있는 효과는 기대 이상일 것으로 예측된다.

이용과 충족 효과는 젊은 유권자보다 연령대가 높은 유권자들에게 더 유의미하게 나타났다. 이는 높은 연령대의 유권자가 자신의 목적을 위해 미디어를 소비하는 경향이 높다는 것을 시사한다. 역으로 보면, 목표 지향적 소비가 상대적으로 적은 젊은 유권자들이 미디어 메시지에 의해 영향 받을 수 있다는 것을 의미한다. 이러한 결과는 캠페인의 주요 목표 대상으로 젊은 유권자를 설정하는 것이 효과적일 수 있음을 말한다. 또한, 이용과 충족 이론은 캠페인 활동이 수용자의 욕구에 더욱 초점을 맞추는 계기가 되었다. 유권자에 대한 캠페인 정보 노출은 유권자의 정보 이용 동기화에 따라 상이할 수 있기 때문이다.

# 정치 메시지와 설득

## 1. 메시지 구조와 효과

정치인들은 유권자를 설득하거나 신념을 변화시키기 위해 다양한 형태의
메시지를 양산한다. 설득 메시지를 구성할 때는 유권자의 세상에 대한 인식,
정치적 선호, 기대 등을 파악하는 것이 무엇보다 중요하다. 정치인의 메시지
는 세계에 대한 개인의 지식, 가치, 신념, 태도, 도덕성, 지도력 등을 드러내
는 거울이다. 이는 개인 차원에서 유권자의 신뢰, 설득, 참여 등에도 영향을
미치고, 사회적 차원의 정치 문화, 여론 형성, 민주주의 수준 등에도 영향을
미칠 수 있다.

최근의 캠페인 활동에서는 거대 담론을 넘어 유권자 집단별로 공감할 수
있는 메시지 전략이 강조되고 있다. 유권자의 삶을 변화시킬 수 있는 구체적
메시지를 개발하고 공유해야 설득 효과가 높다는 인식에서 비롯되었다. 마
이크로 타겟팅micro-targeting[1] 기법으로 불리는 이러한 전략은 빅데이터 분석

---

1    개인의 인구통계학적 특성과 소비 행태 및 생활 습관 등으로부터 수집된 데이터를 조합·분석
     하여 좁은 범주의 유권자를 대상으로 한 정교한 메시지 제작 기법을 말한다. 대용량 데이터를

을 통해 유권자의 필요를 찾아내고, 소셜 미디어를 활용하여 확산시키며, 기존 미디어를 통해 관련 분위기를 알려주는 방식으로 강화될 수 있다.

정치인의 발언은 〈표 2-2〉와 같이 다섯 가지 유형으로 구분될 수 있다 (Madsen, 2019). 개별 유권자나 특정 집단의 가치, 신념, 희망을 파악한 후 마이크로 타겟팅에서 이들 진술 유형은 활용될 수 있다.

먼저, 정치인은 인물과 대상에 대해 사실을 토대로 한 선언적 진술을 할 수 있다. 사실적 주장은 자료 중심의 캠페인 활동에서 매우 중요한 요소이다. 예를 들어, "2021년 한국의 GDP 순위는 10위"라는 사실 진술은 원칙적으로 검증할 수 있다. 언론을 비롯한 다양한 조직에서는 정치인이 표현한 선언에 대해 지속해서 검증한다. 팩트체크 활동도 이와 관련되어 있다. 그러기에 정치인은 활용 가능한 증거를 바탕으로 사실 진술을 하는 것이 중요하다. 사실을 검증할 충분한 증거를 제시하지 못한다면 그럴듯한 진술로만 인식되거나 거짓 정보라는 비난을 받을 수 있다.

정치인들의 발언에는 미래에 대한 예측도 많다. 예측 진술은 사실에 대한 선언declaration처럼 참이나 거짓으로 판단될 사항은 아니다. 활용 가능한 증거와 미래의 관계를 탐색하는 진술이기 때문이다. 사용된 증거와 예측된 결과가 인과관계로 연결되는 것은 아니지만, 예측 진술을 하는 화자speaker는 증거와 미래 주장과의 연결을 유권자들이 어떻게 인식할지를 판단할 필요가 있다. 예를 들어, 비소를 마시면 죽을 수 있다는 진술은 수용 가능한 예측이지만, 빨간 코트를 입으면 죽는다는 예측은 받아들이기 어렵기 때문이다. 따라서 예측 진술이 수용되기를 원한다면, 메시지 간 합리적이고 논리적인 연결 고리를 만들어야 한다. 즉, 증거와 가설 간의 연결이 타당해야 한다.

---

기계학습과 인공지능을 이용해 분류하여 처리하기에 가능하다. 선거에서는 유권자의 정보를 분석하여 그들의 관심사를 목표로 한 기금 모금, 선거운동, 행사 참여, 온·오프라인 메일 발송, 정치광고 등을 할 수 있다.

표 2-2 **정치 진술 유형**

| 진술 유형 | 내용 |
|---|---|
| 선언(declaration) | 세상에 대한 사실적 주장 |
| 예측(prediction) | 발생하지 않은 사실에 대한 예측 |
| 반사실적 추론(counterfactual) | 사실과 정반대인 것에 대한 진술 |
| 의견(opinion) | 개인 평가 혹은 감정에 대한 진술 |
| 가치(value) | 인물이나 대상에 대한 신념 진술 |
| 희망(hope / desire) | 희망 사항에 대한 진술 |

자료: Madsen(2019: 28).

정치인은 사실에 근거한 반사실적 추론을 할 수 있다. "내가 대통령에 당선되었다면, 북핵 문제를 해결할 수 있을 것이다"와 같이 상대방을 비판하고 대안을 추측하는 데 사용할 수 있다. 만약 어떤 일이 있었다면 달라질 수 있었음을 예측하는 진술이다. 타인을 설득하기 위해서는 방안에 대한 합리적인 설명이 제시되어야 한다. 현재 상태에 만족하거나 조건적 상황에 동의하지 않는 사람들이 존재하기 때문이다. 선언, 예측, 반사실적 추론은 모두 관련 증거들과 연결되어야 한다. 사실들은 검토되고 예측과 반사실적 추론의 관계성이나 가능성도 평가될 수 있기 때문이다. 적절하고도 신뢰할 만한 통찰력 있는 자료를 제시할 때, 동의 가능한 합리적인 평가를 만들 수 있다.

정치인들은 증거 없이도 가치, 의견, 희망에 대한 정치적 진술들을 지속적으로 제기하곤 한다. 이러한 진술은 증거와 무관한 개인적 선호, 미학적 선택, 취향 등에 대한 개인적 의견인 경우가 많다. "나에게 A 도시는 매력적이고 환상적인 곳이다"라는 정치인의 의견을 접할 때, 사람들은 진술의 진실성을 판단하기보다 진정성에 관심을 가지는 경향이 있다. 해당 정치인의 평소 발언이나 행적이 진술 내용의 진정성을 평가하는 기준이 될 수 있다.

정치인은 기본적인 가치에 호소하는 발언을 하기도 한다. 표현의 자유와 같이 가치는 세상을 바라보는 시각을 말한다. 가치는 여러 정치적 제안에 대한 개인 판단에 많은 영향을 미칠 수 있다. 만약 어떤 정치인이 온라인 실명제를 주장한다면, 자신이 가진 표현의 자유 가치를 침해한다고 판단하여 다른 후보를 지지할 수 있다.

마지막으로 정치인들은 미래를 위한 희망을 말하기도 한다. 이것은 가능성 있는 미래를 평가하는 진술과 관련된 것이다. 의견, 가치, 희망 등에 대한 진술들은 정치 영역에서 고유한 것이다. 이들 진술은 정책 제안의 토대가 되고, 정치 의제를 제안하기 위한 이념적 경로가 되기도 하다. 이러한 진술들에 대해 사람들은 증거를 논하기보다 화자가 정직하고, 신뢰할 만한가를 평가하게 된다. 즉, 평가는 증거보다 화자의 의도에 대해 이뤄지는 경향이 있다. 정치적 득실 때문이 아니라 평소에도 이러한 가치를 보여준 경험이 있는지 등을 고려한다. 그 사람이 지나온 길을 통해 의견, 가치, 희망을 판단해 볼 수 있다.

유권자들은 자신들의 가치, 정체성, 신념, 희망 등을 가장 잘 대변한다고 믿는 후보를 선출하고자 한다. 정치인의 진술을 통해 일정 부분 판단할 수는 있다. 하지만 정치 현장에서 정치적 진술은 미묘하고 복잡하게 얽혀 있다. 예측에는 가치가 포함되는 경우가 많고, 사실적 주장에도 반사실적 추론들이 혼재된 경우가 많다. 정치인들은 가능한 많은 유권자를 소구하고자 암묵적인 언어들을 사용하기도 한다. 이성적이고 합리적인 판단을 하기가 쉽지 않은 이유다. 따라서 논리적 연결을 점검하고 실용적 논증인지를 살펴볼 필요가 있다.

주어진 메시지들 가운데 최상의 논리적 표현을 선택하기 위한 추론 방법으로 귀추법abductive reasoning[2]이 있다. 이는 주장의 타당성을 결정하는 실용적

---

논증 구조에 근거하고 있다. 툴민S. Toulmin은 다양한 영역에서 논증이 이뤄지지만, 논증의 형식은 본질적으로 같다고 보았다(Toulmin, 2003). 이 모델은 주장claim, 근거grounds,[3] 보증warrant 등 세 요소뿐만 아니라 보강backing, 반박rebuttal, 한정어qualifier[4] 등을 포함한 이차적 구성 요소를 포함한다. 일차적 논증이 전제로부터 결론을 끌어내는 과정이라고 보면, 아리스토텔레스의 형식 논리학의 구성 요소인 소전제, 대전제, 결론에 해당하는 것은 근거, 보증, 주장이라 할 수 있다. 하지만 일반적 언어 사용 영역에서는 전제 속에 이미 있는 것을 결론으로 도출하는 것만 정당화라고 할 수 없다. 따라서 이차적으로 보강, 반박, 한정어가 제기된 주장을 정당화하는 데 도움이 된다. 이 요소들은 기존에 전제로 다뤄졌던 것들이다.

'주장'은 정치 발언을 말하는데, 앞서 논의된 정치 진술 유형으로 표현된다. '근거'는 정치 진술 유형과는 다른 것으로, 주장을 언급할 수 있는 토대를 말한다. 남녀 임금 격차에 대한 전문가 진단이나 통계자료 등이 예가 될 수 있다. 사실적 주장을 위한 근거로 정치인은 데이터나 전문가 진술을 사용할 수 있고, 의견에 대한 근거로 특정인의 신뢰를 지적할 수도 있다. '보증'은 근거와 주장을 연결하는 인과론적 관계, 즉 합당한 이유를 의미한다. 정치인은 전문가의 조언이 옳고 적절하다고 말할 수 있지만, 사람들은 다양한 이유로 주장을 신뢰하지 않거나, 근거 또는 근거와 주장 간의 인과적 관계를 의심할 수 있다. 타당한 주장으로 인식되기 위해서는 논리적 연결 고리인 보증warrant이 요구된다(〈그림 2-4〉 참조).

---

3  주장 혹은 결론에 이르는 과정을 더욱 분명하게 드러내는 근거는 툴민의 초기 연구에서 자료 (data)로 제시되었다. 자료는 주장을 명료화하여 상대방에게 승인될 수 있도록 요구되는 사실들을 의미한다.

4  '한정어', '수식어', '확신 정도' 등 다양한 방식으로 해석된다. 이는 주장의 확신 정도나 한계를 나타내는 것으로서, '반드시', '아마도', '가능하다', '불가능하다', 확실하게 등으로 진술되고 있다.

**그림 2-4 툴민의 실용적 논증 모델**

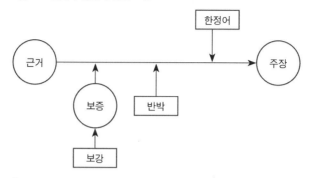

자료: Madsen(2019: 30).

주장, 근거, 그리고 보증은 실용적 논증에 항상 등장한다. 주장은 논증의 결과로서 상대방으로부터 승인되기를 바라는 것을 의미한다. 이때, 주장의 힘은 주장, 활용 가능한 근거, 그리고 근거와 주장을 연결하는 이유 간의 적절한 관계에 달려 있다. 툴민은 또한 실용적 논증에는 보강이 빈번하게 사용된다는 것을 발견했다. 보증의 기초 자료인 보강은 일반적 규칙(보증)을 지지할 수 있는 증거를 의미한다. 보강은 근거와 주장에 대해 인과론적 연결을 형성하는 데 도움을 준다. 예를 들어, 브렉시트Brexit의 경우, 정치인은 청자들에게 전문가의 예측이 맞았던 이전 사례들을 알려줄 수 있다. 이러한 언급이 인과론적 연결을 지지해 줄 수 있다. 반박은 증거와 주장 혹은 보증과 주장 사이의 관계를 반박할 수 있는 증거를 말한다. 정치인들은 증거가 가설을 예측할 수 없는 사례를 언급함으로써 주장을 약하게 만들 수 있다. 마지막으로, 한정어는 주장의 힘을 말하는데, "나는 X가 확실히 발생할 것으로 생각한다" 또는 "나는 X가 발생할 가능성이 있다고 생각한다"와 같은 의미의 차이를 만든다.

툴민의 모델은 정치적 담론을 둘러싼 구성 요소들을 가장 잘 설명한다. 즉, 주장이나 보강에 대해 사람들이 어떻게 반응할 것인지를 예측할 수는 없지만, 주장을 질적으로 설명하는 데 유용한 모델이다. 특정 방향을 알 수는 없지만, 일반적인 주장의 흐름을 파악하는 데 도움이 된다. 유권자가 설득 메시지에 어떻게 반응할지를 파악하려는 정치 캠페인에도 도움이 될 것이다.

정치적 논증은 논리적 추론과는 다소 거리가 있다. 정치적 진술은 진실성, 미래 예측, 개인적 의견, 내재 가치 등을 다루기 때문에 진술 범위가 매우 넓을 수 있다. 심지어 사실적 주장에 있어서도, 증거는 명확하지 않은 의미를 포함하거나 경쟁 후보에 의해 반박될 수도 있다. 따라서 유권자가 근거나 보증을 어떻게 인식하는지에 따라 후보자의 메시지 효과도 달리질 수 있다.

한편, 권력 지향적인 정치인들은 기만적이거나 잘못된 정보를 활용하기도 한다. 이때, 화자나 정보 출처의 신뢰성이 설득 효과에 영향을 미칠 수 있다. 또한, 정치 영역에서는 발언 스타일이 설득이나 논쟁적 상황을 만들기도 한다. 전달 태도나 횟수 등도 강력한 설득 수단이고, 화자의 카리스마나 인상도 잠재적인 설득의 힘으로 작용할 수 있다.

실용적 논증practical reasoning은 청자의 이성 속에서 작동된다. 개연성, 정확성 등을 판단하는 것은 청자의 몫이다. 이는 주관성이 타당한 주장을 판단하는 데 중요함을 의미한다. 누군가에겐 그럴듯해 보이거나 신뢰할 만한 이야기라도 다른 사람에게는 아닐 수 있다. 이러한 이유로 인해, 실용적 논증은 논리적 진술의 기준으로는 판단될 수도 없다. 논증의 타당성이나 부당성은 논증을 제시하는 방식과 관계되기 때문이다.

역사적으로 수사학 영역은 설득의 분석을 위한 이론적 토대를 세워왔다. 서구 사회에서 설득의 학문적 뿌리는 고대 그리스에서 출발했다. 비록 참정권은 아테네 출신의 남성들에게 제한되었지만, 이들은 영향력과 권력을 획득하기 위해 수사학적 역량을 통해 사회적 영역에 참여했다. 소피스트들은 수사법과 설득을 가르치는 고대 그리스의 전문 교육자였다. 이들은 세상의 실제 상태에 관한 기본적이고 철학적인 문제에 관해서는 관심이 적었다. 이들의 관심은 오로지 사람들이 어떻게 청자를 설득할 수 있는지에 집중했다.

이러한 이유로 플라톤은 이들을 비판하면서, 이들의 스피치가 진실 발견과는 무관한 공허한 것이라며 비난하기도 했다. 기본적으로 이들은 설득이 어떻게 숙의 민주주의에서 기능하는지에 관심을 가졌다. 이러한 관심은 오늘날 캠페인 운영자나 정치인이 가장 효과적으로 자신들의 메시지를 전달할 방법을 찾는 것과 같다.

소피스트의 실용주의와 플라톤의 이상주의 사이에서 아리스토텔레스는 서구에서 수사학에 관한 최초의 교과서를 만들었다. 그는 자신의 논문에서 수사학을 '특정 시기에 사용 가능한 설득 수단을 확인할 수 있는 능력'으로 정의한다. 즉, 수사학을 모든 상황에 적합한 설득의 예술로 간주했다.

아리스토텔레스는 설득의 수단을 설명하기 위한 세 가지 영역을 제시했다 (Aristotle, 1995). 첫 번째는 에토스ethos로서 화자의 신뢰 등과 관련된 특성을 의미한다. 예를 들어, 청자가 화자를 신뢰한다면 설득력도 커진다는 입장이다. 사람들은 자신이 신뢰하는 사람으로부터 받는 증거나 정보를 더 신뢰하는 경향이 있기 때문이다.

고전적으로 수사학자들은 에토스를 탁월성arete, 선의eunoia, 지혜phronesis 등으로 구분했다. 탁월성은 화자에 대한 지각된 도덕적 특성을 지칭한다. 이는 '화자가 도덕적으로 올바른 사람인가? 그리고 자신의 명분이 훼손되더라도 진실을 말할 수 있는 사람인가?'라는 질문과 관계된다. 나아가 아리스토텔레스는 지각된 특성을 지적 특성과 도덕적 특성으로 구분하기도 했다. 도덕적 특성은 화자의 행위나 습관과 관계된 것이고, 지적 특성은 교육이나 훈련을 통해 만들어질 수 있는 영역이다. 선의는 화자가 청자를 위한 선한 의도가 있는지 또는 자기 이익만을 추구하고 공동체의 이익을 고려하지 않는지 등과 관계된 것이다. 마지막으로, 지혜는 지각된 실용적 지혜나 화자의 경험이 사례에 적절한지를 말한다. 즉, 화자가 특정 문제에 관한 적합한 전문 지식을 갖고 있는가와 관련되어 있다. 일반적으로 에토스는 화자의 타고난 특질trait이라기보다 청자를 통해 지각되는 것이다. 따라서 사람마다 평가는 달라질 수 있다.

패토스pathos는 정서적 소구와 관계된 것이다. 설득적 내용과 표현에 따른 청자의 감정을 지칭한다. 정서는 설득적 메시지에 있는 정서적 내용에 따른 필수적 결과로 나타나거나, 설득 메시지를 처리하는 과정에서 사람들이 느끼는 부수적 산물일 수 있다. 예를 들어, 죽어가는 동물의 이미지는 늘 슬픈 감정을 유발할 수 있지만, 사람의 기분은 변동 가능성이 크다는 점도 부인하기 어렵기 때문이다.

반면, 정서가 합리적·이성적 의사결정을 해칠 수 있다는 주장도 있다 (Descartes, 1997). 이러한 주장은 직관적으로는 그럴듯해 보이지만, 많은 연구에서는 이러한 주장이 명확하지 않다는 것을 보여주었다. 여러 논란에도 불구하고, 정서가 설득에 중요한 요소라는 점은 받아들여지고 있다. 정서적 표현이 언어 해석과 처리(Eysenck and Calvo, 1992), 판단(Constans, 2001), 추론 (Atran, 2011) 등에 적절한 기능을 발휘한다는 것이다. 또한, 정서가 사람들의 주목을 끄는 효과가 있다는 점도 일반적으로 수용되는 사실이다.

마지막으로, 로고스logos는 추론과 논리에 대한 호소를 말한다. 로고스는 삼단논법, 생략 추리법, 통계, 일화 등의 논거로 정보를 전달한다. 사회과학자나 철학자들은 화자의 특성 그리고 증거나 사유와는 관계가 먼 정서를 배제하려는 경향이 있다. 이로 인해, 수사학과 철학 영역에서 로고스는 에토스와 패토스보다 더 많은 주목을 받아왔다. 현대 정치 캠페인에서는 유권자에 대한 설득 효과를 높이고자 이들 영역에 대한 다양한 연구 활동을 수행해 왔다.

수사학적 전통에서도 설득 연구를 위한 통찰력과 실천을 위한 개념적 틀을 제공해 왔다. 수사학적 양식(에토스, 패토스, 로고스)은 설득이 단순한 정보 처리를 넘어, 전체 메시지에 대한 통찰력이 필요하다는 것을 시사한다. 설득의 심리학을 더 깊게 이해한다면, 더욱 세련되고 정확한 설득 메시지를 만들 수 있을 것이다.

수사학은 불확실한 세계에 대해 사람들이 어떻게 신념을 형성하고 의사결정이나 사회적 행동 근거를 만드는지를 다루는 학문이다. 이러한 측면에서 수사학은 정치 영역에서 폭넓게 사용된다. 정치적 진술은 여러 측면을 가지고 있기에 논리적으로 진실을 점검하는 것은 쉬운 일이 아니다. 활용 가능한 증거들은 복잡하고 완결적이지 않다. 따라서 유권자들은 정치적 진술에 대한 관찰을 통해 설득적인 설명을 추론하는 귀추법에 주목할 필요가 있다. 유권자들은 어느 후보자가 가장 설득력 있는 진술을 하는지, 어느 정보원이 이슈에 대한 정확하고 신뢰할 만한 정보를 제공하는지, 어느 후보가 유권자들이 원하는 가치나 사회적 욕구를 열정적으로 표현하는지를 판단해야 한다.

설득 메시지를 판단하는 것은 화자나 청자 모두에게 쉬운 일이 아니다. 유권자 개인의 경험, 신념, 화자에 대한 인식 등이 모두 관여하기 때문이다. 이로 인해, 연구자들은 인지적 기능을 실험적·경험적 방법을 동원하여 탐구해왔다. 과학적 실험을 수행한 연구자들은 사람들이 설득 메시지에 어떻게 반응하는지를 통제하고 측정한 연구 결과들을 제시했다. 데이터 중심의 객관적 연구에서 진일보한 진전이 정교화 가능성 모델ELM: elaboration likelihood model 과 설득의 원칙을 통해 이뤄졌다.

사회심리학 모델인 ELM에 따르면, 설득 메시지는 중심central과 주변peripheral 경로라는 인지적 경로를 통해 처리된다(Petty and Cacioppo, 1986). 중심 경로를 통해 메시지를 처리하는 사람은 메시지 내용을 비판적·합리적으로 정교화한다. 이를 위해서는 많은 인지적 노력이 필요하다. 예상되는 유용성, 손익 분석, 논리적 견고함, 증거 능력 등이 사용된다. 메시지를 비평적으로 처리하지 않는다면 주변 경로가 사용된다. 주변 경로를 사용하는 사람은 화자의 매력, 개인의 현재 분위기, 메시지 제작 특성과 같이 메시지와 다소 무관한 단서에 의존한다. 수사적 의미로 보면, 중심 경로는 로고스와 관계되는 반면, 에토스와 패토스는 주변 경로에서 발견되는 경향이 있다. 설득 메시지를 정교화하는 정도는 메시지 내용을 처리하는 데 요구되는 동기, 능력, 적절한 정보 접근에 달려 있다.

정보처리 과정에서 정교화는 낮은 수준(주변 경로)으로부터 높은 수준(중심 경로)까지 일련의 과정으로 이뤄진다. 중심 경로로 처리되는 설득 메시지는 더욱 강력한 영향을 미친다. 즉, 합리적 정교화를 통해 획득된 신념은 개인 신념 체계에서 더욱 견고한 모습을 갖추어, 이후 변화나 제거 가능성이 현저히 낮아질 수 있다. 따라서 정교화된 메시지 처리 동기나 능력을 가진 사람은 논리적 결함, 낮은 증거 능력, 화자의 매력과 같은 요인에도 자신의 태도나 신념은 흔들리지 않을 수 있다. 반대로, 주변 경로를 통해 처리된 정보는 나중에 변할 수 있거나 기억에서 사라질 수도 있다. 즉, 메시지를 정교화시킬 동기나 능력이 없다면 향후 태도 변화의 가능성이 크다는 것을 예측해 볼 수 있다.

ELM은 구체성이 없고 방향성만을 제시한다는 지적도 있다. 정확한 양적 분석은 어렵다는 점이다. 또한, 주목도가 높고 낮은 집단으로 분석을 지나치게 단순화함으로써, 과정을 명확하게 설명하지 못하는 한계도 있다(O'Keefe, 2008). 그리고 신념에 영향을 미치는 중심과 주변 경로 사이의 상호작용을 설명하지 못한다는 점도 문제라 할 수 있다. 이러한 지적에도 불구하고, ELM은 설득에 대한 이론 중심의 접근으로부터 과학적 데이터에 기반한 접근으로 발전했다는 평가를 받는다. 비록 방향성 예측이라는 한계는 있지만, 여러 메시지 중 적합한 설득 전략을 세우고 검증하는 데 유용할 수 있다. ELM은 설득을 위한 단서들이 사람들에 따라 다양한 영향을 미칠 수 있다는 것을 시사하고, 설득 메시지의 단서에 의해서도 사람들의 신념은 변화될 수 있다는 점을 설명한다. 만약, 유권자들이 비평적으로 메시지 처리에 관여하지 않는다면, 캠페인 측에서는 주변 경로에 영향을 미치는 단서들을 활용할 수도 있다. 이 경우에는 정교화 동기를 유발하는 언어나 단서를 피하는 전략을 세울 수도 있다

로버트 치알디디R. Cialdini가 제시한 설득의 원칙들도 설득 전략의 효과를

설명하는 사회심리학적 접근으로 인정받고 있다. 이 원칙들은 설득의 사회적 측면을 설명하면서 신뢰도와 주관성과 같은 이슈를 다룬다. 그가 제시한 설득의 원칙은 상호성reciprocity, 헌신과 일관성commitment and consistency, 호감liking, 사회적 증거social proof, 권위authority, 희소성scarcity 등 여섯 항목이다(Cialdini, 2007, 2016).

상호성은 사람들이 누군가 자신을 위해 무엇을 주었다면 반대로 자신도 갚고자 하는 욕구나 사회적 관습을 의미한다. 누구나 손실에 대한 지나친 두려움 없이 관계를 시작할 수 있도록 함으로써, 상호성은 사회적으로 유익한 협력적 관계를 만들 수 있다. 거의 모든 사회가 이 원칙을 가르치고 있는데, 이를 어기는 사람에게는 '숟가락 없는 사람', '받기만 하는 사람' 등과 같은 비난이 이뤄지기도 한다. 과거 자신과 관계된 지역에 특정 후보가 도움을 주었다고 느끼는 사람은 그 후보에게 투표할 가능성이 있다는 것을 의미한다. 정치 후원금을 많이 받은 단체에 우호적인 정책을 만드는 것도 같은 이치다. 쇼핑 중 무료 시식에 참여한 사람이 구매할 확률이 높은 것도 상호성의 원칙으로 설명될 수 있다. 따라서 이 원칙을 사용하려는 사람들은 먼저 대상에 대해 선물이나 혜택을 제공하거나 양보하면서 상호작용을 시도해 볼 수 있다.

헌신과 일관성은 생각과 행위에서 일관된 욕구를 의미한다. 예를 들어, 평소 기부 활동을 해온 사람은 이후에도 일관되게 기부 행위를 할 가능성이 있다는 것을 말한다. 비일관적이고 결정을 번복하는 사람은 사회적으로 자신의 지위나 체면을 유지하기 어려울 수 있다. 이는 사람들이 기존의 행위나 입장과 일관되게 행동하려는 욕구를 가지고 있기 때문이다. 헌신과 일관성 원칙은 실제 환경 캠페인에서도 그 효과성이 확인된 바 있다. 호텔의 재활용 정책에 지지를 표현한 사람들의 25% 이상이 수건을 재사용한다는 것이 확인되었다(Baca-Motes et al., 2012). 선거 캠페인의 경우, 평소 후보의 정치 활동에 참여하거나 정책에 지지를 표명한 유권자는 선거에서 그 후보자에게 투표할 가능성 또한 높다. 따라서 선거 출마를 계획하는 후보자라면 평소 일관된 정치 활동뿐만 아니라 유권자와의 관계 형성을 위해 노력하는 점이 무엇보다 중요해 보인다. 재판에 앞서 정직한 진술에 대한 선서 행위도 증인의 일관성을 유지하도록 설득하는 효과를 발휘할 수 있다.

호감은 사람들이 좋아하거나 존경하는 사람을 모방하거나 따르는 욕망과 관련이 있다. 제품 광고나 홍보에 대한 유명인을 사용할 때, 그 인사가 전문가가 아닐지라도 사람들은 의존하는 경향을 보인다. 매력적인 사람이 증거를 제시하면, 사람들의 태도가 긍정적으로 변화될 가능성이 있다는 사실은 ELM을 통해서도 입증된 바 있다.

사회적 증거는 주변 사회 환경과 조화되려는 욕망을 활용하는 기법에 관한 것이다. 적절한 행위를 결정하기 위해서 사람들은 타인의 행동을 활용하곤 한다. 인간은 사회적 존재이기에 행동 지침, 동기, 열망, 경합 상황, 정보 등을 파악하고자 상호 관찰하는 경향이 있다. 사회적 모방은 중립적 수준에서 이뤄지며, 거울 뉴런 체계mirror neurons system[5]를 통해 설명되기도 한다. 사회적 증거의 사용은 사람들이 최소한 두 가지 측면에서 다른 사람의 행위를 모방한다고 보았다. 첫째, 사람들은 주어진 상황에 사회적으로 가장 정확한 규범을 결정하기 위해 타인의 행위를 관찰한다. 특정 집단의 일부가 되기를 원하는 사람은 자신이 관찰한 사회적 관습과 규범을 모방할 수 있다. 둘째, 어떤 문제에 대한 최상의 또는 합당한 대응을 결정하기 위해 타인의 행위를 사용할 수 있다. 이러한 점이 전략이나 맥락에 대한 이해, 현상에 대한 지식 등을 참조하도록 만든다.

권위의 원칙은 사람들이 권위적 인물의 메시지를 추종하는 경향이 있다는

---

**5** 뇌 과학 연구들은 사람들이 타인의 행위를 관찰하기만 해도 스스로 그 행위를 할 때와 유사한 방식으로 활성화되는 신경 세포계를 가지고 있다는 것을 발견해 왔다. 이로 인해 타인의 행위를 이해할 수 있고, 모방도 가능하다. 이해는 공감 능력을 높일 수 있고, 모방은 문화의 동력이 될 수 있다(Rizzolatti and Craighero, 2004; Rizzolatti and Fabbri-Destro, 2010).

점에 주목한다. 신뢰할 만한 정보원이 행하거나 믿어야 한다고 말할 때, 사람들은 제시된 발언이나 제안에 순응하곤 한다. ELM 모델에 따르면, 권위는 주변적인 단서로 기능한다. 메시지 내용을 비판적으로 처리하는 사람에겐 메시지 전달자가 중요하지 않을 수 있다. 진술 내용에 대한 의존은 이성적이고 합리적인 정보처리로 연결되기 때문이다.

희소성의 원칙은 자원 활용 가능성을 중심으로 작동한다. 활용 가능한 자원이 제한적인 상황에서는 자신이 경험하는 기회가 더욱 가치 있게 보이는 현상을 말한다. 희망하는 자원이 부족한 상황에 직면한 사람은 그것이 필요가 없을지라도 그 대상을 추구하고 획득하려는 경향을 보인다. 앞으로 필요할지 모른다는 두려움 때문에 나타나는 현상이다. 이러한 희소성은 행위와 선택뿐만 아니라 타인을 인식하는 데도 영향을 미친다(Rodeheffer, Hill, and Lord, 2012).

치알디디의 설득 원칙은 사람들의 신념이나 행동에 영향을 미칠 수 있는 강력한 사회적 요인들을 토대로 한다. 이러한 관점에서 영향력은 사회적 규범, 타인의 행동, 그리고 문화적 기대로부터 발생한다. 치알디디의 원칙은 광범위한 경험적 연구를 바탕으로 하고 있다. 그러나 ELM처럼 사람에게 미치는 영향이 어떻게 그리고 어느 정도 발생하는가에 대한 설명은 다소 부족하다는 한계가 있다. 설득 과정을 더욱 정교하게 보여주기 위해서는 결과 지향적 자료(어떤 결과를 보여주었는가?)에서 과정 지향적이고 가설 중심의 모델로 나아가야 할 것이다. 양적·경험적으로 검증 가능한 모델을 수립함으로써 예측 가능성이 커질 때, 성공적인 설득에 대한 예측 또한 가능할 것이다.

앞서 살펴본 툴민의 모델, 수사학적 전통, 정교화 가능성 모델ELM, 치알디니의 원칙들은 설득의 핵심 요소들을 개념화하고, 설득 전략이 어떻게 사람들의 신념과 행위에 영향을 주는가에 대한 이론적·경험적 틀을 제공했다. 이들은 다른 개념과 요소들을 강조하고 있지만, 관찰에 있어 유사한 측면도 있다. 세 모델 모두 설득의 중요한 요인으로서 지각된 화자의 특성을 지적한다. 수사학과 치알디니의 설득 원칙은 성공적인 설득의 중요성을 파악하도록 하며, 수사학적 상황이나 사회적 증거social proof의 원칙을 통해 맥락의 중요성을 강조한다. 또한, ELM과 수사학은 설득과 선택에서 메시지 내용의 중요성을 주장한다. 설득과 관련된 이들 영역을 학습한다면 유권자의 신념과 행위 변화에 효과적으로 대처할 수 있을 것이다.

설득 효과를 얻기 위해서는 적절한 언어 사용이 중요하다. 언어는 강력한 연상 작용을 일으킬 수 있기 때문이다. 어떠한 언어를 선택하느냐에 따라 그 언어에 노출된 사람들의 생각과 행동도 달라질 수 있다. 특히, 은유metaphor는 변화로 가는 메타-도어meta-door가 되기도 한다(Cialdini, 2016). 강력한 범죄 대처를 이야기하는 후보는 범죄자를 괴물에 비유하는 메시지를 만들 수 있다. 괴물이라는 은유가 사용될 때 사람들은 쉽게 격리 또는 통제를 생각할 수 있기 때문이다. 하나의 단어만 바꿔도 해당 메시지에 대한 사람들의 지지는 달라질 수 있다. 나아가 문장 구조에 따라서도 설득 효과는 달라질 수 있다. 조건문[6]을 활용하는 전략은 성취하고자 하는 기준을 설정할 수 있어 빈번하게 활용되기도 한다.

---

6   치알디니(Cialdini, 2016)는 조건문에 속하는 메시지를 'if/when-then' 전략이라 불렀다. 이것은 목표 지점에 특정 단서를 배치하고, 목표와 일치하는 행동을 하도록 준비시키기 때문이다. 우리가 잊어버리기 쉬운 단순한 목표 제시보다 계획의 요소들을 구체적으로 나열하면 도움이 될 수 있다고 보았다. 목표 행동에 적합한 시간이나 상황에 주목하는 단서를 제시한다면 설정한 목표를 쉽게 연결시킬 수 있다. 예를 들어, 단순히 "투표해야 합니다"라는 내용보다 "오늘 외출하면 투표부터 해야 합니다"라는 메시지가 더 설득 효과가 높을 수 있다. 외출이라는 단서가 자연스럽게 투표라는 목적과 쉽게 연결되기 때문이다.

## 2. 효과적 스피치 전략

### 1) 정보제공형 스피치

자신의 생각을 효율적으로 전달하고자 할 때는 논리적으로 잘 준비된 정보제공형 스피치를 활용할 수 있다. 정보제공형 스피치를 위해 주제, 시간, 공간을 고려하여 발언하는 것이 바람직하다. 주제별 스피치는 전달할 내용을 구체적 범주로 구분하여 진술하는 방식이다. 스피치 주제를 여러 하위 영역으로 체계적으로 구분하면 효과적이다.

시간을 고려한 스피치는 약력이나 역사적 정보를 전달하거나 정책, 기구, 특정 활동의 전개 과정을 언급할 때 유용하다. 상대적으로 짧은 스피치에 활용하기에는 한계가 될 수 있다. 가장 중요한 정보에 집중하려고 노력해야 한다. 스피치를 듣는 사람들이 사소한 것까지 다 듣고 싶은 것은 아님을 인식해야 한다. 말하는 사건들 사이의 시간 간격을 청자가 명확하게 인식하도록 전달해야 한다. 이를 위해 화자는 사건들 사이의 변화 시간을 중간에 계속 언급해야 한다.

공간을 활용한 스피치는 다른 주제와의 관계 속에서 주제를 언급할 때 유용한 방식이다. 지역감정에 대해 말할 때, 대구, 광주, 부산 등을 언급하는 방식이다. 전달할 메시지를 공간적으로 구성하면, 청자는 전체 맥락에서 상호 관련된 내용을 접할 수 있다. 이로 인해 청자는 개별적인 사항들을 시각화하여 이해할 수 있다.

정보제공형 스피치의 성공 관건은 청자의 이해에 있다. 화자는 가능하면 명료하고 논리적인 스피치를 해야 한다. 만약 상대적으로 복잡한 주제를 다뤄야 한다면, 내용의 난이도를 점진적으로 높이는 방식으로 메시지를 구성하는 것이 효과적이다. 또한, 청자에게 익숙하지 않은 주제를 다룰 때도 메시지 난이도를 조금씩 높이는 것이 효과적이다. 어떤 아이디어에 대한 이해는 다른 아이디에 대한 이해를 바탕으로 가능하기 때문이다. 청자는 자신들이 어떤 아이디어에 숙달되거나 어느 정도 이해할 수 있을 때 편안함을 느낄 수 있다. 해석 능력에 대한 자신감이 생길 때 더 복잡한 내용을 전달하는 것이 효과적이다. 이러한 방식은 메시지 처리 과정을 상대적으로 쉽게 만들 수 있다.

사건을 연결하는 방식의 스피치도 유용할 수 있다. 마치 제품을 판매하는 사람이 단계적으로 제품 사용 방법을 소비자에게 설명하는 것과 같은 진술 방식을 의미한다. 정치의 경우, 특정 정책이 실행된다면 발생할 수 있는 사례를 언급하는 식이다. 이러한 단계별 진술은 어떤 절차를 설명하는 과정에 효과적일 수 있다.

## 2) 설득적 스피치

설득적 스피치는 청자의 태도 변화를 불러올 수 있는 진술을 말한다. 유권자의 태도 변화를 위한 설득적 스피치 능력은 정치인의 중요한 자질에 해당된다. 설득을 위한 기본 유형에 해당되는 귀납적, 연역적, 인과적, 문제해결형 스피치를 살펴보았다.

### (1) 귀납적 스피치

귀납적inductive 스피치는 귀납적 추론 과정으로 전달하는 진술 방식을 의미한다. 귀납적 추론에서 중요한 것은 일반화의 토대가 될 수 있는 여러 가지 구체적 사례들을 제공하는 것이다. 자신이 일반화하려는 주장과 맞지 않는 사례를 전달하지 않도록 주의해야 한다. 적절한 사례 수에 대한 구체적 수치는 없으며, 상식 수준에서 직관적으로 결정할 수 있다.

사례 1: A 지역에서는 행정에 빅데이터를 활용하면서 지역 내 생산지표들이 크게 향상되었다.

사례 2: B 지역도 행정에 빅데이터를 도입한 후 사회문화 지표들이 크게 향상되었다.

결론(주장): 따라서 우리 지역도 빅데이터 활용을 강화하여 지역 발전을 이뤄야 한다.

## (2) 연역적 스피치

연역적deductive 스피치는 귀납적 방식과 반대되는 패턴이다. 수용 가능한 일반화된 주장을 구체적 사례들에 적용하는 진술 방식이다. 자신의 의견은 청자들에게 수용될 만한 일반화된 주장을 전제로 제시되어야 한다. 일반화된 주장을 토대로 새로운 주장에 대한 설득력이 만들어질 수 있기 때문이다.

삼단논법syllogism은 연역적 추론의 대표적 사례다. 예를 들어, 도로에 설치된 감지기를 통해 차량과 보행자가 통과할 때 반응하는 지능형교통신호체계가 교통체증 감소에 효과적이라는 주장에 다수가 동의하는 경우를 생각해 보자. 아래와 같은 연역적인 주장으로 전개될 수 있다.

일반화(전제): '지능형교통신호시스템'이 교통체증 감소에 효과적이라는 데 대다수 동의한다.

구체적 사례: 우리 지역의 교통체증이 다른 지역과 비교하면 상대적으로 심각하다.

결론(주장): 그러므로 '지능형교통신호시스템'을 도입하여 우리 지역의 교통체증을 줄여야 한다.

연역적 스피치가 효과적이기 위해서는 사람들이 '전제'를 얼마나 지지하는지가 중요하다. 갈등적 혹은 대립적 의견들이 명확한 주제에 대해서는 연역적 스피치를 피하는 것이 바람직하다. 일반화하기 어려운 주장일 경우 설득력을 잃을 수 있기 때문이다.

### (3) 인과적 스피치

인과적cause-and-effect 패턴은 귀납적 방식과 유사하다. 두 사건 사이의 관계를 명확히 제시한다는 측면에서 차이가 있다. 화자는 두 사건이나 이슈 사이에 인과관계가 있음을 설득시켜야 한다. 사회과학 분야에서 결과에 대한 원인은 다양할 수 있다. 예를 들어, 특정 후보의 지지율 상승이 특정 정책으로 이뤄질 수 있지만, 상대 후보나 정당의 실수로 인한 것일 수도 있다. 인과관계는 다양한 요인과 더불어 판단되어야 한다.

결과에 대한 원인으로 인정받기 위해서는 일반적으로 원인이 결과보다 시점에서 앞서야 하고, 높은 연관성을 보여야 하며, 두 요인 외 다른 영향력과 무관해야 한다. 따라서 특정 정책 발표가 지지율 변화의 원인인가를 판단하기 위해서는 정책과 지지율 간의 연관성이 검증되어야 하며, 지지율에 미치는 다른 요인은 없는지가 함께 평가되어야 한다.

### (4) 문제해결형 스피치

설득적 스피치의 또 다른 유형으로 문제해결형problem-solution 방식이 있다. 이를 위해서는 '문제의 특성', '원인', '해결책', '해결책의 효과' 등을 명확하게 파악해야 한다. 문제에 대한 분석은 수용할 만한 연구 조사 결과에 기반하여 이뤄져야 한다. 특정 문제에 대한 해결책도 논리적이고도 체계적으로 진술되어야 한다. 스피치 주제와 관련된 사실들을 수집하고, 문제의 영역을 결정하고, 가능한 대안의 우선순위를 정한 후, 구체적 조치 사항들을 진술하면 설득 효과가 커질 수 있다.

제**3**장

과학적 정치 커뮤니케이션

# 정치 마케팅 절차와 방법

　마케팅 기법에 근거한 과학적 선거 캠페인이 활성화되고 있다. 이는 기존의 비효율적 선거 문화를 개선하고 캠페인의 예측 가능성을 높이려는 의도가 반영된 결과로 보인다. 마케팅 기법을 활용하여, 캠페인 전략 수립 및 집행을 체계화함으로써 인적·물적·시간적 효용성을 높여 기대효과를 달성하려는 의지로 보인다.

　과거와 비교하면 유권자에 대한 캠페인의 중요성이 높아졌고 효과적 마케팅 기법도 개발되면서, 과학적 접근도 자연스레 증대되었다. 또한, 투명한 선거 문화로 인한 효율적 선거 비용 집행의 필요성도 체계적인 접근을 요구하는 계기가 되었다. 이로 인해 유권자들의 필요를 예측하고 그들과 효과적으로 커뮤니케이션할 수 있는 혁신적 마케팅 전략들이 도입되기 시작했다. 후보자가 종일 유권자들과 악수하는 선거운동을 지칭하는 용어로 'retail politics'가 사용되기도 한다. 캠페인 활동을 판매 행위와 유사하다고 판단하는 용어다. 정치에 마케팅 개념이 얼마나 퍼져 있는지를 보여준다.

　정치인들도 아이디어를 파는 사람들이다. 국민에게 자신의 비전을 잘 판매하기 위해서는 설득이 무엇보다 중요하다. 그래서 현대 정치에서 정치인들은 마케팅 전문가들을 활용한 다양한 마케팅 기법을 적극적으로 활용한다. 경제 영역과 같이, 안정적인 자금과 자문가 집단도 필요하고 마케팅 연구자와 미디어 전략가도 확보해야 한다. 삶의 질을 개선하고 최소 비용으로 최대 효과를 창출하기 위한 정책들을 개발함으로써 지역 유권자가 원하는 가치들을 지속해서 전달해야 한다. 유권자들에게 이름을 남기기 위한 다양한 캠페인 용품을 만들기도 하고 정치 집회, 연설 등과 같은 대인 접촉을 기획, 실행하기도 한다.

캠페인의 성공을 위해, 정치에도 마케팅 전문가와 미디어 전략가가 필요해졌다. 서비스 제공자와 수혜자의 인식 격차를 줄이기 위한 다양한 마케팅 기법이 이용되고 있다. 선거 영역과 원래의 마케팅 사이의 유사성과 차별성을 〈표 3-1〉을 통해 살펴보았다. 기업, 상품, 시장, 구매자라는 마케팅 요소별로 비교 분석한 자료다.

두 영역 모두 경쟁 환경에서 시민의 선택을 받아야 한다는 점은 유사하다. 하지만 정치에는 후보자 당선이 목표이고, 기업 활동의 목표는 제품 판매를 통한 이윤 극대화다. 마케팅의 대상이 선택되어야 하는 점은 공통점이지만, 선택의 기간이나 지역에서는 차이가 있다. 상품은 상대적으로 긴 시간과 넓은 지역에서 선택되지만, 선거의 경우 선택 시기와 지역은 제한이 있다. 또한, 경쟁적 상황에서 선택을 받아야 한다는 점은 공통점이지만, 시장에서는 점유율의 차이만 있을 뿐 다양한 상품이 공존할 수 있다. 하지만 선거에서는 선택 대상이 주로 한 명으로 한정되어 있다. 경제 영역에서는 선택의 주체에 대한 제한이 없지만, 선거에서는 선거권이 있는 유권자만 참여하고 의사결정 기간도 제한적이다.

경제와 정치 영역에서 사용되는 마케팅의 차이점에도 불구하고 사용되는 기법들은 유사하다(Newman, 1999). 두 영역 모두 포지셔닝 기법, 수용자 세분화, 조사 디자인, 매체 기획 등 표준화된 마케팅 도구나 전략들을 구사한다. 소비자 연구를 위한 마케팅 이론이나 방법들이 유권자를 대상으로 한 선거 마케팅, 캠페인 마케팅, 웹 마케팅 등으로 광범위하게 활용되고 있다.

표 3-1 정치와 마케팅의 관계

| 비교 요소 | 유사점과 차이점 |
|---|---|
| 기업-정당 | · 공통점: 차별화의 장점 개발<br>· 차이점: 이윤 극대화 vs 출마 후보자 당선 |
| 상품-후보자 | · 공통점: 점유율과 지지율 확보<br>· 차이점: 비교적 기간·지역 제한 없음 vs 있음 |
| 시장-선거구 | · 공통점: 경쟁적 상황에 있음<br>· 차이점: 여러 상품 동시 공존 vs 제한된 당선자 |
| 구매자-유권자 | · 공통점: 의사결정자의 역할<br>· 차이점: 비교적 의사결정 기간 없음 vs 있음 |

자료: 서한수 외(1995: 28).

# 1. 정치 토대 분석

효과적인 캠페인을 위해서는 전략적 기획이 중요하다. 이는 캠페인이 처한 상황을 분석하고, 이를 토대로 설정한 미래 목표를 효과적으로 달성하기 위한 과정을 말한다. 성공적 캠페인을 위해서는 목표 대상별 상황을 분석하고, 문제에 적절한 해결 방안을 찾고, 목표 달성을 위한 과정을 효과적으로 설계하는 기획 과정이 필요하다(Coe and Kingham, 2007). 이를 통해 선거의 명분을 명확하게 하고 목표 대상에 맞는 단계별 추진 전략을 수립할 수 있다.

## 1) 지역 현황 분석

지역 현황 분석은 후보자가 출마하려는 지역의 현황을 파악함으로써 유권자와 사회문화적 특성을 이해하는 과정이다. 인구통계학적 조사는 해당 지역 유권자의 성, 연령, 직업 등의 인구 분포를 파악하려는 의도로 이뤄진다. 이 밖에도 관련 선거구의 역사, 생활, 문화 환경을 이해하기 위한 지역 산업 구조나 역사적 특성에 대한 조사도 수행된다. 의료기관이나 사회복지시설 등과 같은 다양한 사회문화지표 분석을 통해 효과적인 정책을 발굴할 수 있다. 현황 정보는 실제 여론조사를 통해 확인하거나, 관계 기관의 2차 통계자료를 통해 파악할 수 있다.

## 2) 선거 정보 분석

선거 정보 중 점유율은 후보자의 지역별 지지 분포를 파악할 수 있는 유용한 지표이다. 점유율은 특정 후보자가 선거구에서 얻은 전체 득표수 대비 지역별 득표수를 나눈 값의 비율을 통해 도출된다. 소속 정당의 기존 후보자나 경쟁 후보자의 기존 득표율을 통해 계산하고, 점유율을 통해 특정 후보자가 유리 혹은 불리한 지역을 파악하는 데 도움이 된다.

$$점유율 = (해당 \; 지역 \; 득표수 \; / \; 특정 \; 후보자의 \; 총득표수) \times 100$$

점유율이 특정 출마자 중심으로 유권자 지지 정도를 파악하는 것이라면, 득표율은 특정 지역에서의 후보자 간 우열을 이해할 수 있는 지표이다. 즉, 특정 지역에서 특정 후보자가 상대 후보자보다 얼마나 많은 득표를 했는지를 확인할 수 있다. 따라서 득표율은 지역별 후보자의 상대적 세력 정도를 파악하는 데 도움이 된다. 득표율은 특정 지역 전체 후보자의 총득표수로 후보자별 득표수를 나눈 값의 비율로 산정된다.

$$득표율 = 특정 \; 후보자의 \; 지역 \; 득표수 \; / \; 지역 \; 내 \; 후보자들의 \; 총득표수 \times 100$$

마지막으로, 특정 후보자의 캠페인 수행 효과를 파악할 수 있는 지표로서 성취도가 있다. 후보자가 캠페인 활동을 통해 얼마나 많은 유권자를 표를 확보했는지를 파악할 수 있기에, 자신의 활동을 점검할 수 있는 기준이 될 수 있다. 성취도는 투표 여부와 상관없이 해당 지역 총유권자의 수로 특정 후보자가 해당 지역에서 획득한 득표수를 나눈 값을 비율로 나타낸 것이다.

$$성취도 = 특정 후보자 지역 득표수 / 지역 전체 유권자 수 \times 100$$

## 3) SWOT 분석

캠페인 전략을 기획하는 초기 단계에서 수행되는 SWOT 분석은 후보자의 장점Strengths, 단점Weaknesses, 기회Opportunities, 위협Threats 요인들을 파악하는 데 사용된다. 분석은 네 영역에서 이뤄지는데, 특정 이슈나 과거 경험과 관련한 후보자의 장단점을 파악하고, 외부적 환경과 미래 상황에 예상되는 후보자의 기회 및 위협 요인을 분석하는 방식으로 진행된다. 캠페인 전략의 적절성과 조정 가능성을 파악하고자 캠페인 후반부에 사용되기도 한다.

후보자의 장점strength은 "후보자가 무엇을 잘하는가?" 그리고 "자랑스럽게 생각하는 것은 무엇인가?"와 같은 질문을 통해 파악할 수 있다. 단점weakness은 "후보자가 자신 없는 부분은 무엇인가?" 그리고 "알려지거나 공격받는 것이 두려운 것이 무엇인가?"라는 질문으로 확인될 수 있다. 〈그림 3-1〉의 분석 사례와 같이, 정치 경험이 부족한 단점이 있다면 폭넓은 인맥에 대한 자신의 장점을 활용하여 자문위원회를 운영하는 것도 효과적인 대안일 수 있다. 기회opportunity는 자신의 캠페인에 도움이 될 수 있는 외적 요인들을 지칭한다. 예를 들어, 〈그림 3-1〉의 사례와 같이 출마 희망 지역에 경쟁 후보자가 거의 없다면 그만큼 당선 기회도 커질 수 있다. 위협threat은 자신의 캠페인 목표 달성을 방해할 수 있고 통제할 수 없는 외부 요인을 지칭한다. SWOT 분석에서 무엇보다 중요한 것은 모든 영역에서 진술이 구체적으로 이뤄져야 한다는 점이다. 그래야 활용 가능성도 커질 수 있다.

그림 3-1 SWOT 분석 사례

| 장점(Strengths) | | 단점(Weaknesses) | |
|---|---|---|---|
| 사례 | · 풍부한 경력과 업적<br>· 폭넓은 인맥<br>· 높은 신뢰도 | 사례 | · 정치 경험 적음<br>· 자금 부족<br>· 권위적 태도 |
| 기회(Opportunities) | | 위협(Threats) | |
| 사례 | · 정치신인에 대한 높은 관심<br>· 높은 미디어 관심도<br>· 소수의 경쟁 후보 | 사례 | · 경제 위기<br>· 젊은 층의 투표율 저하<br>· 심각한 사회 갈등 |

## 4) 위험 요인 분석

위험 요인risk에 대한 분석은 직면한 상황뿐만 아니라 향후 예측되는 문제까지 다룬다. 존재하는 위협이나 앞으로 등장할 수 있는 문제 등에 대한 검토이다. 위험 요인을 확인하는 목적은 긴급 상황에 효과적으로 대처하기 위함이다. 위험 요인 분석은 내·외적 요인에서 찾을 수 있다. 예를 들어, 후보자가 제안한 정책에 반대하는 사람들의 집회나 시위는 외적 위험 요인이며, 캠프 실무자의 이탈이나 내부 갈등 등은 내적 위험 요인에 속한다. 선거 활동에서 향후 예상되는 위험 요인을 면밀하게 확인하고 사전에 적절한 대응 방안을 모색하는 것이 위험에 직면했을 때 신속하고 효과적인 대처에 도움이 될 수 있다. 나아가 후보자의 위험 관리 역량을 외부에 보여줌으로써 직면한 위험이 후보자에겐 전화위복의 계기가 될 수도 있다(⟨표 3-2⟩ 참조).

위험 요인 분석 목록에 위험 발생 가능성과 후보자에 대한 영향력을 척도로 평가하면, 관리할 위험 요인의 순위를 확인할 수 있다. 후보자에게 미칠 위험 요인의 영향력 측면에서 접근하는 것이 일반적이다. 하지만 영향력이 적더라도 발생 가능성이 큰 요인이 전개되는 과정에 대한 면밀한 관찰도 필요하다. 나비효과를 일으키는 요인이 있을 수 있기 때문이다.

표 3-2 **위험 요인 분석 목록**

| 요인 | 가능성<br>① 전혀 없는 ~ ⑩ 매우 높은 | 영향력<br>① 전혀 없는 ~ ⑩ 매우 높은 | 대안 |
|---|---|---|---|
| 1 | | | |
| 2 | | | |
| ⋮ | | | |

## 5) 사후예측 분석

사후예측prospective hindsight은 사후부검postmortem과 대조적인 사전부검pre-mortem에 해당하는 분석을 의미한다. 각종 캠페인을 기획할 때 발생 가능한 위험성과 장애물을 평가하는 방법이다(Coffmann, 2009). 사후예측을 위해서는 캠페인이 실패한 경우를 가정하고 지지자나 이해관계자들로부터 각 분야의 실패 원인을 정리해 볼 수 있다. 실패 원인에 대한 목록은 다양한 이벤트를 진행하려는 캠프에서 인지하거나 모니터해야 할 전체 위험 요소들이다.

위험 요인 분석이 포괄적인 분석이라면, 사후예측은 캠페인 집행 단계별 위험 요소를 유형별로 파악하는 데 유용하다. 업무 수행에 대한 캠프 관계자의 지나친 자신감을 완화하고, 업무 성공을 위한 통찰력을 키우는 데 도움을 준다. 추진 사업별로 위험 요인 분석 목록과 유사한 형태로 목록을 작성하면 위험 요소에 효과적으로 대응할 수 있다.

## 2. STP 전략

선거에 출마한 후보자라면 타 후보자와 차별되고 경쟁력 있는 메시지 전략을 수립해야 한다. 이를 위해 마케팅의 대표적 전략인 STP 전략을 활용해 볼 수 있다. 마케팅에서 STP는 세분화Segmentation, 목표 선정Targeting, 포지서

닝Positioning을 상징하는 용어다. 정치 영역에서도 유권자의 욕구는 집단별로 다양하기에 집단별 욕구와 후보자의 속성을 분석함으로써 최적의 마케팅을 하는 것이 중요하다. 특히, 경쟁 후보자의 특성을 비교하면서 유권자의 욕구에 적합한 효과적인 전략 기획을 수립해야 한다.

유권자 집단을 유사성에 따라 세분화segmentation하면, 집단별 맞춤 캠페인을 할 수 있다. 지역적·사회적·심리적 요인 등으로 집단을 나누거나 인물이나 의견에 대한 지지 여부로 구분할 수 있다. 예를 들어, 심리적 요인으로는 충성도나 태도 등이 있으며, 지리적 변수로는 거주 지역이나 온라인 활동 공간 등이 있다. 나이, 성, 직업 등과 같은 인구통계적 변수를 기준으로 세분화할 수도 있다. 분류된 집단 간에는 이질적 특성이 존재하고, 집단 내에서는 동질적 경향이 있는 것이 일반적이다. 지나친 세분화는 비용과 집행 면에서 어려움을 줄 수 있고, 부적절한 세분화 기준은 효율성을 저해할 수 있어 주의가 필요하다.

세분화 작업 후 목표 선정이 이뤄진다. 이 과정을 통해 캠페인 역량을 집중할 대상을 결정한다. 결정을 위해 집단 평가, 경쟁 요인, 적합성 등이 검토된다. 집단 평가는 규모와 가능성을 통해 판단하는데, 규모가 크고 후보자를 지지하는 집단이 목표로 설정될 수 있다. 경쟁 요인은 후보자와 경쟁자에 대한 비교 분석을 통해 이뤄진다. 집단별로 확실한 경쟁 우위를 확보할 수 있는 정도가 고려된다. 마지막으로, 적합성은 분석 집단들이 후보자의 캠페인 목표와 일치하는 정도와 관계된 평가다. 후보자의 비전과 철학이나 정책과의 관련성 등에 따라 결정할 수 있다.

효과적 선거 캠페인을 위해, 후보자는 선거구 내에서 경쟁 후보자와 차별되는 요소를 확인하고 자신에게 유리한 상황에 맞는 정보를 발굴하여 일관되게 전달해야 한다. 이를 위해 자신의 강점을 파악할 수 있는 포지셔닝 기법을 활용할 수 있다. 자신과 상대 후보자의 장단점을 분석하고 유권자들의 기대나 불만은 무엇인지를 파악한 후 자신의 강점을 확인하는 과정을 말

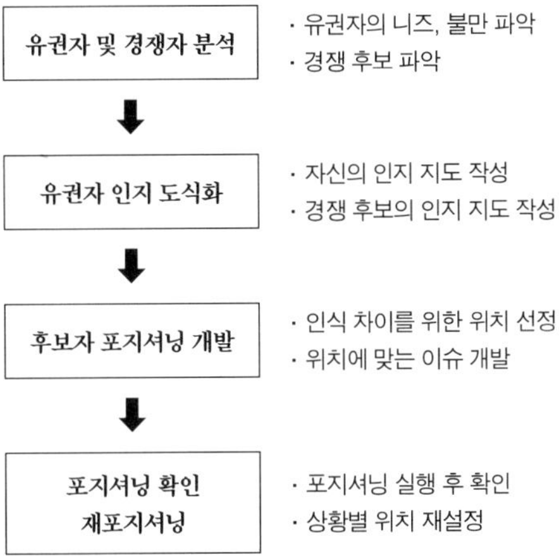

한다. 자신의 주도적 위치
를 파악했다면, 여기에 적
합한 메시지를 개발하여 캠
페인에 적극적으로 활용해
야 한다. 이러한 과정을 거
쳐 유권자의 관심을 확보하
고, 캠페인 이슈도 선점할 수
있다.

포지셔닝은 두 단계로 이
뤄지기도 한다. 초기의 포
지셔닝이 시간이 지나 부적

**그림 3-2 후보자의 전략적 포지셔닝 절차**

| 유권자 및 경쟁자 분석 | · 유권자의 니즈, 불만 파악 |
| | · 경쟁 후보 파악 |
| ⬇ | |
| 유권자 인지 도식화 | · 자신의 인지 지도 작성 |
| | · 경쟁 후보의 인지 지도 작성 |
| ⬇ | |
| 후보자 포지셔닝 개발 | · 인식 차이를 위한 위치 선정 |
| | · 위치에 맞는 이슈 개발 |
| ⬇ | |
| 포지셔닝 확인 재포지셔닝 | · 포지셔닝 실행 후 확인 |
| | · 상황별 위치 재설정 |

절한 것으로 판단되면, 재포지셔닝repositioning이 필요하기 때문이다. 즉, 유권
자의 기대와 경쟁 후보자의 상황을 고려하여 새로운 전략을 수립하는 과정
이다(〈그림 3-2〉 참조).

포지셔닝은 유권자, 후보자, 상황에 따라 차별적으로 진행될 수 있다. 목
표 유권자에게 적합한 것을 찾고, 경쟁자와 차별되는 후보자 특성을 파악하
며, 특정 상황에 적합한 메시지를 개발하는 방식으로 진행된다. 예를 들어,
유권자가 복지에 관심이 많다면, 자신의 복지 관련 배경을 포지셔닝 하는 것
이 효과적일 수 있다. 또한, 상대 후보자가 자신보다 정치 경험이 많다면 참
신함으로 포지셔닝 할 수 있다. 마지막으로 유권자들이 최근 물가 인상에 불
만이 많을 경우, 안정적 경제 정책 제시로 자신을 포지셔닝 할 수 있다.

포지셔닝 단계에서 리커트 척도[1]를 활용한 포지셔닝 지도positioning map 작
성은 입체적으로 관련 이슈들을 파악하는 데 효과적이다. 이는 유권자들이

---

1    일반적으로 조사 대상자들은 제시된 문장에 대해 동의하는 정도를 정량적으로 표시한다. 5점
     척도가 많이 사용되며 '1=전혀 동의하지 않는다'부터 '5=매우 동의한다'로 제시된다.

인식하고 있는 경쟁 후보자와 자신의 위치를 2~3차원 도면으로 정리한 것이다. 도면 내 위치를 통해 시각적으로 상호 비교가 가능하고, 자신의 메시지가 소구되는 공간적 위치를 파악할 수 있다.


## 3. 메시지 전략

효과적 커뮤니케이션을 위해서는 메시지가 명확하고 의도한 대로 수용되고 이해되는 것이 중요하다. 명확하고clear, 정확하고correct, 완전하고complete, 간결하고concise, 공감할 수 있는compassionate 메시지 전략이 필요하다. 사람들이 자신의 요구와 행동을 쉽게 기억하고 말하기 쉬운 표현은 효과적일 수 있다. 이로 인해 슬로건은 캠페인에서 광범위하게 사용된다.

슬로건slogan은 캠페인 메시지를 함축해서 간결하게 전달할 수 있는 효과적인 수단이다. 유권자들이 이해하기 어려운 복잡하고 장황한 내용보다 핵심적 내용만을 상징적으로 표현한 것이다. 슬로건이 유권자들에게 쉽게 기억되기 위해서는 사용 어휘나 운율 등도 중요하지만, 후보자의 정체성과 밀접하게 관련된 것이어야 한다. 후보자의 주요 활동, 출마 명분, 경쟁 후보자에 대한 공격 등이 슬로건으로 표현될 수 있다. 정치 철학이나 비전을 담은 후보자들의 슬로건은 중앙선거관리위원회 공식 포스터, 캠프 홍보물, 후보자 광고 등에서 광범위하게 활용된다. 또한, 구어체로 된 간결한 슬로건은 유세 현장 등에서도 효과적으로 활용될 수 있다.[2]

---

2    기존 슬로건들을 분석하여 효과적으로 재활용할 수도 있다. 2008년 오바마(B. Obama)의 슬로건 "Yes We Can"은 2004년 부시(G. Bush)의 슬로건 "Yes America Can"과 매우 유사한 표현이었다. 또한, 2016년 미국의 트럼프(D. Trump) 후보자는 1980년 레이건(R. Reagan) 이 사용했던 "Let's make America great again"을 수정하여 독점적으로 사용하고자 미국 특허청에 신청하여 대선 전에 서비스 마크(service mark)를 획득했다. 이를 2016년 캠페인에서

지난 일곱 차례의 대선에서 주요 경쟁 후보들이 사용한 슬로건을 정리해 보았다. 텍스트 중심으로 주제를 분류했을 때, 슬로건들은 변화나 희망의 메시지를 가장 많이 표현하고 있다. 2000년 중반부터는 대통령의 정체성을 표현하는 내용이 빈번했다. 대통령의 자격과 능력을 표현함으로써 후보자의 리더십을 강조하려는 전략으로 보인다. 과거의 슬로건들이 대체로 시대적 상황이 직면한 화두가 무엇인지를 던지고 이를 수행할 적임자를 간접적으로 암시했다면, 최근의 슬로건들은 어떠한 리더십을 가진 후보자인가를 직설적으로 표현하는 방식이다(〈표 3-3〉 참조).

슬로건의 내용을 보면, 후보자가 추구하는 가치 그리고 후보의 자격과 관련된 내용이 각 5회로 가장 많았다. 가치는 '나라를 나라답게', '자유대한민국', '사람이 먼저', '가족이 행복한', '나라다운' 등으로 표현되었으며, 이는 집권했을 때의 국정 기조로 해석될 수 있는 내용이다. 후보 자격은 '국민이 키운', '유능한', '든든한', '준비된', '실천하는' 등으로 제시되었다. 주로 과거의 업적이나 행적을 토대로 나온 내용이었다.

다음으로 '변화', '경제'와 관련된 언급이 각 4회씩 있었다. 변화에 대한 언급은 '내일을 바꾸는', '새로운 대한민국', '신한국', '바꿉시다' 등으로 표현되었고, 경제에 대한 언급은 경제성장의 당사자임을 암시하는 방식으로 표현되었다.

후보자의 슬로건이 설득력을 얻기 위해서는 시대적 상황과 국민의 요구를 반영해야 한다. 경제가 어려운 시기에 야당 후보자는 경제성장 관련 내용을 슬로건에 포함하는 경향이 있다. 이는 경제적 어려움에 직면한 유권자들에게 광범위하게 소구할 수 있는 주제이기 때문이다. 제19대 대통령 선거에서 문재인 후보는 '나라를 나라답게'를 라는 슬로건을 사용했는데, 이는 탄핵 정국이라는 시대적 상황에서 나왔으며, 촛불시위에서 나온 '이게 나라냐'라는

---

"Make America Great Again!"라는 슬로건으로 이용했다.

표 3-3 대선 후보자 정치 슬로건

| 연도 | 후보자 | 슬로건 | 주제 |
|---|---|---|---|
| 2022 | 윤석열 | 국민이 키운 윤석열 내일을 바꾸는 대통령 | 변화, 리더십 |
| | 이재명 | 위기에 강한! 유능한 경제대통령 | 성장, 리더십 |
| 2017 | 문재인 | 나라를 나라답게 든든한 대통령 | 변화, 리더십 |
| | 홍준표 | 지키겠습니다! 자유대한민국 | 헌신, 리더십 |
| 2012 | 박근혜 | 준비된 여성대통령 | 헌신, 리더십 |
| | 문재인 | 사람이 먼저다 | 변화, 희망 |
| 2007 | 이명박 | 실천하는 경제대통령 | 성장, 리더십 |
| | 정동영 | 가족이 행복한 나라 | 변화, 희망 |
| 2002 | 노무현 | 새로운 대한민국 | 변화, 희망 |
| | 이회창 | 나라다운 나라 | 변화, 희망 |
| 1997 | 김대중 | 경제를 살립시다! | 변화, 희망 |
| | 이회창 | 깨끗한 정치, 튼튼한 경제 | 변화, 희망 |
| 1992 | 김영삼 | 新한국 창조! | 변화, 희망 |
| | 김대중 | 이번에는 바꿉시다 | 변화, 희망 |

구호를 효과적으로 반영한 것으로 보인다.

한편, 선거 캠페인에서 음악도 중요하다. 음악은 지각 가능한 규칙성(리듬, 박자, 강약 등)을 가지고 있어 참여자 간 유대감을 형성할 수 있는 효과적인 수단이다(Cialdini, 2016). 음악을 듣는 사람들은 움직임, 감각, 음성, 감정에서 서로 쉽게 어울릴 수 있다. 이로 인해 자아와 타인의 융합, 사회적 응집력, 협력적인 행위와 같이 익숙한 형태의 유대감이 만들어진다. 음악을 듣는 순간 심사숙고를 하거나 합리적인 방식으로 메시지를 평가하기는 어려울 수 있다. 이로 인해, 신중한 사고 판단이 요구되는 것에는 음악 사용이 부적합할 수 있다. 상업광고에서도 음악 사용은 감정적으로 친숙한 느낌을 주는 상품군에 적용되는 경향이 있다.

선거에서 사용되는 로고송[3]은 후보자에 대한 친근한 이미지를 전하는 효과뿐만 아니라, 흥겨운 리듬을 활용한 가사는 후보자의 메시지를 중독성 있게 전달할 수 있는 효과적인 수단이기도 하다. 주로 유권자들이 주목할 만한 히트곡들을 개사하여 사용하는 경우가 많다. 후보자의 슬로건, 비전, 정책 등도 로고송에 포함할 수 있다. 로고송을 들을 때의 흥겨움이 후보자 메시지에 대한 긍정적인 감정으로 연결될 수 있기 때문이다.

제20대 대선에서 민주당은 로고송으로 「진또배기」를 사용했는데, "언제 어디든 문제 생기면, 척척 알아서 해결하는 … 이재명은 진짜배기" 등의 내용이 이 후보자의 능력을 어필하기 위해 사용되었다. 반면, 윤석열 후보는 문재인 대통령의 부동산 문제를 꼬집기 위해 대선 로고송으로 「아파트」를 사용했다. 개사곡은 "너무나 비싸 살 수가 없어, 포기했어 어디에서 내 집 마련 꿈" 등의 내용을 포함했다.

목표 유권자에 따라 음악 장르에 대한 전략도 달라야 한다. 특정 연령대에 적합한 장르의 음악을 선택하거나, 특정 지역에 선호되는 장르의 음악⁴을 사용할지를 판단해야 한다. 한편, 로고송이 유권자의 관심을 높일 수 있다는 평가를 받기도 하지만, 감성적 캠페인을 자극한다는 지적도 있다.

---

**3** 1952년 미국 아이젠하워(D. D. Eisenhower) 후보가 자신의 딱딱한 이미지를 개선하고자 디즈니월드와 만든 노래가 최초의 로고송으로 알려져 있다. 국내의 경우, 노래방 문화가 활성화된 1990년대 후반부터 본격적으로 등장했다.

**4** 예를 들어, 특정 지역에서 선호되는 스포츠 응원가들을 활용한다면 그 리듬에 익숙한 해당 지역 유권자들에게 어필할 수 있다.

# 선거와 이미지

## 1. 이미지 개념과 구성

후보자에 대한 이미지 평가는 유권자의 정당 지지나 투표 행위에 영향을 미칠 수 있다. 이미지를 중시하는 미디어 정치가 강화되면서 이슈보다 후보자의 인격과 성품이 강화되는 추세다. 투표 결정 요인 관련 유권자 조사 결과에서도 후보자의 인물 관련 평가가 정책 요인보다 중요한 것으로 드러났다(안종기, 2017). 인물의 중요성은 국회의원 선거보다 대선에서 특히 높게 나타났다. 유권자들에게 후보자가 어떤 사람으로 인식되는지에 대한 종합적 인상을 의미하는 이미지를 어떻게 구축하는지에 따라 선거 결과도 달라질 수 있음을 의미한다.

이미지는 과거의 경험을 통해 마음속에 구체적·감각적으로 만들어진 특정 대상에 대한 인상을 말한다. 정치 영역에서 유권자는 자신의 경험을 통해 후보자에 대한 이미지를 가지는데, 이는 후보자와 관련된 메시지와 자신의 주관적 지식 틀이 만든 종합적 결과로 볼 수 있다. 후보자에 관한 메시지는 지도자의 능력과 자질 그리고 외모와 같은 시청각적 정보들이 모두 평가된다. 그리고 형성된 후보자 이미지는 후속 메시지에 대한 수용과 해석에 영향

을 미친다.[1]

정치인에 대해 유권자가 가진 이미지 정보는 정치 메시지를 수용·해석·처리하는 태도 결정에 폭넓게 활용된다. 후보자들의 이미지가 유권자 의사결정에서 사용되는 근거는 다음과 같다(황근, 2004). 첫째, 후보자 이미지는 종합적으로 처리되기에, 정치에 관심이 낮은 유권자에게도 쉽게 사용될 수 있다. 둘째, 사람들은 후보자의 정치적 능력과 개인적 평가를 구별하기 어렵다. 이로 인해 후보자의 정치적 능력을 이미지로 평가하는 데 익숙하다. 셋째, 후보자에 대한 유권자의 정서적 판단이 후보자의 이슈, 캠페인 활동, 정당에 대한 평가로 이어져 왔다. 넷째, 개인의 투표 결정 행위는 매우 단순한 과정으로 이뤄져 있다. 후보자에 대한 유권자의 이미지는 자신의 투표 선택을 효율적으로 도와주는 정보 지름길의 역할을 한다.[2] 후보자의 단순한 선호나 정서적 평가가 후보자 선택으로 직접 연결되는 것이다. 다섯째, 사람들에게는 개인적 경험을 바탕으로 자신이 직면한 현상을 해석하려는 개인화personalization 성향이 있다. 사람들이 사건 본질보다 주변적 정보에 집착하는 이유다. 마지막으로 미디어 정치에서 이슈보다 후보자 이미지 관련 정보가 부각되고 확대되었기 때문이다.

후보자의 이미지는 학자에 따라 다양한 요인으로 설명되지만, 대체로 인간적 인품과 능력에 대한 인식을 중심으로 논의될 수 있다(Pfau et al., 1993). 인품에 대한 인식은 인간관계 대상으로서 적합한지에 대한 평가적 판단을

---

[1]  1952년부터 1984년까지의 미국 대선을 연구한 결과에 따르면, 유권자들이 후보자들을 판단하는 기준은 시간 경과에도 불구하고 매우 안정적으로 유지되었다(Wattenberg, 2016). 이는 이미지 영향력이 장기간 지속될 수 있다는 것을 의미한다.

[2]  다양하고 복잡한 정보를 단순하고도 안정적인 기준으로 지각하는 과정은 스키마(schema)를 통해서도 설명될 수 있다. 스키마는 체계적 지식으로 구성된 인지구조로서 저장된 정보를 불러들이는 데 사용된다. 스키마는 사람들이 어떻게 엄청난 양의 정보를 효율적으로 처리하는지를 설명해 준다. 후보자에 대한 정보는 저장된 지식에 대한 '끼워 맞추기'와 '추론' 과정으로 설명될 수 있다.

의미하고, 능력 관련 인식은 업무 능력에 대한 평가적 판단을 말한다. 후보자의 사적인 삶의 모습, 얼굴 인상과 목소리 등 외양적 특징 등과 공인으로서의 성과에 대한 인식도 이미지를 형성하는 중요한 요소다.

인간관계와 관련된 이미지는 후보자의 서민적 이미지, 시민과의 눈높이 노력, 복장 등을 통해 만들어지기도 한다. 선거 기간 만들어진 다양한 사적 정보는 정치 전문가의 기획의 결과물일 수도 있다. 우리가 기억하는 후보자의 사진이나 영상 한 컷이 후보자에 대해 자신이 가진 이미지일 수 있다.

현대 정치에서 후보자의 카리스마, 매력, 지도력 등과 같은 후보자의 개성적 특질이 유권자의 의사결정에 미치는 영향력은 증대되고 있다(이상신, 2012). 이러한 정치의 사인화personification 현상은 영상 매체의 영향력 확대와 더불어 정당 영향력의 약화와 정치 이념의 퇴색과도 관련되어 있다(Garzia, 2011).

한편, 아리스토텔레스의 이론 틀로 보면, 후보자의 이미지는 신뢰, 권위, 혹은 선한 의도로 구분될 수 있다. 미디어에 의한 후보자 이미지는 성격, 능력, 사교성, 편안함, 외향성 등으로 분류되기도 한다(McCrosky, Jensen, and Todd, 1972). 성격과 능력은 신뢰성이나 권위와 유사하지만, 나머지 영역들은 미디어를 통해 강조된 이미지일 수 있다. 이는 커뮤니케이션 채널별 후보자의 이미지도 상이할 수 있음을 의미한다.

많은 사람의 관심을 받을 수 있는 가장 이상적인 이미지를 기획할 수 있겠지만, 후보자 자신과 동떨어진 이미지를 만드는 것은 현실적으론 유용하지 않다. 자신과 확연히 다른 이미지는 유권자와의 소통이나 설득을 제한할 수 있기 때문이다. 정치인의 긍정적 이미지 구축은 후보자의 정체성으로부터 출발하는 것이 효과적이다(Powell and Cowart, 2003). 정치 전문가는 후보자의 정체성을 보여주는 배경, 업적, 경험 등에서 필요한 것을 최대한 활용하여 요구되는 이미지를 구축하는 것이 바람직하다.

## 2. 이미지 구축 전략

후보자에 대한 유권자의 긍정적 이미지는 단순한 호감을 넘어 구체적 투표 행위로 연결될 수 있다. 2000년대 들어서도 투표 선택에 대한 후보자 이미지의 영향력은 이슈보다 더 효과적인 것으로 보고되어 왔다(Heyes, 2005; Prysby and Holian, 2007).

성공적인 이미지 구축을 위해서는 후보자의 개인 경력 못지않게 소속 정당의 이미지도 고려해야 한다. 유권자가 가진 정당에 대한 이미지와 더불어 후보자의 캠페인 활동이 평가되기 때문이다. 진보 정당의 후보자가 지나치게 보수적인 정책을 제시할 경우, 정당원이나 이념적 동조자에게서 멀어질 수 있기 때문이다. 이는 정보처리의 일관성 원칙[3]을 통해서도 설명될 수 있다. 이러한 이유로 인해, 후보자 자신이나 정당의 지지 기반과 조화된 이미지를 형성하려는 전략이 효과적일 수 있다.

정치 전문가들은 필요할 경우 사람들이 가진 보편적인 정서를 자극하기도 한다. 불안감, 희망 등과 같은 보편적 정서들을 자극하여 원하는 이미지를 구축할 수 있다. 예를 들어, 경제 침체, 사회 갈등, 남북 갈등 이슈 등을 활용하여 현재 상황에 대한 불안감을 확산시킨 후, 자신이 문제해결의 적임자라는 메시지를 전달하는 방식이다. 문제 되는 이슈에 대한 부정적 생각으로부터 자신에 대한 희망과 기대를 추구하는 방식이다. 희망과 기대에 대한 메시지는 정치광고, 선거 보도 등을 통해 더욱 강화될 수 있다.

후보자에 대해 유권자가 느끼는 정서도 이미지 속성에 영향을 미친다. 후보자의 머뭇거림, 찡그린 표정, 낮은 시선, 보편적이지 않은 행동 등은 후보

---

[3]    하이더(F. Heider)의 균형 이론, 뉴콤(T. Newcomb)의 대칭 이론, 오스굿(C. E. Osgood)과 탄넨 바움(P. H. Tannenbaum)의 일치 이론은 사람들은 일관된 정보처리를 통해 심리적 균형과 안정을 추구한다고 보았다. 이는 기존 태도와의 일관성으로 설명될 수 있다.

자에 대한 부정적 이미지를 생산할 수 있다. 시선 처리, 미소 등도 정서적 판단과 관계된 요소들이다. 레이건과 클린턴의 성공은 사람을 대할 때 편안함을 주는 능력과 관계있다는 평가도 있다(Newman, 1999).

효과적인 이미지 형성을 위해서는 말하는 것telling과 보여주는 것showing의 차이도 알아야 한다. 일반적으로 유권자에게 무엇을 말하기보다 무엇을 보여준다면, 전달하려는 메시지가 수용될 가능성은 커질 수 있다. 단순히 자신의 장점을 말하기보다 장점과 관련된 생생한 영상을 보여준다면 설득 효과도 더불어 높아질 수 있다.

후보자 이미지를 구축하고자 스토리텔링storytelling 방식을 활용하기도 한다. 유권자가 해당 내용을 더욱 사실적으로 인식하고 후보자와의 친밀감도 가지는 데 도움이 될 수 있다. 스토리텔링을 위해서는 실제에 근거한 흥미 있는 소재를 발굴하고 합리적 추론이 가능한 메시지 전개가 필요하다. 즉, 후보자의 이야기는 논리적이고 사실적이어야 하며, 진실해야 한다는 것이다. 따라서 추구하는 이미지를 위해 이야기를 인위적으로 만들기보다 이미지에 부합한 후보자의 이야기를 찾아야 한다.

캠프 관계자들은 후보자에게 익숙하여 자신들에게 우호적인 방식으로 판단하고 평가할 수 있다. 하지만 유권자들은 자기만의 방식으로 메시지를 해석한다는 점을 기억해야 한다. 효과적 이미지 구축을 위해서는 앞서 살펴본 캠페인 상황 분석과 STP 마케팅 기법들을 적절하게 활용하여, 수요자의 관심과 후보자의 바람직한 위치를 고려한 이미지 전략을 세워야 할 것이다. 또한, 여론에 대한 모니터링과 목표 집단과의 소통을 통해 필요한 경우 이미지를 수정 혹은 재정립해야 한다.

한편, 이미지 효과는 전달 매체에 따라서도 달라질 수 있다. 예를 들어, 1960년 케네디J. F. Kennedy,와 닉슨R. Nixon 후보자 간 토론에서 텔레비전을 시청한 사람들은 케네디를 더 우호적으로 인식했지만, 라디오 청취자들은 닉슨에 대해 긍정적인 반응을 보였다. 시각 정보에 적합한 텔레비전과 상대적으로 이성적·논리적인 매체인 라디오가 보여준 차이다. 이러한 차이는 효과적 이미지 형성을 위해서는 후보자 특성과 커뮤니케이션 채널을 함께 고려해야 한다는 점을 시사한다.

효과적 이미지 형성을 위해 다양한 상징symbol이 사용된다. 상대 후보자에 대한 공격에도 적용된다. 2004년 부시G. Bush와 케리J. Kerry 후보의 캠페인을 분석한 프리스비C. Prysby에 따르며, 부시는 케리 후보를 공격하기 위해 윈드서핑 장면의 정치광고를 활용하여 정책에 대한 말 바꾸기flip-flopper를 드러낸 바 있다(Prysby, 2008). 이라크 전쟁을 지지했다 반대하는 그의 행적을 윈드서핑에서 돛을 좌우로 옮기는 상징으로 표현했다.

상대 후보의 거짓말을 공격하고자 피노키오의 코를 상징적으로 사용하기도 한다. 예를 들어, 2016년 공화당 경선에서 케이식J. Kasich 후보는 크루즈T. Cruz를 거짓말쟁이로 공격하고자 '피노키오' 상징을 사용했다. 길어진 코가 목을 휘감는 모습의 영상이 제작되었다.

레이건R. Reagan 전 대통령도 백악관 정원, 대통령 전용 비행기, 성조기 등을 사용하여 시민들에게 안정된 모습과 비전을 성공적으로 보여주었다. 2020년 트럼프D. Trump의 정치광고에서도 성조기, 백악관, 군인, 무기 등이 빈번하게 사용되었다. 권위와 안보를 표현하는 이러한 상징들은 보수 정당에서 가장 많이 사용하는 상징이기도 하다. 반면, 화합을 강조한 바이든J. Biden 후보자는 다양한 인종의 사람을 만나는 이미지를 적극적으로 활용했다. 또한, 트럼프의 무능한 코로나 대응을 꼬집기 위해 코로나 환자와 관련된 이미지를 사용하기도 했다(〈그림 3-3〉 참조).

**그림 3-3 이미지를 위한 상징 활용 사례**

자료: 2016년 케이식과 2020년 트럼프 후보의 정치광고 캠션.

제20대 대선에서 윤석열 후보는 정치광고 '국민'

편에서, 공정과 상식이 무너졌다는 메시지와 함께 경제 어려움을 표현하기 위해 텅 빈 거리에서 굴러다니는 신문과 폐업을 연상시키는 사무실 장면을 사용했다. 서민들의 삶의 공간을 보여주면서 경제적 피해를 강조하려는 장치로 보인다. 또한, 윤석열 후보의 정치광고 '희망' 편에서는 약 20개의 숏에서 태양이 등장했다. 내일을 위한 기대와 희망의 상징으로 사용된 것이다. 태양의 빛을 후보자에 대한 긍정적 이미지와 연결하려는 전략으로 보인다.

이처럼 상징은 복잡한 사실이나 주장들을 하나의 단어나 그림으로 제시하는 효과적인 수단이다. 명확한 이미지 전달을 위해서는 하나의 메시지를 선택하고 집중하는 것이 바람직하다. 다른 메시지들과 혼동되지 않도록 하기 위함이다. 또한, 선택한 이미지는 메시지 전달에서 지속적으로 사용하는 것이 효과적이다.

효과적인 이미지는 시각적 그림이나 짧은 단어로 기억되는 것이 효과적이다. 맥도널드를 언급할 때 사람들이 노란색 아치를 생각하거나 검사 출신의 후보자를 이야기할 때 강직함이라는 단어가 떠오르는 것과 같다. 이러한 시각적 단서나 단어는 후보자의 주장이나 사실을 단순화하여 기억하는 효과적 장치이고 장기간 기억에도 도움이 된다.

이 외에 이미지 형성을 위한 수단으로 복장, 색깔, 향수 등이 사용되기도 한다. 2016년 미국 민주당 전당대회에서는 클린턴 후보자가 흰색 정장을 착용하고 등장했는데, 이는 첫 번째 여성 대통령 후보로서 여성 참정권 확대를 위한 열망을 표현하고자 한 것이었다. 실무 능력을 보여주고자 간편한 복장으로 산업 현장을 방문하거나 환경 이슈를 강조하는 후보자가 녹색 계열의 옷을 입는 것도 이미지 형성과 관련되어 있다. 나아가 대면 접촉 상황을 위해 후보자는 유권자에게 친근한 냄새의 향수를 사용하기도 한다.

제**4**장

# 미디어 정치 영역

# 선거와 유권자 조사

## 1. 조사 절차와 효과

선거에서는 이슈나 대상에 대한 유권자의 의견을 파악하기 위한 과학적이고 체계적인 여론조사가 다양한 방식으로 수행된다.[1] 조사 방법들이 발전하면서 모집단을 대표할 수 있는 확률적 표집sampling이나 데이터 분석 기법들이 등장했고, 최근에는 소셜 미디어 정보에 대한 빅데이터 분석[2]도 활발히 이뤄지고 있다. 중앙선거관리위원회와 시·도선거관리위원회에서는 후보자나 정당에 관한 다양한 여론조사의 객관성과 신뢰성을 확보하기 위해 선거여론조사심의위원회를 설치·운영하고 있다.

---

[1] '공직선거법'은 공표나 보도를 목적으로 한 여론조사 절차를 명확히 제시하고 있다. 조사 기관이나 단체는 선거여론조사심의위원회에 등록해야 한다. 선거에 관한 여론조사를 실시하려면 여론조사의 목적, 표본의 크기, 조사 지역·일시·방법, 전체 설문 내용 등을 조사 개시일 2일 전까지 선거여론조사심의위원회에 서면으로 신고해야 한다. 조사 결과를 공표하거나 보도하는 때에는 선거 여론조사 기준으로 정한 사항들을 함께 제공해야 한다.

[2] 언론의 뉴스 분석을 위해서는 빅카인즈(bigkinds.or.kr)가 효과적이고, 온라인 공간의 여론 분석을 위해서는 다음소프트가 운영하는 소셜메트릭스 인사이트(socialmetrics.co.kr), 네이버 데이터랩(datalab.naver.com), 구글트렌드(google.com/trends) 등을 활용해 볼 수 있다.

여론조사는 후보자에 대한 지지 정도, 캠페인 활동에 대한 평가, 정책 개발 등을 목적으로 진행된다. 나아가 선거 출마에 대한 인식, 경쟁 후보자와의 판세 분석, 선거 결과 예측 등을 위한 근거 자료로 활용되기도 한다. 또한, 유권자 성향과 인구사회학적 특성에 따른 이슈 관련 인식을 이해하고 분석하는 데도 유용하다.

최근에는 캠페인 수단으로서도 주목받고 있다. 조사 결과는 지지자를 결집하거나 대중 설득을 위한 수단으로도 활용된다. 선거 여론조사의 객관성과 공정성을 위해 중앙선거여론조사심의위원회(2019)는 선거 여론조사 기준에 대한 가이드북을 발행한 바 있다. 주요 사항으로는 피조사자 선정, 표본 수 등이 있다. 조사 대상 전체에 대한 대표성을 확보할 수 있도록 노력해야 하며, 선거 유형별 최저 표본 수[3]도 제시했다. 참고로 야간(오후 10시~오전 7시)에는 전화를 이용한 선거 여론조사를 금지하고 있다.

공정한 여론조사를 위해서는 특정 정당이나 후보자에게 편향된 내용으로 질문지를 작성하거나 질문하지 않아야 한다(중앙선거여론조사심의위원회, 2019). 주관적 판단이나 편견이 개입된 어휘나 표현, 특정 정당이나 후보자에 대해 긍정적 도는 부정적 이미지를 유발할 수 있는 내용, 선거운동을 목적으로 정책, 정견, 경력 등을 홍보하는 내용, 상대방을 비방하거나 허위의 내용 등은 올바른 여론을 파악하는 장애물일 수 있다.

선거 기간 여론조사 결과에 대한 보도는 유권자가 선거 환경을 이해하고 여론의 변화를 확인하는 데 필요한 양적 정보를 제공한다. 또한, 여론조사 보도는 유권자의 투표 의향과 행태, 당선 가능성 평가 등에도 영향을 미치는 것으로 확인되었다(강미은, 2000; 정일권·김영석, 2009). 하지만 선거일 6일 전부

---

3  선거 유형별 최저 표본 수를 보면, 대통령 선거 또는 전국 단위 조사는 1000명, 광역단체장 선거 또는 시·도 단위 조사 800명, 지역구국회의원 선거 또는 자치구·시·군 단위 조사 500명, 지역구지방의회의원 선거 조사 300명이다.

터 선거일의 투표 마감 시각까지는 정당 지지도나 당선인 예측과 관련된 여론조사 결과를 공표할 수 없다.[4]

선거 여론조사 보도가 유권자의 의사결정에 미치는 영향은 여론조사에서 앞선 후보자를 지지하는 '승자편승' 효과를 통해서도 입증되어 왔다(McAllister and Sudlar, 1991). 유권자에 대한 선거 여론조사 보도의 영향력은 여론조사 결과 보도를 규제하는 근거로 활용된다. 하지만 이러한 영향력은 소수의 유권자에게서만 확인되었다. 예를 들어, 1979년 영국 총선에서 여론조사의 영향력은 유권자의 3%에 국한되었다. 물론 조그만 변화가 불러올 나비효과를 간과할 수는 없다. 특히, 제3자에 대한 부정적인 지각이 높은 사람들일수록 여론조사 공표 금지를 지지하기 때문이다(Wei, Lo, and Lu, 2011).

하지만 승자편승 효과와 대조적으로 열세자 효과에 대한 주장도 존재한다(Ceci and Kain, 1982). 이는 '승자편승' 효과와 반대되는 개념으로서, 여론조사 결과에 뒤진 후보자를 지지하는 경향을 의미한다. 이러한 열세자 효과는 관련 경험적 증거가 다소 약함에도 불구하고, 대중의 정치적 동정심을 자극하는 표현의 계기가 되었다.

2006년부터 2012년까지 다섯 차례의 패널조사(정한울, 2016) 결과에 따르면, 투표 결정에 대한 여론조사 보도의 영향력은 2006년 44.6%에서 2012년 34.2%까지 다소 감소했다. 하지만 여전히 투표에 대한 영향력은 30% 이상

---

[4]  '공직선거법'은 여론조사 결과 공표 금지 규정을 1999년 헌법재판소에서 합헌 결정이 난 이후 그대로 유지하고 있다. 하지만 당시의 공표 금지 필요성의 근거나 선거 환경은 상당 부분 바뀌었기 때문에 해당 규정을 그대로 두는 것이 선거의 공정성을 위협한다는 주장도 있다(류성진, 2020). 자유로운 표현의 전제는 정확한 정보 공표를 통한 유권자의 알 권리 충족이기 때문이다. 2017년 세계여론조사협회(World Association for Public Opinion Research)가 133개국을 조사한 보고서에 의하면, 33%인 44개국은 공표 금지 기간에 대한 규제가 없었다. 금지 기간을 두고 있는 국가는 55%(73개국)이었고 금지 기간 중간값은 5일이었다. 특히, 정치 선진국으로 불리는 국가의 경우 금지 기간이 없거나 있더라도 한국보다 짧은 것으로 나타났다(www.wapor.org). 특히, 유럽 41개국 중 공표 금지 기간이 없는 국가가 11개국, 있는 나라의 중간값은 2일이었다.

높은 것으로 확인되었다. 특히, 여론조사 결과에 대한 영향력은 부동층보다 당파성이 있는 사람들에게서 두드러진 것으로 나타났다. 이는 여론조사 결과가 기존 태도를 재강화하는 기능이 있음을 보여주는 것이다.

부정확한 조사 결과로 인한 불신도 있지만, 여전히 각 캠프의 여론조사 의존 현상은 두드러진다. 여론조사에는 비용과 시간이 투자되기에, 정당 규모가 클수록 더욱 빈번하게 조사하는 경향이 있다. 이는 여론조사가 효과적인 캠페인 활동을 위한 기초 자료로서의 활용 가치뿐만 아니라 조사 결과가 유권자에게 미치는 영향력을 간과할 수 없기 때문이기도 하다.

선거 여론조사의 부정적인 역할에 대한 우려도 있다. 객관적·과학적 기법으로 보이지만, 질문 특성에 따라 조사의 내용도 달라질 수 있기 때문이다.[5] 또한, 유권자를 통제하고자 여론조사 결과를 악용할 경우, 여론 형성을 왜곡시킬 수도 있다. 이슈에 대한 정확한 판단이 어렵거나 해석에 따라 조사 결과가 상이할 수도 있다. 예를 들어, 환경보호를 지지하느냐에 대한 질문과 환경세 부과를 지지하느냐에 대한 질문은 상반된 답변으로 귀결될 수 있다. 따라서 알고자 하는 내용을 어느 수준까지 파악해야 할지 그리고 어느 결과까지 활용해야 할지를 판단하는 것은 또 하나의 과제다.

또한, 질문에 대한 조사 참여자의 성향도 결과에 영향을 미칠 수 있다. 사람들은 일방향적 질문을 받으면 자신의 입장을 착각하거나 잘못 표현하기도 한다. 예를 들어, A 후보자에 대한 평가를 묻기보다 A 후보자를 지지하는지를 물어보면 다른 답을 할 수 있다는 것이다. 또한, 만족이나 불만족을 질문할 경우, 응답자들은 불만족에 대해 더 쉽게 답변하는 경향이 있다. 사람들은 만족스럽지 못했던 기억을 떠올리는 경우가 더 많아 상대적으로 불만족

---

5 　조사의 객관성을 저해하는 질문으로 강력한 어조나 특정 용어를 사용한 '유도성 질문', 특정 방향을 물어보는 '균형을 상실한 질문', '주관식보다 객관식 질문이 먼저 나오는 경우', '구체적인 질문이 일반적인 질문보다 먼저 나오는 경우' 등이 있다(최한수 외, 2000).

스럽다는 답변 확률이 높기 때문이다. 특정 정치인이나 정책 관련 질문에서도 이러한 경향이 발견될 수 있다.

이홍철(2004)은 여론조사의 기능을 세 가지로 요약하고 있다. 먼저, 여론조사는 특정 이슈에 대한 현상을 기술description해 주는 기능이 있다. 사회구성원들이 특정 이슈에 대해 어떠한 의견을 가지고 있는가를 객관적으로 보여 주는 것을 말한다. 둘째, 여론조사는 현상을 설명explanation해 줄 수도 있다. 이는 특정 이슈에 대한 의견이 왜 형성되었는지를 말해 주는 기능을 의미한다. 앞서 제기된 기술 기능이 '무엇what'과 관련된 것이라면, 설명 기능은 '왜why'와 관계된 것이다. 특정 이슈나 대상에 대한 의견 형성 과정을 파악함으로써, 후보자는 효과적인 대응 전략들을 수립할 수 있다. 여론조사의 기술과 설명 기능은 효과적 캠페인 기획과 실행을 위해 왜 여론조사가 필요한지를 시사해 준다. 마지막으로, 여론조사는 현상을 예측prediction하기도 한다. 후보별 지지도나 당선 가능성 관련 조사 결과는 선거 상황을 예측하는 주요 지표가 된다.

여론조사 내용은 조사의 주체가 현직자인가 도전자인가에 따라 달라질 수 있다(Powell and Cowart, 2003). 먼저, 현직자는 재임 중 업무 평가나 재출마에 대한 유권자 인식을 점검해야 한다. 업무나 출마에 대한 선호 정도가 집단별로 어떠한 차이가 있는지를 분석해 볼 수 있다. 조사 결과는 취약한 부분을 사전에 대비하고 보완하는 데 사용될 수 있다. 반면, 도전자는 자신의 인지도를 확인하고 현직자의 장단점을 파악함으로써 출마 명분이나 당선 가능성을 확인하기 위해 여론조사를 수행할 필요가 있다. 조사 결과는 자신이 경쟁력 있는 후보라는 점을 시민들과 정당 관계자들에게 알리는 데 이용될 수 있다.

## 2. 조사 유형과 특성

여론조사는 정치적 여론조사와 정치적 설문조사로 분류될 수 있다.[6] 정치적 여론조사는 단순한 현상 기술이 목적이라 상대적으로 설문 문항도 적다. 몇 가지 질문을 통해 유권자의 태도나 의도를 파악하려는 조사 방식이다. 반면, 정치적 설문조사는 유권자에 대한 심층적 정보를 파악하는 데 목적이 있어, 조사 문항이 상대적으로 많은 편이다. 이들 차이는 캠페인 전략 개발을 위해 심층 정보를 수집하려는 벤치마크 설문조사와 후보자별 지지 순위 파악과 같은 추적 여론조사 방식에서 이해될 수 있다.

### 1) 벤치마크 설문조사

선거 출마를 결정한 후보자라면, 벤치마크 설문조사benchmark survey를 실시하여 정치 환경을 평가하고 캠페인 전략을 개발할 필요가 있다. 조사 결과는 캠페인 환경을 파악하고 효과적인 메시지 전략을 수립하는 데 사용될 수 있다. 출마 명분을 제시하거나 효과적 포지셔닝 전략을 수립할 때도 활용될 수 있다.

벤치마크 설문조사는 유권자의 인구사회학적 요인(성별, 소득, 교육, 직업 등) 혹은 사이코그래픽스psychographics[7]에 따른 유권자의 태도나 신념을 파악하는 데 초점을 둔다. 조사는 후보자들에 대한 유권자의 생각, 이슈들에 대한 유권자 인식 등과 같은 포괄적 정보를 다룬다. 벤치마크 설문조사는 캠페인 준비 단계나 캠페인 초기에 실시하는 것이 일반적이다. 캠페인 초기 단계에서

---

6    설문조사와 여론조사를 엄격히 구분하지 않고 여론조사로 지칭하기도 한다.

7    사이코그래픽스는 소비자들의 개인차를 개성, 태도, 라이프 스타일 등 소비자 행동의 심리학적 기준에 따라 파악하는 방법을 일컫는다.

후보자에 대한 인식, 지식, 의견에 대한 기초 정보를 수집하는 활동이기에 베이스라인baseline 여론조사라고도 불린다.

## 2) 추적 여론조사

추적 여론조사tracking polls의 관심사는 선거 캠페인이 예상 방향으로 전개되는지를 살펴보는 데 있다. 이를 통해 후보자의 선거 승패를 가늠해 볼 수 있다(Stonecash, 2009). 캠페인 동안 진행하는 추적 여론조사는 보통 2분 정도에 끝날 수 있도록 10~15문항이 사용된다. 후보 간 경합 정도를 파악하여 선거 판세를 확인하는 것이 목적이다.

추적 여론조사의 마지막 질문 문항들은 일반적으로 성별, 선호 정당, 소득수준, 주거지역 등과 같은 변인들을 다룬다. 이들은 캠페인에서 고려해야 할 집단별 특성을 파악하는 데 도움이 된다. 추적 여론조사들은 단발one shot 추적과 연속moving window 추적 방법으로 분류된다. 단발 추적은 하나의 시기를 택하여 유권자 태도와 투표 의향 등을 짧게 조사하는 방법이다. 반면, 연속 추적은 특정 캠페인 활동 후 후보자에 대한 인식, 태도, 의견 변화를 추적하는 데 사용된다. 그래서 일정한 간격을 두고 동일 모집단에 대한 조사가 이뤄진다. 이를 통해 시기별 특정 요인의 효과를 판단해 볼 수 있다.

## 3) 출구조사

투표 당일 이뤄지는 대표적인 여론조사이다. 출구조사exit polling[8]는 투표를

---

[8] '공직선거법' 제167조는 투표의 비밀을 보장하는 조치와 관련된 규정이다. 제2항에서는 선거일 언론사가 선거의 결과를 예측하는 출구조사를 실시할 때 투표소로부터 50미터 밖에서 해야 하고, 투표의 비밀을 침해하지 않는 방법으로 질문할 것을 규정하고 있다. 또한, 언론사가 투표 마감 때까지 조사 경위와 결과를 공표할 수 없도록 강제하고 있다.

마치고 떠나는 유권자들을 현장에서 조사하는 방식으로 진행된다. 조사 목적은 유권자의 투표 대상과 투표 결정에 미친 영향을 파악하는 데 있다.

출구조사는 일반적인 여론조사의 한계와 유사하게 95% 신뢰수준에서 ±5% 한계오차범위 내에서 이뤄진다. 출구조사 오차 발생 원인은 투표소 선정 오차와 투표소 내 출구자 선정 오차로부터 발생한다. 또한, 대표성을 가진 피험자의 솔직한 답변을 확보하는 것이 정확한 결과를 도출하는 핵심이라 할 수 있다.

### 4) 포커스 그룹

포커스 그룹focus group은 조사 주제와 관련하여 동일 장소에 모인 사람들을 지칭한다. 이들에 대한 상호작용적 인터뷰를 통해 특정 이슈나 대상에 대한 정보를 획득할 수 있다. 집단은 대개 10~15명으로 구성된다. 이들로부터 나온 데이터는 질적 자료라 일반화에는 한계가 있다. 하지만 심층 인터뷰는 특정 이슈에 관한 풍부한 정보를 비교적 쉽게 획득할 수 있다는 장점이 있다.

조사 진행자는 토론을 위한 질문을 던지고 집단의 반응에 따라 질문들을 적절하게 수정할 수도 있다. 또한, 토론을 주도할 수 있는 자료들을 활용하기도 한다. 예를 들어, 정치광고 효과를 파악하기 위해 해당 광고를 보여주고 집단의 평가를 듣기도 한다. 결과를 비교하고자 집단을 추가로 설정할 수도 있다. 이처럼 포커스 그룹에 대한 조사는 슬로건 개발, 정치광고 평가, 아이디어나 메시지 개발 등에 유용하게 활용될 수 있다.

# 선거와 언론 보도

선거 시기의 언론 보도는 정당이나 후보자에 초점을 맞춘 보도와 선거 관련 쟁점을 취재한 내용으로 구분될 수 있다. 이 가운데 후보자의 비전, 정책, 캠페인 전략 등을 다룬 보도는 유권자의 정치 지식을 높여, 합리적이고 이성적인 정치 참여에 도움이 된다. 선거 보도는 미디어 정치 유형 중 유권자에 대한 영향력이 가장 큰 영역으로 알려져 있다. 이는 2018년 지방선거 관련 연구를 통해서도 확인된 바 있다(구교태·김동윤·이미나, 2018).[1]

언론 보도에 대한 최종 통제권은 해당 언론사가 가지고 있다. 후보자 간 경합이 치열하거나 무게감 있는 정치인이라면 상대적으로 언론에 더 쉽게 노출될 수 있다. 또한, 보도자료 등을 통한 정치 전문가의 활동은 뉴스 선택과 프레임 설정에 직간접적으로 영향을 미칠 수 있다. 따라서 선거 캠프는 후보자 프로필, 기본 공약, 후보자 관련 사진 등을 모은 미디어 킷media kit 혹은 프레스 킷press kit을 준비하여 언론을 이용한 홍보 활동에 적극적으로 활

---

[1]  구교태 등(2018)의 연구에 따르면, 지방선거에서 '투표 시 귀하의 후보자 선택에 영향을 준 것'에 대해 유효 응답자의 40.8%가 1순위로 선거 보도를 지목했다. 선거 보도 다음으로 방송토론(35.5%), 후보자의 오프라인 활동(10.9%), 후보자의 온라인 활동(홈페이지, 블로그, SNS 등), 정치광고(2.8%) 등이 투표에 영향을 미친 것으로 나타났다.

용해야 한다. 캠페인 전문가들에 의해 기획되고 만들어진 정보에 노출될 가능성이 크다는 점을 고려하면, 유권자들이 능동적이고 창의적인 정보 해독 능력을 갖추는 것도 중요하다.

선거 보도의 영향력은 의제 설정agenda-setting과 점화priming 효과를 통해 설명되기도 한다. 이들 이론은 미디어 의제가 유권자의 의제가 될 수 있고, 유권자의 정치 행위의 기준으로 활용될 수 있음을 시사한다. 특히, 그 영향력은 정치에 대한 관심도가 낮고 태도가 확고하지 못한 유권자에게 더 두드러질 수 있다. 또한, 선거 보도의 영향력은 매체별로 유의미한 차이를 보이기도 한다. 이슈 지각과 학습에서는 신문이 텔레비전보다 효과적이지만, 후보자 이미지와 관련된 감성적 효과는 영상 매체가 유용할 수 있다.


## 1. 보도 주제

### 1) 이벤트

선거 시기가 되면 취재 관심이 후보자 중심으로 자연스럽게 옮겨간다. 캠페인 이벤트 관련 보도들이 급격히 늘어나는 이유다. 특정 이벤트는 제한된 시간과 공간에서 명확하게 설명될 수 있다. 또한, 새롭고 이해하기 쉬우며, 극적 요소들도 가지고 있다. 이벤트는 대체로 시각적 효과도 가지고 있으며, 취재도 비교적 간단하여 취재 활동이 상대적으로 쉬운 편이다. 이로 인해 캠페인 이벤트는 언론이 쉽게 주목하는 보도 주제다.

### 2) 이슈

이슈 보도는 후보자의 공약이나 정책을 검증하거나 후보자의 자질을 심층적으로 조명하는 보도를 의미한다. 이러한 공적 보도는 유권자의 합리적 투표 행위를 위한 정치 자원인 셈이다. 하지만 선거 보도에서 이미지보다 이슈 관련 보도가 부족하다는 지적이 많다. 또한, 후보자 동정과 같이 캠페인 활동 자체를 단순 보도하는 경향도 있다. 이러한 현상은 선거 시기가 아닌 때에도 유사하게 나타난다. 선거 외 이 기간에는 유력 정치인 중심으로 보도된다는 점이 차이다.

### 3) 스캔들

언론사들은 뉴스 이용자들에게 필요한 정보 제공에 초점을 두지 않고, 뉴스 소비자들이 탐닉할 수 있는 뉴스 생산을 지향하곤 한다. 소위 필요한 것 needs보다 원하는 것wants에 대한 뉴스 생산은 상당 부분 이윤 극대화를 지향하는 시장 지향적 관점에서 비롯된 것이다. 선정적이고 논쟁적인 내용은 이러한 언론인이나 언론사의 시장 지향적 욕구에 부합되는 주제다. 특히, 후보자에게 심각한 피해를 줄 수 있는 기사에 대한 언론사 간 취재 경쟁은 뜨겁다. 하지만 후보자 스캔들 관련 선거 보도는 정치 관련 시민들의 진지한 토론을 방해하는 요인일 수 있다. 또한, 스캔들 보도는 정치제도에 대한 불신을 조성하여 정치 체계의 효율적 작동을 저해하는 요인이 될 수 있다 (Patterson, 1994). 후보자가 사적 영역을 효과적으로 관리 및 통제하는 것도 중요한 리더의 자질과 무관치 않다. 하지만 선정적 스캔들 보도는 마치 블랙홀처럼 다른 모든 선거 관련 이슈를 매몰시키는 효과가 있어 유권자의 건전한 판단을 저해할 여지 또한 크다는 점에 유의할 필요가 있다.

스캔들 관련 보도는 후보자 개인의 삶이 구체적으로 조명되는 친밀함의 정치politics of intimacy가 언론을 통해 확대되는 것과 무관치 않다(Parry-Giles and Parry-Giles, 1996). 후보자 개인의 삶을 조명하는 접근 방식은 후보자에겐 공적·사적 영역이 따로 구분될 수 없다는 입장과 맞닿아 있다. 언론이 다루는 영역은 후보자의 종교, 육체적 혹은 정신적 건강, 소득, 친구, 좋아하는 책이나 영화 등으로 확대되고 있다.[2] 공적인 영역과 관련 없는 부분이나 애매한 영역까지 지나치게 탐색하는 언론에 대한 비판도 적지 않다. 하지만 공직에 출마하는 후보자라면 언론의 지나친 관심도 감수하려는 태도가 필요해 보인다.

### 4) 경마식 보도

정치인에 대한 유권자의 관심을 높이고자 후보자 간 우위 정도를 중심으로 취재 보도한 것을 경마식horse race 보도라 한다. 경마식 보도를 하는 이유로는 먼저, 취재가 편하다는 점을 들 수 있다. 여론조사에 나타난 후보의 상대적 위치는 기사 작성과 보도를 쉽게 할 수 있는 조건이 된다. 이로 인해 심층 취재에 대한 부담도 줄어든다.

둘째, 경마식 보도는 뉴스 이용자의 흥미를 자극하여 기사에 대한 주목도를 높일 수 있다. 유권자들은 캠페인 뉴스를 스포츠 경기처럼 오락적 동기로 소비하는 경향이 있다. 이들에게 후보자 간 여론조사 결과는 스포츠 경기의 점수와도 같다. 누가 승자 혹은 패자가 될지에 관심이 집중되기 때문이다. 미디어 정치학자들은 경마식 보도가 이슈 보도로부터 시민들을 멀어지게 만들고, 자아 중심적self-centered 투표 경향을 자극하는 측면이 있다고 보았다(Capella and Jamieson, 1997).

---

**2** 후보자의 사생활은 뉴스뿐만 아니라 다양한 장르에서 빈번하게 등장한다. 미국 뉴욕 상원의원으로 출마했던 대통령 부인인 힐러리 클린턴(H. Clinton)에게 토크쇼 진행자는 외도 여부를 질문하기도 했다. 유권자의 정당한 관심사를 벗어나 개인 사생활과 관련된 당혹스러운 질문으로 후보자의 반응에 초점을 맞춘 미디어 행태는 선정주의로 비난 받을 수 있다.

## 5) 캠페인 광고

캠페인 기간 동안 후보자들이 생산한 정치광고 메시지나 기법을 다룬 내용도 언론의 주목을 받아왔다. 이는 광고 감시 보도adwatch라는 용어로 지칭되며, 국내에서도 증가하는 추세다. 후보자의 광고 메시지를 더 많은 유권자들에게 노출시킨다는 점은 광고 감시 보도의 긍정적인 측면이다. 논란이 되는 부정 광고에 대한 문제점을 다룬 선거 보도로 인해 예기치 못한 역효과backfire가 발생하기도 한다. 언론이 부정 광고의 비윤리적 측면을 강조하거나 공격받는 후보자에 대한 동정적·우호적 보도를 많이 할 경우 역효과는 더욱 두드러질 수 있다. 하지만 부정 광고에 대한 비평적 인식보다 재노출된 메시지로 인해 광고주의 주장이 유권자들에게 기억되고 정당화되는 측면도 있다.

## 6) 방송토론

광고 감시 보도와 같이 선거방송토론을 다룬 토론 감시 보도debate watch도 선거 보도의 주제가 된다. 방송토론 현장 분위기를 전달하는 내용으로부터 토론의 승자와 패자에 대한 논의까지 다양한 소재가 다뤄진다. 특히, 정치 관련 전문가 비평이나 여론조사를 활용하여 방송토론의 우열을 판단하는 보도도 빈번하다. 전체 토론을 요약하고 토론 참여자의 장단점을 심층적으로 분석하는 취재 활동도 흔하다. 최근에는 토론에서 나온 후보자 발언을 팩트체크fact-check 하기도 하는데, 이는 토론에 참여하는 후보자의 책임 있는 발언을 끌어내는 요인이 되기도 한다.

## 7) 여론조사

여론조사 결과는 시민들이 후보자 간 우열 관계를 쉽게 파악할 수 있는 지표이기에 선거 보도에서 많이 다뤄진다. 주제다. 객관성을 확보하려는 '정밀 저널리즘precision journalism'이 발전하면서 더욱 폭넓게 활용되고 있다. 여론조사 보도가 주로 후보자의 지지도 변화를 추적하는 경우가 많아 경마식 보도라는 비판을 받기도 하지만 시민과 정치권 사이의 소통 역할을 담당한다는 긍정적 평가도 있다. 또한, 객관적·체계적 절차와 방법을 활용하여 데이터 중심적 보도를 지향한다는 점도 장점으로 인식되고 있다.

여론조사 보도의 단점으로는 숫자에 집착함으로써 본질적 이슈에 대한 부족한 관심, 복잡한 이슈에 대한 분석 결여로 피상성superficiality 증대, 특정 이슈 주제만을 강조하는 제한성, 장기간 분석의 어려움 등이 지적되고 있다. 또한, 기자들은 여론조사 결과에 따라 후보자를 관찰, 정의, 해석하는 보도 경향을 보이기도 한다(구교태, 2013). 여론조사의 후보별 순위는 언론인들이 캠페인 뉴스를 제작할 때 관여하는 매개 요인이 되기도 한다. 이는 미디어가 후보자에 대한 공중의 지향성 욕구를 충족시킬 수 있는 방식으로 캠페인 활동과 후보자를 관찰하고 설명한다는 것을 의미한다.


## 8) 사실 점검

후보자나 정당에서 나온 내용에 대한 사실관계를 다루는 것도 선거 보도의 주제다. 어떠한 주장은 전체적 혹은 부분적으로 맞거나 틀릴 수 있기에 세심하게 분석되어야 한다. 예를 들어, 편향적 판단을 최소화할 수 있도록 삼각검증법triangulation을 활용한 교차검증 과정을 생각해 볼 수도 있다. 언론의 팩트체크fact check 활동이 확대될 경우, 정확한 정치 정보의 유통·소비 가능성도 증대될 수 있다. 앞으로 타 언론사의 팩트체크에 대한 사실 점검도 필요하다. 간혹 그릇된 기준이나 정보로 사실처럼 보이는 가짜 뉴스를 양산하여 언론 생태계를 위협할 수 있기 때문이다.

## 2. 보도 결정 요인

### 1) 후보자 신뢰도

선거 보도에 영향을 미치는 요인 중 하나는 후보자의 신뢰credibility 수준이다. 후보자 신뢰에 대한 평가는 두 가지 요인에 달려 있다. 먼저 후보자의 정치적 지위 정도가 후보자에 대한 신뢰에 영향을 미칠 수 있다. 현직자가 연임을 위해 출마하거나 인지도 높은 기존 공직자가 선거에 나온다면 이들에 대한 보도 가능성은 증대된다. 경력은 공직에만 한정된 것이 아니라 눈에 띄는 공적 경험들까지 포함한다. 특정 분야의 전문가가 언론의 주목을 받는 이치와 같다. 후보자에 대한 언론의 신뢰와 관련된 또 하나의 요인은 재정적 요인이다. 캠페인 동안 후보자가 지출한 비용 규모나 재정 모금 능력도 언론이 후보자를 주목하는 기준이 될 수 있다.

### 2) 뉴스 특성

다른 분야의 뉴스와 마찬가지로 선거 관련 뉴스에서도 뉴스 가치는 보도를 결정하는 중요한 기준이 된다. 전통적 뉴스 가치로 평가받는 시의성, 대중성, 흥미성, 영향성 등이 동일하게 적용될 수 있다. 선거의 특수성을 고려하면 당선 가능성이 높은 후보자일수록 뉴스 가치가 높다. 또한, 이벤트 등으로 적극적인 홍보 활동을 펼친 후보자가 언론의 주목을 더 받을 수 있다.

언론은 갈등적 이슈에 더 집중하는 경향을 보이기도 한다. 이로 인해 선거 캠프에서는 자신들의 이슈를 갈등으로 표현할 방법을 찾기도 한다. 이를 위해 기자회견을 하거나 불공정한 관행을 개선하기 위한 현장 중심의 활동을 선보이기도 한다. 또한, 언론사는 비정형적인, 비보편적인 내용에도 관심을 기울인다. 언론의 관심을 끌고자 다소 돌발적인 상황을 연출하기도 한다. 이

때 플래카드나 팻말, 퍼포먼스 등과 같은 시각적 요소가 활용되기도 한다.

### 3) 선거 수준

선거구 혹은 선거 수준(지역 대 전국)에 따라 언론 노출 가능성도 달라질 수 있다. 예를 들어, 전국이 단일 선거구가 되는 대선의 경우 미디어 보도는 더욱 집중적으로 이뤄질 수 있다. 이는 두 유력 경쟁 후보자를 중심으로 스토리텔링이 쉽고, 뉴스 소구도 용이하기 때문이다. 상대적으로 많은 후보자가 출마하는 재·보궐 선거나 지방자치 선거(기초 및 광역의원 선거)에 대한 언론의 관심이 저조한 이유다. 선거 수준을 넘어 출마 후보자의 중요성도 선거 보도에 영향을 미친다. 당내 경선을 통해 부각된 의외의 인물, 여론의 요구와 부합되는 후보자 등에 대한 미디어의 관심은 클 수밖에 없다.

### 4) 장소

인터뷰나 기자회견이 이뤄지는 장소도 선거 보도와 관계된다. 특히, 시각적 효과를 보여줄 수 있는 적절한 장소는 언론에 노출될 가능성을 높일 수 있다. 선거 캠프에서 공식 출마 발표 장소나 주요 이슈에 대한 기자회견 장소 등을 물색하는 이유이기도 한다. 장소는 후보자의 역할에도 영향을 미친다. 후보자들은 자신들이 친숙한 환경에 있을 때 더 편안하게 느끼고 더 나은 행동을 보여주는 경향이 있다. 또한, 후보자 친화적인 환경에 있을 때, 기자의 질문 강도도 완화되는 경향이 있다. 예를 들어, 후보자의 집에서 인터뷰를 진행할 경우 기자들은 공격적 질문을 회피하는 경향을 보이기도 한다.

## 5) 언론인 관계

기자와 후보자 간 관계 정도에 따라 선거 보도도 달라질 수 있다. 이들 간 상호 이익의 측면이 존재하기 때문이다. 후보자는 기자에게 유용한 정보를 제공하고 기자는 후보자에게 미디어 노출이라는 혜택을 제공할 수 있다. 후보자에 대한 기자의 선호 정도는 뉴스 제작에서 편견으로 작동될 수 있다. 후보자와 언론인의 관계가 부정적이라면 부정적 혹은 비판적 보도가 나올 가능성이 크고, 긍정적인 경우 우호적 내용의 보도 가능성이 높기 때문이다. 물론 이러한 경향은 언론 윤리를 심각하게 위반한 것으로 비판 받을 수 있다.

## 6) 합동 취재

일반적으로 기자들은 다른 기자들이 다룬 내용을 보도하는 경향이 있다. 뉴스 의제를 위해 다른 언론사가 다룬 내용을 상호 참조하고 공유하는 것은 언론 관행이 되었다. 이로 인해 후보자에 대한 보도 내용이 획일화되는 경향이 많다. 뉴스 가치가 높은 이슈나 인물에 대한 미디어 간 특종 경쟁은 치열하고, 팩pack 저널리즘 현상도 더욱 두드러진다. 하지만 언론 오보가 발생하는 경우 그 피해는 연쇄적일 수 있음에 유의해야 한다.

여론 전문가spin doctor[3]들은 후보자에게 유리한 방향의 기사를 제작할 수 있도록 보도자료, 대리인, 다른 우호적 정보원 등을 활용한다. 특히, 방송 기자가 뉴스 속보를 만들기 어렵다는 점을 알고 있기에 출입처를 적극적으로

---

**3** 스핀 닥터(spin doctor)의 사전적 의미는 다른 사람들이 어떤 사건에 대해 특별한 관점을 가지도록 유도하는 사람을 지칭한다. 예를 들어, 방송토론 후 자신의 후보가 토론에서 우위를 보였다는 주장을 적극적으로 펼치기도 한다. '야구나 크리켓에서 공을 회전시킨다'는 원뜻에서 은유적으로 표현된 '스핀'은 공중에 제시되는 정보에 대한 해석, 편견, 왜곡을 의미한다. 해당 정보는 긍정적인 혹은 부정적인 방식으로 스핀 될 수 있다.

활용한다. 뉴스 제작과 검증에 소요되는 시간 등을 고려하여 우호적 관계의 기자가 속보로 다룰 수 있도록 뉴스를 기획하기도 한다. 속보로 다룰 정도라면 다른 언론사들도 경쟁적으로 취재하기 때문에 자신들이 통제하기 용이한 언론사만을 활용하는 전략이다.

출입처 중심의 보도 관행은 이슈나 정책에 대한 심층 보도를 저해하고, 후보자 동정과 같은 피상적 선거 보도를 양상한다는 지적을 받아왔다. 이는 시민들의 정치적 무관심과 비본질적 이슈에 대한 소모적 논쟁을 양산하는 요인이기도 하다.

일반적으로 선거 보도는 스트레이트straight 뉴스와 피처feature 뉴스로 구분될 수 있다. 스트레이트 뉴스는 사건이나 이슈에 대한 단순한 정보 전달을 의미한다. 또한, 사실적이고 객관적인 메시지 구성이 강조되며, 선거 보도에서 가장 보편적인 기사 유형이라 할 수 있다. 이와 달리 피처 뉴스는 스트레이트 뉴스를 보완하는 내용으로 기자나 기고자의 주관적 견해가 포함된 형태를 말한다. 사설, 칼럼 등이 이에 속한다.

선거 보도에서 스트레이트 뉴스는 선거 관련 사건이나 캠페인 이슈를 육하원칙에 따라 사실, 출처, 관계자 증언 등을 다룬 기사를 말한다. 사실 전달이 강조되다 보니 시의성 있는 정보를 신속히 보도하는 것이 무엇보다 중요하다. 기사 내용은 이론적으론 편견 없이 객관적이며 뉴스 이용자에게 지식을 줄 수 있는 정보들로 구성된다.

후보자는 자신의 이야기가 단순히 언론에 노출되는 것을 넘어 자신에게 유리한 방향으로 다뤄지길 원한다. 특히, 다른 뉴스와의 관계 속에서 어떻게 배치되는지가 중요하다. 좀 더 비중 있게 다뤄진 뉴스는 다른 언론사의 노출로 이어질 수 있기 때문이다.

정치 전문가들은 사설editorial이나 칼럼의 영향력을 과소평가할 수 있다. 해당 기사가 적게 노출된다고 생각하기 때문이다. 하지만 관련 내용은 정치

광고나 방송토론에서 활용되기도 한다. 사설과 칼럼이 가진 무게감을 정보 신뢰의 근거로 활용하는 것이다. 심지어 이들 기사의 제목이 캠페인 구호나 주제로 활용되기도 한다.

사설 면에 있는 카툰도 캠페인 설득 과정에서 활용될 수 있는 효과적인 콘텐츠다. 카툰은 복잡한 이슈를 단일 이미지로 함축하고, 상이한 요소들을 하나로 결합시켜, 추상적이고 친숙하지 않은 이슈를 편하게 느끼도록 만드는 효과적인 커뮤니케이션 수단이기 때문이다(Morris, 1993).

인터뷰 기사의 경우, 기사를 읽는 사람은 적지만 후보자 자신의 다양한 이야기를 진솔하게 전달할 수 있는 기회로 활용할 수 있다. 기획된 인터뷰의 경우, 후보자가 예상 질문 목록을 만들어 효과적으로 준비한다면 뉴스의 주목을 받을 수도 있다. 인터뷰 기사의 독자는 부동층보다 투표 결정을 한 적극적 유권자일 가능성이 크다. 이들을 통해 자신에 대한 스토리를 널리 확산시킬 수도 있다. 또한, 인터뷰 기사는 타 매체의 주목을 받아 후속 취재의 대상이 되기도 한다.

## 3. 선거 보도의 쟁점

### 1) 경마식 저널리즘

경마식 보도는 후보자의 정책보다 여론조사 결과나 공중의 호기심에 초점을 둔 보도로서, 후보자 간 차별성을 부각시켜 뉴스 이용자의 관심을 극대화하려는 보도 행태를 말한다. 언론사들은 뉴스 소비자의 관심을 놓치지 않기 위해 선거가 치열한 경쟁 상황이고 역전 가능성이 있다는 점을 지속적으로 언급하곤 한다. 이를 위해 경쟁에서 앞선 후보자의 단점을 들추어내고 열세자underdog 또는 잠재적 경쟁자dark horse의 장점과 가능성을 강조하기도 한다.

경마식 보도에 대한 부정적 평가와 달리, 경마식 보도가 정치 정보 노출을 증대시키고 정치 관심을 자극하여 유권자의 정치 지식 획득에 도움이 된다는 주장도 있다(Zhao, 1998).

언론은 잠재적 승리자를 집중 보도함으로써 유의미한 편견을 만들기도 한다. 여론에서 승패가 명확히 예상되면, 미디어의 주목량과 후보자에 대한 평가도 달라진다(Patterson, 2005). 미국 공화당 경선에 대한 CNN 보도를 분석한 하승태와 이정교의 연구(2012)에 따르며, 여론조사에서 우세한 후보자front-runner가 선거 보도에서 더 비중 있게 다뤄졌고, 미국 민주당 경선에서도 여론조사 결과에서 앞선 후보자에 대한 보도량이 현저하게 증가된 것으로 나타났다(Media Tenor, 2004).

## 2) 가차 저널리즘

진실, 본질보다는 피상적 정보만을 제공하여 후보자의 명예를 떨어뜨리는 언론 보도 행태도 지양되어야 한다. 후보자의 옷차림, 말실수 등을 꼬투리 잡아 집중적으로 보도할 경우, 후보자에 대한 유권자의 합리적 인식과 판단에 문제가 될 수 있다. 이는 선거에 대해 혐오감과 무관심을 조성하여 투표율 저하 현상의 원인이 되기도 한다.

가차gotcha 저널리즘[4]은 취재 대상인 정치인이 답하기 싫어하는 질문을 제기하거나 예측되는 답변과는 다른 사실이나 정보를 준비한 후 다른 답변을 한 과거 진술을 제시하는 방식으로도 전개된다. 이처럼 가차는 예상치 못한 문제 혹은 불쾌하거나 놀랄 만한 질문으로 취재 대상을 곤란하게 만들고 이에 대한 후보자의 반응을 다룬 보도를 말한다. 언론이 후보자의 일상을 다루

---

4    가차 저널리즘은 1982년 영국 타블로이드(tabloid) 신문이 기사 제목으로 "GOTCHA"을 사용하면서 사용된 용어로서 'I got you'의 준말이다.

기보다 흔치 않은 모습만을 취재한다면, 사실과 진실 추구라는 언론의 책무를 소홀히하는 것일 수 있다. 나아가 오랫동안 후보자가 만든 공적 이미지가 기자의 돌발성 취재로 인해 심각하게 훼손될 가능성도 크다.

2016년 미국 대선에서 블룸버그Bloomberg 방송은 도널드 트럼프 후보가 유세 도중 가장 좋아하는 책이 성경이라고 진술하자 어떤 구절을 특별히 좋아하는지를 갑자기 질문하기도 했다. 이에 대해 트럼프는 "구체적인 성경 구절을 말하는 것은 매우 개인적인 영역이다. … 성경은 어느 곳 할 것 없이 다 훌륭하다"라는 진술로 가차 관련 질문을 현명하게 넘어가기도 했다. 나아가, 트럼프는 기자가 비본질적인 가차 질문을 제기한다고 직설적으로 공격하기도 했다.

취재 기자는 답변의 일부만을 활용함으로써 가차 저널리즘을 보여주기도 한다. 텔레비전 뉴스의 경우 후보자가 말한 것을 반박하는 영상물을 활용하거나 반대되는 자료 화면을 사용하기도 한다. 예를 들어, 정치인이 특정 이슈에 대해 기존과 다른 답변을 하는 경우 해당 정치인의 목소리를 문제가 되는 기존 자료 화면과 함께 제시하는 방식이다. 한편, 가차 저널리즘은 진술이나 행동이 비일관적인 사람들을 효과적으로 다루기 위한 취재 기법으로도 알려져 있다.

### 3) 흥미 위주의 보도

미디어 정치학자들은 선거 기간 동안 이슈에 대한 심층 보도가 부족하다는 점을 지속적으로 지적해 왔다. 이슈에 초점을 맞추기보다 후보 간 경쟁이나 논쟁 등 수요자의 흥미에 맞춘 피상적 언론 활동이 민주주의 발전을 저해한다고 보았기 때문이다. 후보자의 가십거리나 스케치 기사 그리고 앞서 논의된 경마식 저널리즘도 흥미 위주의 보도와 관계된 것이다. 이 밖에도 후보자의 옷차림, 운세와 풍수 등과 같은 흥미 위주의 보도는 유권자의 정치 지식을 방해하는 요소일 수 있다.

홍미 위주의 보도 관행은 선거 보도도 정보 소비자 확보라는 시장 원리와 무관치 않음을 시사한다. 정치 캠페인 주체들도 언론사의 정보 수요가 논쟁적 정보, 여론조사 자료, 선거 이벤트 등에 있음을 고려하여, 이와 관련된 보도자료를 정책 이슈보다 더 많이 생산하는 경향이 있다.

### 4) 부정적 선거 보도

후보자나 정당을 공격하거나 문제점을 드러내는 데 집중하는 부정적 선거 보도는 넓은 의미에서 홍미 위주의 보도로 분류될 수 있다. 부정적 선거 보도의 문제는 유권자의 정치 혐오를 조장하고 정치에 대한 불신을 높이는 데 있다. 특히 지역감정을 조장하거나 집단이나 진영 간 갈등이나 대립을 다룬 부정적 선거 보도는 국민 통합과 소통에도 악영향을 줄 수 있다. 선거 캠프에서는 후보자나 정당이 가진 문제를 공식 선거운동에 앞서 언론에 노출하기도 한다. 부정적 내용에 사전 노출되면 예상되는 공격에 대한 인지적 면역 inoculation이 형성되어, 상대방의 공격으로 인한 피해를 최소화할 수 있다. 반복 노출로 부정적 내용에 무감각해지거나 공격 내용에 대한 방어 논리가 형성되기 때문이다.

### 5) 불공정 보도

특정 후보자나 정당에 편파적인 불공정 보도도 선거 보도의 오랜 문제점으로 인식되고 있다. 언론의 취재 관행, 언론 조직의 특성, 이데올로기적 성향 등이 불공정 보도의 요인으로 지목된다. 하지만 특정 후보나 정당에 유리하거나 불리한 뉴스를 생산하는 정파partisan 저널리즘은 선거의 공정성을 훼손할 수 있다. 언론사들이 무엇을 어떻게 취재하여 기사를 작성하는지 그리고 사진의 노출 각도, 배경, 후보자 표정 등을 어떻게 선택하고 편집하느냐에 따라 후보자의 이미지는 차별화될 수 있다. 나아가 이는 올바른 여론 형성을 저해하고 합리적 정치 참여를 방해하는 요인으로 작용할 수 있다.

한편, 특정 집단이나 계층을 편향적 혹은 차별적으로 보도하는 행태도 개선되어야 한다. 이를 위해 2011년 국가인권위원회와 한국기자협회는 『인권 보도수첩』을 발간하기도 했다. 이에 따르면, 권위적인 용어와 국민을 낮춰보는 용어, 사회 각 부문의 권력층을 지나치게 예우하는 용어, 민주적 기본권인 집회나 시위를 부정적으로 묘사하는 표현 등은 민주주의와 국민주권을 훼손할 수 있어 각별한 주의가 요구된다.

뉴스 생산에는 다양한 요인이 개입되기 때문에, 엄밀한 의미의 언론 객관성은 불가능할 수 있다(McQuail, 1992). 맥퀘일D. McQuail은 공개적인가, 감춰졌는가 그리고 의도적인가, 비의도적인가를 기준으로 뉴스 편향을 〈그림 4-1〉과 같이 네 범주로 구분했다(박주현, 2015).[5]

먼저, 공개적이고 의도적인 편향bias은 정파성partisanship과 관계되며, 언론사의 편집 방침과 관련된 가치들을 통해 뉴스에 포함된다. 뉴스 유형 중 해설, 칼럼, 사설 등에서 정파성은 더욱 명확하게 드러나곤 한다. 공개적이면서 비의도적인 무의식적 편향unwittting bias은 주관적인 보도 경향으로 나타날 수 있다. 또한, 뉴스 제작에 개입되는 내적·외적 요인들로 인해 발생하기도 한다. 예를 들어, 출입하는 정당에 따라 해당 정당에 대한 편향적인 기사가 생산될 있다.

비공개적 의도적 편향은 선전propaganda의 형태로 나타난다. 이러한 뉴스에는 특정 후보자나 정당의 견해를 지지하는 의도가 담겨져 있다. 이는 언론

---

[5]    편파 보도로 피해가 있다면, '공직선거법' 제8조 4항(선거 보도에 대한 반론 보도 청구) 규정에 따라 언론중재위원회에 반론 보도를 요청할 수 있다. 반론 보도 요청은 그 보도를 인지한 뒤 10일 이내에 가능하다. 하지만 보도가 이뤄진 후 최대 30일 이후에는 반론 보도를 요청할 수 없다.

그림 4-1 **언론 편향의 유형**

| | | 공개성 | |
|---|---|---|---|
| | | 공개적 | 비공개적 |
| 의도성 | 의도적 | 정파성 | 선전 |
| | 비의도적 | 무의식적 편향 | 이데올로기적 편향 |

의 의도 혹은 정보 제공자의 조작된 정보에 의해 만들어진다. 마지막으로, 감추어지고 비의도적인 편향은 언론인의 이데올로기ideology와 관계된다. 뉴스 생산자인 기자 집단의 문화적·계급적 편향이나 사회문화적 지배 가치 등에 의해 뉴스가 이데올로기적으로 편향될 수 있다.

선거 보도 문제점은 취재 시스템인 출입처 제도와도 맞물려 있다. 선거 기간 대표적 출입처로는 정당 당사, 시청, 도청, 후보자 선거사무소 등이 있다. 기자들은 자신들이 출입하는 장소에서 취재원이 전달하는 브리핑, 보도자료 등의 정보를 토대로 기사를 작성하는 경향이 있다.

출입처 제도의 문제로는 발표나 제공되는 정보에 지나치게 의존하는 취재 환경을 들 수 있다. 이는 이슈에 대한 다양한 시각을 제한시킬 수 있으며, 궁극적으로는 국민의 알 권리 침해로 이어질 수 있다. 또한, 취재원에 대한 밀착 보도는 후보 개인의 속성이나 캠페인 활동 보도, 동정 기사, 이벤트, 가십 등에 초점을 맞추는 요인이 될 수 있다. 후보자에 대한 밀착 취재가 캠페인 기간 동안 상대적으로 많은 후보 동정 기사를 양산하는 이유이기도 하다.

후보가 시민들과 만나는 모습, 단체 방문 활동 등의 기사들은 피상적이고 깊이 없는 선거 보도로 전락할 수 있다. 나아가 취재원과의 사적인 관계로 기사 작성이 이뤄지는 경우 상호 이해관계로 인해 객관적·중립적 판단을 그르칠 수 있다. 이로 인해 취재원 의도와 유사한 방식으로 뉴스가 제작되는 '의식 동질화' 현상이 나타나기도 한다.

언론이라는 공적 도구가 편향된다면 민주주의를 위한 건전한 공론장의 역할을 포기하는 것과 같다. 따라서 특정 후보자나 정당에 대한 맹목적 지지보다 중립적인 입장을 가지도록 노력해야 한다. 언론사의 지지가 필요할 경우, 정책에 대한 합리적 논의를 바탕으로 입장을 밝히는 것이 바람직하다. 예를 들어, 미국의 ≪워싱턴포스트Washington Post≫가 2020년 바이든 후보를 지지한다고 선언할 때, 트럼프가 대통령이 되면 안 되는 이유들을 사실에 근거하여 구체적으로 제시한 바 있다. 여러 편의 사설을 연재하면서 지지의 배경을 상세히 전달하려고 노력했다. 즉, 후보자에 대한 언론의 의견 개진은 정치적 판단이 아니라 다양한 관점에서 객관적으로 조명되고 결정되어야 한다. 또한, 정파 저널리즘의 문제는 다양한 의견이 공존 가능한 언론 생태계 속에서 최소화될 수 있음을 명심할 필요가 있다. 만약 시장지배력이 강한 언론사들이 특정 성향의 의견만을 생산할 경우, 그 사회의 공론장은 훼손될 수밖에 없을 것이다.

## 6) 가짜 뉴스

최근 정치 영역에서는 후보자 관련 가짜fake 뉴스[6]가 언론의 가치를 훼손하고 유권자의 판단을 저해할 수 있다는 우려가 많다. 가짜 뉴스는 겉보기엔 뉴스의 형식을 갖추고 있지만 조작된 내용과 허위 사실로 포장되어 주로 온라인을 통해 유통되고 있다. 가짜 뉴스가 유통되면 피해로부터 회복이 어렵고, 사실관계를 확인하더라도 그 결과를 돌이키기 어렵다는 사실에 주목할 필요가 있다.

중앙선거관리위원회의 2017년 3월 선거정보 자료에 의하면, 미국 대선 3

---

[6] 단순한 오보나 패러디까지 가짜 뉴스의 범주에 넣을 경우, 과도한 규제로 인해 언론 자유를 침해할 여지가 많다. 따라서 가짜 뉴스의 개념을 '허위의 사실임을 인정하고 의도적으로 허위 사실을 뉴스 형식으로 퍼뜨리는 것'에 한정할 필요가 있다(박아란, 2017).

**그림 4-2 가짜 뉴스 확인 방법**

자료: International Federation of Library Associations and Institutions.

개월 동안 페이스북Facebook에 유통된 공유, 반응, 댓글 건수는 진짜 뉴스보다 가짜 뉴스에서 더 많았다. 가짜 뉴스가 특정 후보자에게 심각한 피해를 줄 수 있지만, 뉴스 확산 속도와 범위로 인해 이를 관리·통제하는 데는 많은 한계가 있다. 심지어 국제정치 영역에서도 자국 이익을 극대화하거나 상대 국가에 피해를 주기 위해 조작 혹은 가공된 정보가 유통되기도 한다.

'공직선거법' 제96조는 허위 논평이나 보도 등을 금지하고 있으며, 동법 제250조도 허위 사실 공표를 규제하고 있다. 특정 후보자가 당선되도록 또는 당선되지 못할 목적으로 허위 사실을 보도하거나 사실을 왜곡하는 언론 활동을 처벌하고 있다. 후보자뿐만 아니라 그의 가족에 대해서도 허위 사실을 공표하거나 공표하게 한 자는 처벌받게 된다.

가짜 뉴스를 확인하는 효과적인 방법은 〈그림 4-2〉와 같다. 가짜 뉴스 식별을 위해서는 뉴스 이용에 앞서 해당 홈페이지의 특성이나 연락처 등을 살펴볼 필요가 있다. 뉴스에 등장한 시각물의 경우, 처음 사용된 공간이나 내용 수정 여부를 확인하기 위한 역방향 검색도 효과적이다. 뉴스 클릭을 위한 자극적인 제목, 화려한 폰트, 선정적 이미지에도 유의해야 한다. 글쓴이가 신뢰할 만한지, 배경은 어떠한지, 자격은 있는지, 주제와 어떻게 관련되어 있는지 등도 검토되어야 한다.

뉴스의 진위를 구분하기 위해 보도 내용이 최신 정보인가를 살펴보는 것도 중요하다. 그리고 제시된 링크가 있다면, 해당 정보의 신뢰 수준도 판단되어야 한다. 또한, 뉴스에서 사용된 이미지가 과장되어 보이거나 영상의 음성이 자연스럽지 못하다면 풍자적 콘텐츠가 아닌지 의심해 볼 수 있다. 나아가 글쓴이의 의견이 개입된 정도를 분석하거나 해당 주제와 관련된 팩트체크들을 확인하는 것도 가짜 뉴스 식별에 유용할 수 있다.

가짜 뉴스는 더욱 정교하고 세밀하게 제작되고 유통될 것으로 예측된다. 가짜 뉴스의 남용이 민주주의를 훼손할 수 있다는 점을 고려하면, 가짜 뉴스를 차단하기 위한 뉴스 생산자, 뉴스 매개자, 뉴스 이용자 모두의 노력이 요구된다.


## 4. 효과적 선거보도

민주주의를 위한 바람직한 선거 보도로서 사실에 근거한 진실 보도, 공정한 보도, 유권자에게 유용한 보도 등의 필요성이 제기되어 왔다(이강형, 2006; 이효성, 2002). 진실 보도는 유권자들이 후보자의 자질과 후보자가 내세우는 정책 그리고 소속 정당의 정책적 입장을 정확하게 그리고 충분히 파악할 수 있는 토대가 되며, 저널리즘의 가장 중요한 원칙이기도 하다. 공정 보도는 논쟁적 사안에 대해 당사자들의 입장을 균형 있게 제시하는 것을 의미하며,

유권자의 합리적 판단을 위한 필수 조건이다. 구체적으로는 이중 기준을 적용하거나, 편파적이거나, 중요한 사실을 생략하거나, 일면만을 다루거나, 사실을 오도하지 않는 보도를 지칭한다. 그리고 유용한 보도는 유권자의 정치적 판단에 도움이 되는 정보 제공을 의미한다. 후보자의 자질이나 이념, 후보자나 후보자가 속한 정당의 공약, 정강 정책, 쟁점 관련 입장, 공약이나 정책에 대한 비판적 분석 등이 대표적이다.

선거 기간 언론 활동은 인물, 지역, 이데올로기 대결보다 정책을 중심으로 이뤄져야 한다. 부정적 내용 혹은 이미지 중심의 보도가 집중되면 유권자의 합리적인 판단이나 결정이 어려울 수 있다. 또한, 이슈 중심의 보도를 함에 있어서도 구체성과 완결성이 요구된다. 구체적이고 다양한 방식으로 사건이나 이슈를 조명할 때 유권자의 이해도 증대될 수 있기 때문이다.

한편, 매니페스토manifesto[7] 운동에서는 후보자가 정책이나 비전을 제시할 때 실현 가능한 방식을 구체적으로 표현할 것을 요구해 왔다. 특히 구체적인 목표, 추진 순위, 이행 방법, 공약 이행 기간, 재원 조달 방안 등을 명시할 것을 주장했다. 수치 목표를 포함한 구체적 정책에 대한 주문인 것이다. 매니페스토 운동의 주장처럼, 언론도 후보자 관련 이슈들을 명확히 취재해서 국민에게 소상히 전달하도록 노력해야 한다. 한국기자협회(2007)는 매니페스토 운동이 주장하는 가치들을 반영한 네 가지 선거 보도 방식을 주문해 왔다.[8]

---

[7] 선언서나 성명서를 의미하는 매니페스토(manifesto)는 그 어원인 손(manus)과 치다(fendere)라는 두 단어가 합쳐진 것으로, '손으로 쳤을 때 느낄 만큼 명확하다'라는 의미가 있다. 또 다른 설명으로, 매니페스토(Manifesto)는 증거를 의미하는 라틴어 마니페스투스(manifestus)에서 유래했다는 주장도 있다. 이탈리아어 마니페스또(manifesto)로 변형되어 '과거 행적을 설명하고 미래 행동의 동기를 보여주는 공적 선언'의 의미로 사용된다.

[8] 매니페스토의 5대 기준은 영국에서 시작된 평가 기법인 스마트(SMART) 지수로 평가될 수 있다. SMART는 공약이 얼마나 구체적인가(Specific), 측정하고 검증할 수 있는가(Measurable), 정말로 달성 가능한가(Achievable), 지역의 특성과 연계되고 타당성이 있는가(Relevant), 추진 일정을 명시했는가(Timetable) 등을 의미한다. 공약 평가와 함께 정책 평가의 중요성도 강조되고 있다. 정책 평가는 지속 가능성(sustainablity), 자치역량 강화(empowerment), 지역

- **구체적 목표**: 복지사회, 공정과 정의 등과 같이 추상적 구호가 아닌 평가 가능한 것을 보도해야 한다. 선거 보도를 통해 후보자의 핵심 목표가 구체적으로 드러나야 한다.

- **단계적 실행 방식**: 언론은 후보자의 정책이나 공약이 어떤 형태나 방법으로 집행될 것인지를 보도해야 한다. 예를 들어, 코로나로 피해를 입은 자영업자 모두에게 특정 금액을 주겠다는 주장은 실행 단계에서 여러 문제에 직면할 수 있다. 자영업자의 범위나 피해 산정 방식 등과 같은 집행 과정을 충실히 보도함으로써 실행 단계에서 만날 수 있는 혼선들을 예방할 수 있다.

- **목표 도달 기간**: 유권자들이 후보자의 공약이나 정책이 달성되는 일정을 확인할 수 있도록 선거 보도가 이뤄져야 한다. 관련 일정은 당선자의 재임 기간 내에 달성되는 것이어야 한다. 예를 들어, 병사 월급 인상이 재임 기간 내에 순차적으로 이뤄지는지 한 번에 달성되는지 등에 대한 구체적 취재 및 보도가 이뤄져야 한다.

- **재원 조달 방식**: 일반적으로 후보자의 공약이 실현되기 위해서는 재원이 요구된다. 실현 가능성 높은 타당한 공약은 재원 조달 방법도 명확한 편이다. 따라서 언론이 후보자의 재원 조달 방식을 다룸으로써 제기된 공약의 타당성을 점검해 볼 수 있다. 재원 조달 방안이 부족하다면 공약의 실현 가능성도 희박하다는 것을 의미한다. 이에 대한 선거 보도를 통해 유권자들은 후보자의 공약을 객관적으로 평가할 수 있다. 한편, 재원 조달 계획은 선거방송토론에서도 후보 간 쟁점이 되기도 한다.

매니페스토 기준을 따르면 "지역 도서관을 늘리겠다"라는 공약 보도는 "임

---

성(locality), 이행 평가(follow-up) 등을 통해 판단해 볼 수 있다.

기 내 도 단위별로 도서관 9곳을 만들고, 이를 위한 기금 500억 원을 어떻게 조성하겠다"라는 방식으로 구체적으로 표현되어야 한다. 매니페스토 선거를 위해 언론은 후보자 간 정책 차이를 설명하고 후보자의 발언을 정리해서 유권자들에게 진위를 알려주는 해설자의 역할을 해야 한다.

이슈에 대한 기획 보도와 지속적인 후속 보도도 바람직한 선거 보도로 제안되고 있다. 언론사가 정치인의 의제를 단순히 전달agenda-sending하는 역할에 머무르지 않고, 필요한 의제들을 능동적으로 발굴해야 한다(구교태, 2008). 나아가 시민 저널리즘civic journalism에 대한 실천 의지도 필요하다. 시민을 선거의 방관자가 아닌 공적 문제의 참여자로 인식하면서 접근해야 한다. 시민들의 관점에서 취재 활동을 하고, 시민 목소리를 정치권에 전달함으로써 공적 담론 환경을 개선하려는 의지를 보여야 한다.


## 5. 미디어 노출 전략

후보자의 미디어 노출을 증대하기 위해서는 캠페인에서 활용할 미디어 목록을 만들어야 한다. 목록에는 미디어별 담당자, 기사 접수 마감 시간, 전화, 이메일 주소 등이 기입된다. 또한, 담당 기자가 블로그, 유튜브 채널 등을 운영하는지도 조사할 필요가 한다. 소셜 미디어를 활용하는 기자라면 지속적인 정보 제공자에 대해 개방적이고 우호적인 태도를 보일 수 있기 때문이다.

미디어별 이데올로기적 경향이나 기자별 태도도 확인해야 한다. 기존 사설이나 기사들을 검토하면 해당 언론사나 기자의 성향을 파악할 수 있다. 언론인 외에도 캠페인을 기사화할 수 있는 전문 기고자, 토크쇼 진행자, 블로그, 유튜버 등과도 친밀한 관계를 유지할 필요가 있다. 이들과의 사전 만남을 통해, 자신의 정치 비전이나 정책 등을 설명한다면, 향후 미디어 노출에 대한 우호적 환경을 조성하는 데 도움이 될 수 있다.

선거 보도를 위한 보도자료 발송은 취재 마감 시간을 고려하여 이뤄져야 한다. 보도를 원하는 시간과 방법을 고려하고, 보도자료 전달 빈도도 조절해야 한다. 특정 행사를 알리는 것이 목적이라면 충분한 시간을 두고 전달해야 한다. 특히, 신문사는 행사 관련 뉴스를 정해진 공간에 한정시키는 경우가 많다. 행사가 임박하여 요청한다면 원하는 시간에 보도되지 못할 수 있다.

목표 매체에 적합한 보도자료를 작성하고 해당 매체의 독자를 고려한 메시지 구성도 필요하다. 방송 뉴스를 위해서는 영상 자료도 함께 고려해야 한다. 제한된 방송국 인원으로 운영되는 경우 영상 보도자료는 후보자의 미디어 노출 기회를 높이는 데 도움이 될 수 있다.

후보자 홈페이지나 소셜 미디어 계정에 보도자료나 관련 영상을 게재하는 것도 효과적이다. 후보자를 지지하는 집단이나 취재 목적의 기자들이 방문할 수도 있기 때문이다. 또한, 후보자의 온라인 공간은 방문자들이 포스팅 자료를 자유롭게 퍼 나를 수 있도록 개방적으로 운영되어야 한다. 사이트 방문자들을 위한 토론공간은 미디어의 취재 대상이 되기도 한다. 따라서 토론을 모니터링하고 필요할 경우 적절한 중재나 답변을 하는 것도 고려해야 한다.

라디오 방송국이나 인플루언서influencer[9]에게 후보자 관련 오디오 파일을 전달하는 것도 미디어 노출에 효과적인 방법이다. 논쟁적 이슈 관련 입장이나 선거 유세 발언 등을 전달함으로써 이들 매체의 주목을 받을 수 있다. 이때 오디오 앞부분에 누가 무엇을 얼마간 진술하는지를 짧게 발언한 후, 3초 정도의 여백을 두고 오디오가 재생되도록 해야 한다. 효과적 편집에 도움이 되기 때문이다.

대중적 주목을 받는 이슈에 대해서는 기자회견 개최도 생각해 볼 수 있다.

---

[9]  SNS에서 많은 구독자나 팔로워(follower)를 확보하여 네티즌들에게 영향력을 미칠 수 있는 사람을 지칭하는 용어다.

주최 측은 예상되는 질문과 답변을 철저히 준비하고 기획해야 한다. 준비되지 않은 질문을 받을 경우, 낭패를 당할 수 있음을 명심해야 한다. 다소 부정적 상황이 예상된다면 준비한 자료를 발표하고 마치는 것이 바람직하다. 기자회견 장소로는 주제와 관련된 곳이 효과적이다. 이슈와 관련된 장소라면 사진이나 영상 촬영에 도움이 되기 때문이다. 취재 마감이 임박하거나 뉴스거리가 많은 시점의 기자회견은 되도록 피해야 한다. 기자회견 주최 측에서도 사진이나 비디오를 촬영하여 보도자료와 함께 언론사에 전달하거나 홈페이지에 게재하는 것이 효과적이다.

언론사에 전달한 자료에 대한 수신 확인도 필요하다. 선거 기간에는 자료가 폭증하는 경우가 많아 해당 기자가 놓치거나 수신 자료가 스팸으로 처리될 수도 있기 때문이다. 이 외에도, 보도자료를 남발하는 것은 메시지에 대한 신뢰감을 감소시키는 요인이 될 수 있기에 뉴스 가치를 고려한 자료 제공이 필요하다. 또한, 메시지의 설득력을 위해 관계자 인터뷰 내용을 포함하는 것도 고려해 볼 수 있다.

나아가 선거 캠프는 선거 보도에 대한 모니터링을 수행해야 한다. 언론사별 보도 행태를 파악함으로써 선거 판세를 정확히 읽고 상황에 맞는 효과적 커뮤니케이션 전략을 수립할 수 있기 때문이다.

# 선거방송토론

선거방송토론은 유권자들이 직접 후보들의 발언과 태도를 비교할 수 있는 효과적인 미디어 정치 유형이라 할 수 있다. 방송토론에 대한 시청률은 TV 토론에 대한 시민들의 관심이 얼마나 높은지를 보여주는 간접적 지표다. 시청률 외에도 온라인 커뮤니티, SNS에서 이에 대한 의견 개진이나 토론도 더불어 증가한다는 사실을 고려하면 TV 토론에 대한 무게감은 커질 수밖에 없다. 2022년 제20대 대선에서는 방송 3사만 중개한 제1차 토론의 시청률이 39%로 나타났다. 이는 1997년 제15대 대선의 55.7% 이후 최고의 시청률이었다(〈그림 4-3〉 참조).

TV 토론이 이뤄지는 시기나 시간대도 시청률에 영향을 미칠 수 있다. 사회적으로 파급효과가 큰 사건이 발생한 시점에서 토론이 이뤄지거나 높은 시청률을 가진 프로그램과 경쟁하는 상황이라면 TV 토론에 대한 시민들의

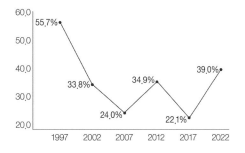

그림 4-3 **연도별 대선 TV 토론 최고 시청률 추이**

관심도 줄어들 수 있다. 예를 들어, 제20대 대선 제2차 TV 토론은 올림픽 기간에 이뤄졌는데, 전체 4회의 TV 토론 중 가장 낮은 21.73%의 시청률을 보여주었다.

토론 참가자는 시청자들에게 자신의 정치 비전과 정책들을 밝히고 다양한 문제해결 능력을 보여줄 수 있도록 준비해야 한다. 또한, 토론 진행 방식별 특성에 맞는 적절한 토론 전략을 세워야 한다. 선거방송토론 유형과 그 특성을 살펴보았다.

## 1. 토론 개념과 포맷

선거방송토론은 유권자들이 선거 출마자들의 발언을 직접 경험하고 상호 비교할 수 있는 의미 있는 정치 이벤트다. 언론사가 뉴스 주도권을 가지는 선거 보도와 달리 방송토론에서는 후보자의 자율성이 상대적으로 높다. 토론 진행 방식에 따라 예상되는 토론 주제별 정보를 수집하고 실전 훈련을 통해 효과적으로 대비한다면, 자신의 능력을 보여줄 가능성도 그만큼 증대될 수 있다.

선거방송토론이 많은 주목을 받게 된 시점은 미국 케네디와 닉슨이 맞붙었던 1960년이었다. 비주얼에서의 우위가 토론 평가에도 영향을 미치면서 이미지 정치에 대한 관심 또한 증폭되었다. 한국의 경우는 1997년 대통령 선거에서 전 국민적 관심을 받게 되었다.[1] 기존 대규모 인원을 동원한 연설과 같은 소모적이고 과열된 선거 문화를 벗어나는 계기가 되었다.

선거방송토론은 쟁점이 되는 이슈를 중심으로 후보자 간 논리적 주장을

---

[1]    대통령 선거에서 선거방송토론이 처음 등장한 것은 1997년이지만, 앞서 1995년 지자체 선거에서 선거방송토론이 실시된 바 있다.

교환하는 정치 행위로 정의될 수 있다. 유권자들에게 유용한 선거방송토론이 되기 위해서는 ① 후보자 간 맞대결clash, ② 토론을 위한 충분한 시간, ③ 후보자 간 대등한 경쟁, ④ 토론할 공적 이슈, ⑤ 토론 내용의 충실성 등이 요구된다. 바람직한 토론을 위해서는 2인 이상의 후보자가 참여하여 이슈를 중심으로 열띤 토론을 펼쳐야 한다. 적절한 입론, 반론, 재입론 등이 이뤄질 수 있도록 충분한 시간 배분도 토론 포맷 결정에서 이뤄져야 한다. 또한, 후보자 간 논쟁clash은 동일 이슈를 중심으로 이뤄져야 한다. 만약 참가자가 토론 주제를 회피하거나 토론 내용이 부실하다면 진정한 토론으로 평가받기 어렵다.

선거방송토론위원회는 시민 공모, 단체 추천, 여론조사 등을 토대로 토론을 위한 주제별 문항들을 만들고 위원회 회의를 거쳐 결정한다. 질문 형태는 전달이 쉽고 방송토론에 적합한 형태로 진술되어야 한다. 참가자는 토론할 이슈들에 대해 철저히 준비하여 자신의 자질과 능력을 보여줄 수 있어야 한다.

대다수 국가에서 활용되고 있는 선거방송토론 포맷과 특성은 〈표 4-1〉과 같다.[2] 크게 네 가지 형태의 포맷이 보편적으로 활용되며, 이들 중 두세 가지가 혼용되어 사용되기도 한다.

한국의 경우 공적 기구인 중앙선거방송토론위원회가 방송토론을 주관하지만, 미국은 사적 기구인 대통령토론위원회Commission on Presidential Debates[3]가

---

[2]  토론 포맷으로 아카데미식(collegiate)과 연설토론식(oregon style)도 있다. 아카데미식은 참가자들이 토론 주제에 대해 찬반 의견을 제시하는 방식을 말한다. 상호 주장에 대해 반박 기회는 있지만 상호 직접 질문과 반박은 불가능하여 활발한 토론은 어렵다. 연설토론식은 특정 주제에 대해 일정 시간의 연설을 한 후 반박이 이뤄지는 방식이다. 후보자 상호 간 차이를 확인할 수는 있지만, 토론이 지루해질 수 있다는 점은 단점이다.

[3]  미국 연방법하에 토론을 조직·운영하기 위한 독립적으로 구성된 사적 기구다. 미국 조지타운대학교 국제전략문제연구소와 하버드대학교의 정치연구소는 주요 정당들에 후보 간 대통령선거방송토론 관할을 요청했고, 이에 민주당과 공화당이 독립된 대통령토론위원회를 승인함으로써 1987에 설립되었다. 이 조직은 정부나 정당 혹은 정치 관련 위원회로부터 어떠한 지원금도 받지 않는다. 방송토론 운영과 유권자 교육활동을 위한 재정 후원은 기업, 재단, 개인들

표 4-1 선거방송토론 유형과 특성

| 토론 유형 | 특성 |
|---|---|
| 공동기자회견형<br>(1960년 미국 대선) | · 사회자나 패널이 후보자에게 질의하면 후보자가 답변<br>· 다양한 이슈에 대한 후보자 입장 파악 용이<br>· 언론인 중심의 단답형 질문으로 토론 역동성 감소<br>· 시민 참여가 배제되어 민주성 저해 |
| 1인 기자회견형 | · 1인 후보자에게 사회자나 패널의 질의 후 후보자 답변<br>· 심층 질문으로 후보자 식견, 비전, 이념, 정책 파악에 유리<br>· 후보자 간 우열 비교의 어려움<br>· 토론의 생동감 저해 |
| 후보자 상호 토론<br>(1974년 프랑스 대선) | · 토론 참여 후보자가 직접 질문하면 상대 후보자가 답변<br>· 역동성 높은 토론으로 유권자 관심 증대<br>· 후보 간 논리 전개 및 지적 능력 상호 비교 가능<br>· 논의가 상호 비방으로 치우칠 가능성<br>· 시민 참여 기회 제한 |
| 시민포럼<br>('92년 미국 대선) | · 후보자에 대한 시민 질문 후 후보자 답변<br>· 유권자의 궁금증 해소에 도움<br>· 시민 참여로 민주성 보장<br>· 흥미, 역동성 높은 토론 가능<br>· 집중적인 토론 진행 한계<br>· 질문의 질적 수준 보장의 어려움 |

자료: 구교태(2017: 214).

맡고 있다. 미국 연방선거위원회Federal Election Commission는 방송토론 주최 측이 사전에 확립된 객관적인 후보 선택 기준을 마련할 것을 요구했고, 이로 인해 전국 유권자의 15%[4] 지지를 받는 유력 후보자가 토론 참여의 기준이 되었다.

'공직선거법'에 규정된 선거 수준별 방송토론 개최 횟수와 참여 후보자에 대한 자격은 〈표 4-2〉와 같다. 각급 선거방송토론위원회는 초청 대상에 포함되지 않은 후보자를 대상으로 한 대담이나 토론회를 개최할 수 있다.

한편, 미국 대통령토론위원회는 선정된 사회자가 방송토론 전 캠페인 관

---

을 통해 이뤄지고 있다.

4   유력 후보자로 고려되는 15% 기준은 2000년에 채택되었다. 이보다 낮은 수치의 후보자들이 대거 참여하는 토론은 유권자의 교육 목적을 저해할 수 있다고 판단했다.

표 4-2 **선거 수준별 토론 횟수와 참여 자격**

| 선거 수준 | 횟수 | 참여 자격 |
|---|---|---|
| 대통령 | 3 | • a, b<br>• 선거 기간 개시일 전 30일간의 여론조사 평균 지지율이 5/100이상 후보자 |
| 비례대표국회의원 | 2 | • a, b |
| 비례대표 시·도의원 | 1 | • 선거 기간 개시일 전 30일간의 여론조사 평균 지지율 5/100이상 지지 얻은 정당 후보자 |
| 시·도지사 | 1 | • a, b |
| 지역구국회의원 | 1 | • 최근 4년 이내 해당 선거구에서 유효투표 총수의 5/100이상 득표 후보자 |
| 자치구·시·군의 장 | 1 | • 선거 기간 개시일 전 30일간의 여론조사 평균 지지율이 5/100이상 후보자 |

주: a='5인 이상의 의원을 가진 정당이 추천한 후보자'
    b='직전 선거 전국 유효투표 총수의 3/100 이상 득표 정당이 추천한 후보자'

계자를 만나지 않아야 하고, 캠페인 관계자들도 사회자 선정에 영향을 미칠 수 없도록 하고 있다. 이는 토론 예상 질문이나 주제를 토론 참가자들과 공유할 가능성을 차단하는 데 목적이 있다.

방송토론 개선 사항으로는 먼저, 충분한 시간을 가지고 질적인 토론을 할 수 있도록 참여자 수를 적절히 조절해야 한다. 군소 후보까지 포함하면 표현의 기회를 균등하게 제공하는 측면은 있지만, 주어진 시간 동안 공적 이슈에 대한 집중적이고 역동적인 토론을 기대하기 어렵다. 〈그림 4-4〉의 미국 사례와 같이 유력한 주자 두 명으로 토론을 진행한다면, 집중도 높은 토론을 진행하는 데 도움이 될 수 있을 것이다.

전체 선거방송토론 횟수에 대한 고려도 필요하다. 선거방송토론위원회가 주도하는 법정 토론회에 앞서 당내 경선을 위한 후보자 간 토론이나 각 방송사가 주관하는 후보자 초청 토론이나 대담이 지나치게 많다는 지적도 있다. 지나친 토론 빈도는 유권자의 관심 저하로 연결될 수 있다.

방송토론 중계 시간도 개선되어야 한다.[5] 시청 시간대를 고려한 편성을 통해 유권자에 대한 노출 기회를 높여야 한다. 법정 방송토론이 국민의 세금으

**그림 4-4 한국과 미국의 대통령선거 선거방송토론**

자료: 대선 선거방송토론 KBS와 CNBC 방송 화면.

로 운영된다는 점을 고려하면, 국민의 알 권리 확대에 적합한 편성이 이뤄져야 한다.

　방송토론에 대한 유권자 관심을 지속시키고 토론의 질적 수준을 높일 수 있는 토론 포맷에 대한 개선도 필요하다. 지나치게 공정성을 강조하는 포맷 선정은 후보자의 능력이나 토론의 역동성을 확보하기 어려울 수 있다. 기계적 시간 할당[6]을 자제하고 시민이 주도적으로 질문하는 타운홀town hall 방식의 토론도 다양하게 시도해 볼 필요가 있다.

　타운홀 미팅 토론은 〈그림 4-5〉와 같이 진행된다. 초청된 시민들이 직접 후보자에게 질의하면 후보자가 바로 답하는 방식이다. 질문자는 메모를 사용할 수 있고, 명확한 의미 전달이 필요할 경우 사회자가 질문을 다시 하기도 한다. 시민 질의에 앞서 사회자는 시민의 출신, 지역, 직업, 소속 정당 등에

---

**5**　2022년 현재 '공직선거법'은 대통령 선거의 경우 중앙선거방송토론위원회가 주관하는 대담·토론회는 오후 8시부터 당일 오후 11시까지의 사이에 중계방송할 것을 명시하고 있다. 이로 인해 다른 선거에 비해 상대적으로 방송 노출 기회가 높은 편이다.

**6**　제20대 대선 토론에서는 시간총량제 토론도 도입되었다. 각 후보자가 주어진 시간(6분 총량) 내에서 발언권을 얻어 토론하는 형식이었다. 질문 시간에 대한 규칙 없이 답변 최소 보장 시간을 30초 허용하여 운영한 경우, 자신의 발언에 지나치게 많은 시간을 할애하는 문제가 있었다. 부족한 답변 시간을 다른 발언 기회에 사용하여 전체 토론 흐름을 끊는 문제도 발생했다. 후보자에게 할애된 총시간 중 질문과 답변별로 시간을 배정한다면 이러한 문제가 어느 정도 해소될 것으로 보인다.

그림 4-5 2020년 미국 대선의 타운홀 미팅

대한 정보를 간략히 소개한다.

한편, 토론을 진행하는 사회자도 단순 진행자의 역할을 넘어 필요할 경우 토론에 적극적으로 개입할 수 있어야 한다. 예를 들어, 후보자가 질문에 답하기보다 자신의 주장만을 일방적으로 전달할 경우, 이를 지적하고 적절한 답변을 요구해야 한다. 순서나 시간 안내와 같은 수동적 입장에서 벗어나 유권자에게 도움이 될 수 있는 능동적 대처가 요구된다.

마지막으로 토론에 불참하는 후보자에 대한 법적·제도적 규제 보완도 필요하다. 경쟁 후보자보다 압도적 우위에 있는 후보자는 리스크 관리 차원에서 토론 불참을 시도하기 때문이다. 2022년 현재 '공직선거법'에서는 대담이나 토론회에 불참한 후보자의 소속 정당명·기호·성명과 불참 사실을 중계방송 시작 때에 방송하게 하고, 각급 토론위원회를 두는 선거관리위원회의 홈페이지 또는 중앙토론위원회가 지정하는 인터넷 홈페이지에 게시하도록 하고 있다. 또한, 정당한 사유 없이 대담·토론회에 참석하지 아니한 사람에게는 400만 원 이하의 과태료를 부과하고 있다. 엄격한 제재 수위를 설정하여 유권자의 권리가 침해받지 않아야 할 것이다.


## 2. 효과적 토론 기법

토론에서 우위를 점하려면 후보자는 적절한 공격과 수비를 할 수 있어야 한다. 먼저 상대 후보자가 회피하고 싶은 질문들을 파악하고 관련 자료를 준비해야 한다.[7] 상대 후보의 약점이거나 준비가 미흡한 부분에 대한 날카로운 질문은 상대를 난처하게 만들 수 있다. 때론 사실에 대한 반박보다 정서적으로 민감한 질문을 하는 것도 효과적이다. 상대의 평정심을 허물 수 있기 때문이다. 토론 효과를 높이기 위해서는 시청자들에게 친숙한 용어를 사용하는 것이 효과적일 수 있다. 토론은 궁극적으로 유권자를 대상으로 하며, 이들이 공감할 때 토론 효과도 중대될 수 있기 때문이다.

반대로 자신을 난처하게 만들 수 있는 질문 목록을 만들고 적절한 답변을 준비할 수 있어야 한다. 적극적 해명이 필요한 경우가 아니라면 가능한 답변을 짧게 하는 것이 좋다. 때론 동일 맥락으로 상대방을 공격하는 것도 방법이다. 소위 '당신은 어떠한가?'와 같은 물타기식 토론 방식이다. 자신의 약점과 상대 후보의 약점을 연결하여 반박하면, 자신의 문제에 대한 시청자의 관심을 회피하면서 상대방의 문제로 논의를 전개할 수 있다. 자신에 대한 방어이자 상대방에 대한 효과적 공격이 될 수 있다. 상대 후보의 문제가 오랜 주목을 받았고 대처도 어렵다면, 토론의 주도권을 가질 수 있다. 유권자가 '맞아, 그것이 더 문제야!'라고 판단할 만한 내용이면 설득력은 배가된다.

설득력 높은 메시지 구성을 위해 대조법antithesis이 사용되기도 한다. 대조법은 대조 혹은 대립된 내용으로 상반된 상태를 강조하는 수식법이다. 두 개의 단어 조합을 대조시켜, ABAB 형태로 진술하는 것을 말한다. 예를 들어, "우리의 과거는 고통스럽지만, 내일은 웃을 수 있을 것입니다"와 같은 방식이다. 반전된 대조로서 ABBA의 형식으로 진술될 수도 있다.

은유는 수사적 약칭이라 할 수 있다. 특히 사운드 바이트에 유용하게 활

---

7  토론에서 고려해야 할 사항들로는, ① 논지를 충분히 입증할 수 있어야 하고, ② 상대 후보의 반격을 예상해야 하며, ③ 상대 후보의 반격에 대한 답변을 준비하는 것이다(Faucheux, 2003).

용된다. 은유는 상대적으로 적은 단어로도 핵심적인 의미를 만들어 낼 수 있다. 다양한 은유 가운데 많이 사용되는 유형으로는 제유synecdoche,[8] 환유 metonymy,[9] 전형적 한정어archetypal qualifier[10] 등이 있다(구교태, 2017).

토론 중 사례를 활용하는 것은 시청자의 관심을 증대시키고 토론 내용을 명확하게 전달하는 데 도움이 된다. 또한, 토론 과정에서 공신력 있는 인물이나 기관들을 언급하는 것도 자신의 주장에 대한 설득력을 높이는 데 효과적이다. 이때 논쟁이 되는 인물이나 기관에 대한 언급은 가급적 피해야한다.

인용문들도 빈번하게 사용되지만, 주의 깊게 사용해야 한다. 지나친 인용은 독창적 아이디어가 없는 후보로 비칠 수 있기 때문이다. 반대로 거의 사용치 않는다면, 지적 수준을 의심 받을 수도 있다. 특정 주제에 대한 적절한 인용은 후보자의 지식에 대한 신뢰로 이어질 수 있다. 특히, 모두 발언이나 마무리 진술에서의 인용은 설득력을 높이는 데 효과적이다.

어구반복anaphora 기법도 메시지 전달력을 높이고 장기 기억에도 도움이 된다. 이 기법은 인접한 절의 시작에 일련의 단어들을 반복하여 메시지를 강조하는 기법이다. 주로 한 문장, 구, 절 내의 첫째 단어나 일련의 단어들이 동일 형태로 반복된다. 마틴 루터 킹Martin Luther King, Jr. 목사의 "I Have a Dream" 연설에서는 'dream'이 여덟 번 연이어 사용되었다. 2006년 전시작전통제권 관련한 고 노무현 전 대통령의 연설에서도 어구반복이 특유의 서민적 어조로 사용된 바 있다(구교태, 2017).

---

**8** 사물의 한 부분으로 전체를 가리키거나, 반대로 전체로서 부분을 가리켜 비유하는 것을 말한다. 예를 들어, '한국이 이겼다'에서 한국은 한국 팀을 가리킨다.

**9** 어떤 단어 대신에 연상시키는 다른 단어를 사용하는 비유 방식이다. 대통령 대신에 청와대를 쓰는 것과 같다. 무형의 것을 말하기 위해 유형의 것을 사용한다. 윈스턴 처칠(W. Churchill)의 "피, 땀, 그리고 눈물"은 고통이라는 무형의 의미를 담아내기 위한 은유 장치다.

**10** 함축된 암시적 의미를 가진 은유법을 말한다. 예를 들어, 촛불을 들고 광장에 나온 사람들을 언급할 때 "대한민국을 밝히는 수많은 불빛들처럼"이라고 비유하는 것과 같다.

… 작통권 돌려받으면 우리 국군 잘합니다. 경제도 잘하고 문화도 잘하고 영화도 잘하고, 한국 사람들이 외국 나가 보니까, 못하는 게 없습니다. 전화기도 잘 만들고 자동차도 잘 만들고 배도 잘 만들고, 못하는 게 없는데 왜 작전통제권만 왜 못한다는 겁니까? …

후보자의 유머humor 사용도 긍정적 분위기를 조성하는 데 도움이 된다. 유머는 사람의 의표를 찌르는 발상으로 '의도적으로' 상대방을 웃게 하는 것이다(박양신, 2008). 권위적이라는 인식을 무너뜨릴 수 있고, 재치 있는 사람이라는 인식을 줄 수도 있다. 유머 사용은 후보자의 나머지 진술들을 더 쉽게 받아들이는 데 도움이 되기도 한다. 심지어 유머의 사용은 후보자(특히, 대통령 후보자) 판단의 한 요소이기도 했다(Files, 2000).

최근 캠페인 활동으로 후보자의 오락 프로그램 출현도 빈번하게 이뤄지는데, 이들 프로그램에서는 적절한 유머 사용이 유권자의 관심 증대와 공감대 형성에 효과적이다. 나아가 사용된 유머는 언론의 관심을 받아 미디어 노출 기회를 높일 수 있다. 또한, 유머는 상대방을 반박 혹은 공격 기제로도 활용된다. 일단 사람들이 상대 후보나 생각을 비웃기 시작한다면, 그 효과는 장기간 지속될 수 있다. 하지만 썰렁한 유머는 재앙이 될 수 있고, 빈정거린다는 인상을 줄 경우 역풍backlash을 맞을 수도 있기에 적절한 유머 사용에 유의해야 한다.

진실이 최고의 방어라는 말은 격언은 토론 중 자신의 행위나 진술에 대해 사과를 해야 할 경우 적용될 수 있다. 토론 중 필요할 경우, 책임을 수용하거나 잘못을 인정하는 것도 효과적일 수 있기 때문이다. 명백한 사실 앞에서 후보자가 인정하지 않아 고집스러운 이미지를 줄 경우, 유권자의 관용을 기대하기 어려울 수 있다. 사람들은 이슈 자체보다 이를 다루는 태도에 집중하는 경향이 있다. 에티켓과 겸손한 태도는 리더의 기본 덕목이라 할 수 있다. 용서를 구하려면 "내가 그것을 하지 않았어야 했습니다. 다시는 그것을 하지 않겠습니다"라는 단순하고도 간결하게 메시지를 전달하는 것이 바람직하다.

이 외에도, 박양신(2008)은 효과적인 토론 전술로서 다음과 같은 다섯 가지 표현 전략을 소개했다. 효과적인 공격과 방어를 위해 사용할 수 있는 기법들이다.

- 공격attack: 상대방의 견해나 활동 등에 대해 잘못되었음을 비판하는 것을 의미한다. 효과적 공격을 위해서는 구체적 증거로 상대방을 수세로 몰아야 한다. 상대방이 불리한 문제를 회피한다면 재공격을 통해 회피하는 행동을 지적해야 한다. 하지만 불공정한 지나친 공격이라는 인상을 심어주지 않도록 노력해야 한다.
- 방어defense: 상대의 공격으로부터 자신을 변호하는 대응이다. 부드럽고 여유 있는 자세로 단호하게 반박하는 것이 좋다. 논리성, 합리성, 타당성을 갖추어 진술하면서 역습의 기회도 살펴야 한다. 하지만 장황하거나 지나친 반복이 되지 않도록 주의해야 한다.
- 자기 PR: 자신이 적격자라는 것을 증명하는 것이다. 제3자의 이야기처럼 말하거나 수치를 활용하는 것도 방법이다. 하지만 지나친 자화자찬은 자제되어야 한다.
- 무시ignore: 상대 논리나 공격에 주목하지 않고 자신의 이슈 관련 논의나 주장만을 하는 방식이다. 공격에 대한 효과적인 방어가 될 수도 있다. 하지만 지나친 무시 행위는 유권자에게 떳떳하지 못하다는 부정적인 이미지를 줄 수 있다.
- 동감me too: 공격과 자기 PR이 결합된 방식이다. 강력한 후보자와 토론할 때 상대방의 주장에 동감을 표하는 방식을 말한다. 단순한 동감에 머물지 않고, 자신이 당선된다면 더 잘할 수 있다는 부연 설명이 필요하다. 상대방의 주장에 편승하여 자신을 높일 수 있는 전략이다.

# 정치광고

정치광고는 정보원이 매체를 이용하여 수용자의 태도, 신념, 행위에 영향을 주고자 의도적으로 문자, 영상, 소리 등을 활용한 설득 메시지를 구성하여 유권자에게 전달하는 미디어 정치 유형이다. 영상 콘텐츠 소비가 폭발적으로 늘어나면서 캠페인에서 정치광고의 사용도 더불어 증가한 것으로 보인다. 이로 인해 정치광고에 투입되는 비용도 늘어났다. 2016년 미국 대선에서는 광고 제작을 제외한 매체 집행 비용으로만 선거 자금 지출의 10% 이상이 소요되었다고 한다. 인터넷이 활성화되면서 블로그, 유튜브, 페이스북 등을 통해서도 적극적으로 유통·소비되고 있다.

정치광고의 가장 큰 장점은 후보자나 소속 정당이 메시지를 직접적으로 통제할 수 있다는 점이다. 또한, 무조건적 노출을 통해 미디어 이용자의 선택성selectivity을 상대적으로 쉽게 무력화할 수 있는 수단이기도 하다. 나아가 정치 신인들은 정치광고를 활용하여 자신의 이미지를 창의적으로 구축하여 유권자들과 효과적으로 소통할 수도 있다.

정치광고가 이미지 정치 극대화를 초래한다는 비판도 있지만 정치 사회화와 정치 관여를 높인다는 긍정적인 평가도 있다. 또한, 캠페인 광고는 유권자들의 판단에 필요한 정치 정보를 제공하고 선거에 대한 유권자의 관심과 참여를 끌어내는 데도 효과적이다. 심지어 정치광고가 뉴스 매체보다 대중의 정치 지식 증대에 효과적이라는 입장도 있다(Patterson and McClure, 1976). 나아가 정치광고 비용 증대와 투표율 간에 유의미한 정적 관계도 확인되었다(Goldstein and Freedman, 2002). 정치광고에 많은 비용이 집행되었을 때 선거 메시지에 대한 유권자의 관심도 늘어나 높은 투표율로 연결된 것이다(Bullock, Gaddie, and Ferrington, 2002).

## 1. 광고 요소와 효과

정치광고가 먼저 도입된 미국에서는 1950년대를 전후하여 제작 방식의 변화가 나타났다. 기존 광고들은 기자회견 방식을 취하거나 후보자에 대한 저명인사의 증언을 담은 영상들이 대다수였다. 편집 기법도 단순하여 등장인물이 카메라를 응시하면서 진술하는 방식talking head이었다.

이와 달리 최근의 광고는 시각적으로 시청자의 관심을 끌기 위한 다양한 기법을 동원한다. 합성이나 애니메이션 등의 특수 효과를 사용하거나 음악, 조명 등을 적극적으로 활용한다. 영상 촬영과 편집 기법이 발전하면서 광고의 메시지 효과도 증대되고 있다. 피사체의 노출 각도나 색상 등에 대한 사람들의 지각 패턴도 광고 제작에 활용된다. 예를 들어, 자신을 부각시키고 상대방에게 부정적 이미지를 전달하고자 자신에 대한 영상은 밝고 부드러운 톤으로, 상대방을 어둡고 날카로운 이미지로 촬영하고 편집하기도 한다.

광고에서 시각적 이미지 사용은 무엇보다 중요하다. 한 장의 사진이 천 마디 말보다 높게 평가받을 수 있기 때문이다. 초기 정치광고의 경우, 대사가 핵심이었다면 최근에는 음향과 시각적 요소를 조율한다. 예를 들어, 후보자가 여성들을 위한 실적을 광고에서 표현하고자 할 경우, 대사나 자막으로 표현하기보다 뜨겁게 환호하는 여성 유권자들과 인사를 나누는 장면이 더 효과적일 수 있다. 유권자들은 후보자의 진술보다 그 후보자가 보여주는 행위를 상대적으로 쉽게 기억한다. 후보자의 메시지보다 연출된 이미지가 정서적 반응을 만드는 데 유리한 측면이 있기 때문이다.

선거 시기에 적합한 이미지를 찾아 이를 광고 콘셉트로 표현할 수 있어야 한다. 예를 들어, 최근 선거에서 낡은 반공 이념과 관련된 주제의 광고를 만든다면 유권자의 주목을 받기가 어려울 수 있다. 광고 시점에서 유권자들이 관심 가지는 이슈를 중심으로 이미지를 만드는 것이 중요하다. 이를 위한 사전 유권자 조사는 필수적이다.

## 1) 텍스트

정치광고 구성 요소들 가운데 텍스트는 내용 중심으로 접근하기 쉽다. 하지만 텍스트에도 다양한 시각적 효과가 추가될 수 있다. 이용자의 주목을 받을 수 있도록 크고 진한 폰트를 사용하거나 메시지 특성에 따라 글꼴이나 정렬 방식을 변화시킬 수 있다. 글꼴에도 감정을 담을 수 있다. 글꼴을 통해서도 분노, 기쁨 등의 감정을 표현할 수 있다. 일반적으로 명조 계열은 감성적인 전달에 유용하다는 평가를 받고, 고딕 계열은 이성적인 메시지 전달에 효과적인 것으로 알려져 있다. 부드러운 메시지는 명조 계열로 나열되지만, 강한 주장이나 정책 등은 고딕 유형으로 제시되는 경향이 있다. 이는 영상 자막뿐만 아니라 지면에서도 동일하게 적용된다.

글의 정렬 방식에 따라 광고 메시지에 대한 생각도 달라질 수 있다. 예를 들어, '가운데 정렬'은 권위나 신뢰감을 줄 수 있고, '왼쪽 정렬'은 현대적이고 이성적인 느낌을 전달할 수 있다. 또한, 텍스트의 글줄 간격은 글의 호흡과 관계된다. 예를 들어, 한 편의 시는 줄 간격이 매우 크지만, 랩 가사는 매우 촘촘한 방식으로 제시된다. 이는 글을 접하는 사람의 호흡과 관계되기 때문이다.

그림 4-6 **자막 광고 사례**

| While the cold war is ending, another war is now upon us.<br><br>In this new war, the enemy is not the red flag of communism, but the red ink of our national debt, the red tape of our government bureaucracy.<br><br>The casualties of this war are counted in lost jobs and lost dreams.<br><br>As in all wars, the critical issue to winning is leadership. | ⇨ | In this election, you can vote for a candidate who has proven his leadership by making the free enterprise system work.<br><br>Creating jobs.<br><br>Building businesses.<br><br>A candidate who is not a business-as-usual politician, but a business leader with the know-how to expand the tax base, reduce the national debt, and restore the meaning of "Made in the U.S.A."<br><br>The issue is leadership.<br><br>Perot |

자료: 1992년 로스 페로의 자막 광고.

〈그림 4-6〉과 같은 텍스트 중심의 광고 제작도 가능하다. 1992년 미국 대선에서 로스 페로R. Perot는 1분 자막 영상 광고를 여러 편 제작한 바 있다. 낮은 배경음악이 흐르는 가운데 텍스트를 읽는 중저음의 성우 목소리와 더불어 자막이 스크롤링scrolling 되는 방식이었다. 영상 이미지를 제거함으로써 상대적으로 많은 메시지를 전달시킬 수 있다는 장점이 있다. 'war', 'enemy', 'casualities' 등을 사용하여 주목도를 높이고 일자리와 경제 문제 등과 연계시킨 후, 자신이 이를 해결할 지도력 있는 후보자임을 강조했다. 한국의 제19

대 대선에서 안철수 후보도 이러한 텍스트 광고를 사용한 바 있다. 메시지에 대한 내레이션 없이, 강한 비트의 음악을 배경으로 메시지 장면을 전환하는 방식이었다.

효과적 자막 광고를 위해서는 제시된 자막 구성 방식도 중요하다. 〈그림 4-6〉의 자막 광고에서는 텍스트 전달 주목도를 높이기 위해 한 줄에 담아야 할 적절한 메시지 양과 여백을 결정하고 중간 정렬을 선택했다. 1분의 러닝 타임을 고려하여 자막의 전개 흐름을 결정했다. 전달하려는 메시지는 광고 시간 내에서 충분히 소화할 수 있는 내용이어야 한다. 무엇보다 목표 유권자 들이 해당 메시지를 해독하는 데 소요되는 시간이 반영되어야 한다. 만약 목 표 유권자들이 주어진 광고 시간 동안 해당 메시지를 해독하기 어렵다고 느 낀다면 광고 메시지를 줄이는 것도 방법이다.

### 2) 내레이션과 음악

정치광고의 내레이터는 화면에 등장하지 않고도 특별한 의미를 담은 개별 장면들을 안내하는 가이드 역할을 담당한다. 일반적으로 상대 후보를 비판 하는 공격 광고의 경우, 남성 내레이션voice-overs을 사용하는 경향이 있다. 반 면, 여성 내레이터는 공격으로 인한 역풍이 우려될 때 혹은 여성 유권자가 주 목하는 메시지를 전달할 때 효과적일 수 있다.

한편, 광고의 음악은 메시지의 톤을 결정할 수 있는 효과적 기제다. 축제 와 명상에서 사용되는 음악이 다를 수밖에 없는 이유다. 전달 메시지와 조화 되는 분위기의 음악을 선택할 수 있어야 한다. 길거리 유세에서 사용되는 트 로트 리듬의 경쾌한 음악은 주변 시민들의 주목도를 높이고 가사와의 감성 연결을 중요시하지만, 정치광고의 음악은 메시지 전달을 보완하는 수단으로 활용되는 것이 일반적이다.

음울한 분위기의 음악은 상대 후보에 대한 공격 광고에 활용될 수 있다.

식역하subliminal를 통해 공격 대상에 대한 부정적인 생각을 심어줄 수 있기 때문이다. 후보자의 위선을 알리기 위해 밝고 경쾌한 음악을 대조적으로 사용하기도 한다. 2012년 미국 대선에서 오바마B. Obama는 상대 후보자가 「America the Beautiful」[1]을 노래하는 영상을 사용하여, 경쟁 후보자의 정당이 보여준 문제들을 텍스트로 지적하는 공격 광고를 한 바 있다. 아름다운 미국이라는 내용 제목과 달리 추악한 정당의 모습을 대조적으로 보여준 것이다. 전달하려는 메시지와 상반된 음악을 사용함으로써 반전 효과를 노린 것이다. 상대 후보였던 롬니M. Romney는 「Let's Stay Together」 노래를 사용하여 오바마 후보를 공격하기도 했다.

2012년 대선에서 문재인 후보를 근소한 차로 이겼던 새누리당 박근혜 후보의 첫 번째 정치광고는 '박근혜의 상처'다(〈그림 4-7〉 참조). 이 광고는 2006년 후보가 지방선거 유세 당시 신촌에서 피습당한 사건을 소재로 했다. '바흐'의 「Concerto in D major」을 배경음악으로, 낮고 깊은 감성적인 톤의 여성 내레이션을 통해 아래와 같은 '국민을 향한 다짐과 선언'이 전달되었다.

크든 작든 상처 없이 살아가는 사람은 없습니다. 하지만 죽음의 문턱까지 가야 했던 그날의 상처는 저를 완전히 바꾸어 놓았습니다. 여러분이 저를 살렸습니다. 그때부터 남은 인생 국민의 상처를 보듬으며 살아가겠다고 결심했습니다. 이제 여러분께 저를 바칠 차례입니다.

후보자가 2006년 지방선거 유세 당시 피습당한 사건에 대한 국민의 기억을 활용하여 유권자의 마음을 움직이려는 광고였다. 그 사건이 발생했을 때

---

**1** 미국인들이 국가인 「The Star Spangled Banner」만큼 사랑하고 즐겨 부르는 노래로서 미국의 아름다움을 표현하고 있다. 1895년 시인이자 영문학 교수였던 케서린 베이츠(Katharine Lee Bates)가 지은 시를 바탕으로 한 노래다.

**그림 4-7 박근혜 후보의 정치광고 사례**

국민이 가졌던 걱정, 염려, 기대 등과 같은 정서적 공감대를 끄집어냄으로써 유권자들이 후보자에 대해 호의적인 태도를 가질 수 있도록 자극하려는 전략으로 보인다. 유권자들에게 가장 깊이 기억되는 사건을 활용하는 전략은 유권자의 공감을 끌어낼 수 있는 효과적인 정치광고 소재일 수 있다.

2017년 문재인 후보는 '문재인을 바칩니다'라는 주제의 광고를 여러 편 제작한 바 있다. 광고의 대사는 "문재인을 바칩니다. 언제나 국민과 소통하는 눈을, 멈춰 있지 않고 행동하는 두 발을, 먼저 건네는 것이 익숙한 손을, 기댈 수 있는 듬직한 등을, 온 국민을 끌어안을 따뜻한 가슴을, 대한민국에 문재인의 전부를 바칩니다"였다. 자신을 국민께 바친다는 광고 메시지가 2012년의 박근혜 후보의 광고와 유사한 부분이 있다.

또한, 2012년 박근혜 후보의 상처 관련 정치광고에 등장했던 시민들의 촛불 이미지는 2017년 문재인 후보의 '~답게'라는 광고에서 새로운 방식으로 활용되었다.

촛불집회의 시민들에게 어필하려는 다섯 개의 메시지 "정의를 정의답게, 안전을 안전답게, 검찰을 검찰답게, 안보를 안보답게, 일자리를 일자리답게"가 촛불 이미지로 표현되었다. 뒤이어 '나라를 나라답게, 문재인이 만들겠습니다'라는 멘트로 마무리되었다. 촛불 혁명 이미지를 활용한 부분도 있겠지만 촛불이 전달하려는 메시지를 강하게 밝히는 상징성도 큰 광고라 할 수 있다.

그림 4-8 19대 대선 문재인 후보 광고 영상 사례

## 3) 편집

광고 제작자는 편집을 통해 시퀀싱sequencing과 속도를 결정해야 한다. 시퀀싱은 장면 이어주기와 관련된 것이다. 의미 연결이 자연스럽게 이어지도록 편집되어야 의미 전달도 용이하다. 예를 들어, 한반도 평화가 국가 번영을 이룰 수 있다는 내용을 편집할 경우, 평화와 관련된 이미지 다음에 번영과 관련된 이미지를 연결시켜야 한다. 해당 영상과 메시지에 적합한 배경음악이 선택될 경우 광고 효과는 배가될 수 있다.

주제와 어울리는 이미지를 편집에서 적극 활용해야 한다. 적합한 후보가 아니라고 공격할 때는 찡그린 교활한 눈, 치켜올린 눈썹, 어색한 웃음 등을 활용한다. 또한, 광고는 영상 전개 속도에 따라서도 의미가 달라진다. 광고 속도가 이미지를 부드럽게 또는 날카롭게 만들 수 있다. 빠른 속도의 영상 편집은 부정적인 의미를 전달할 때 사용되는 경향이 있다. 이러한 이유로 공격 광고에서 빈번하게 볼 수 있다.

광고에서는 영상의 색상도 의미 있는 메시지가 될 수 있다. 미디어 전문가들은 자신이 지지하는 후보에 대해서는 긍정적 이미지를 부여하고자 밝은 톤의 영상을 사용하는 반면, 상대 후보에 대해서는 부정적 이미지를 부여하고자 회색이나 흑백 톤을 사용하는 경향이 있다. 예를 들어, 낙후된 지역을 보여줄 때 해당 지역을 흑백으로 처리하거나 등장인물의 얼굴 톤을 더 어둡게 편집하는 방식이다.

### 4) 매체 집행

정치광고를 송출하기 위해서는 채널, 시간, 빈도 등을 결정하고 프로모션 차원에서 소셜 미디어 활용 방식도 판단해야 한다. 기대효과를 달성하기 위해서는 관련된 결정이 목표 수용자의 관점에서 이뤄져야 한다. 광고 시간 구매는 최소한의 비용 속에서 정치광고의 전체 노출량을 극대화하도록 집행되어야 한다. 특정 시간에 특정 프로그램에 노출된 개인이나 가구 수에 대한 비율을 보여주는 시청률을 참조하는 것도 효과적이다.

디지털 환경을 고려하여 TV, 신문, 온라인 매체에 대한 융합 전략이 필요하다. 광고 시간 구매와 관련하여 후보자는 네 가지 사항들을 결정해야 한다. 먼저, 효과적 광고 효과를 위해서는 적절한 광고 주제의 수를 결정해야 한다. 이는 얼마나 많은 이슈에 집중할 것인지를 말한다. 지나치게 다양한 이슈가 제기된다면, 유권자들이 후보자의 정체성을 파악하기 어려울 수 있다. 소수의 주제를 중심으로 반복 노출 전략을 수립하는 것이 광고 메시지 전달에 효과적일 수 있다. 하지만 이러한 전략은 유권자들이 후보자의 전체 캠페인 메시지를 파악하기 어렵다는 단점도 있다.

둘째, 공격 광고를 집행할 적절한 시기를 결정하는 것도 중요하다. 자신에 대한 메시지를 내보내기 전에 상대방에 대한 공격 광고를 집행하는 것은 상대 후보자가 누구인가를 알려주는 행위일 수 있다. 공격 메시지가 지나치다는 선거 보도가 있고 시민들도 그렇게 생각한다면 공격 광고의 주체는 역풍backfire을 맞을 수도 있다. 반면, 투표일에 근접하여 집행한 공격 광고는 상대적으로 역풍을 피해가기는 쉽지만, 캠페인의 주도권을 갖기 어렵다는 한계를 가지고 있다. 따라서 공격 광고의 집행 시기에 대한 결정은 공격의 수준과 함께 판단되어야 한다.

셋째, 광고의 기대효과를 달성하려면 반복 노출 전략을 수립해야 한다. 정치광고에 대한 주목도가 상대적으로 적기 때문이다. 따라서 선거 캠프에서는 가진 재원과 선거 상황을 고려하여 반복 집행을 위한 광고와 해당 광고의 빈도를 결정해야 한다.

마지막으로, 방송이나 배포 범위를 고려하여 매체를 결정해야 한다. 방송 권역과 배포 범위가 넓은 매체일수록 광고비 지출이 클 수 있다. 비용 외에도 특정 목표 지역에 적합한 매체를 결정하거나 적절한 웹사이트를 찾는 노력도 중요하다. 특정 유권자를 대상으로 한 틈새 전략이다. 이는 '브로드캐스팅broadcasting'과 '내로캐스팅narrocasting'에서 '마이크로캐스팅microcasting'과 '나노캐스팅nanocasting'으로의 변화를 추구하는 것과 같다.


## 2. 광고 전략

정치광고는 메시지 전략에 따라 단계별로 집행되어야 한다. 다이아몬드E. Diamond와 베이츠S. Bates에 따르면, 첫 단계에서는 후보자 자신을 알릴 수 있는 신분 확인용 광고가 필요하다(Diamond and Bates, 1992). 자신의 프로필을 영상으로 표현한 광고라 할 수 있다. 이후 자신의 출마 명분이나 관심사를 전달하는 주장 광고를 하는 것이 효과적이다. 이들 광고를 통해 자신이 어떠한 자격을 갖춘 후보자인지를 명확히 밝혀야 한다.

다음 단계에서 상대 후보자의 공신력을 떨어뜨릴 수 있는 공격 광고를 집행할 수 있다. 경쟁 후보자에게 부정적 이미지를 연결하여 유권자 지지를 감소시키기 위한 것이다. 끝으로 이슈에 대해 숙고하는 후보자의 이미지를 전달하기 위한 광고를 할 수 있다. 첫 단계의 광고가 감성적 광고로 제작되는 경향이 있는 반면, 마지막 단계는 이슈 중심의 광고로 집행된다는 특성이 있다.

정치광고의 메시지 주제는 가족에 헌신적인 모습family man, 개인적 일화 bibliography, 보통 사람의 모습, 공권력 수호 노력 등 매우 다양하다. 광고 내용은 후보자의 캠페인 전략이나 이미지와 적절하게 연계되어야 한다. 광고 내용별 촬영 기법도 상이하다. 예를 들어, 보통 사람의 모습 등을 제작할 때는 시네마베리떼cinema verite[2] 기법이 활용되기도 한다. 주변 사람들의 진술을 담아내고 사실성을 높이기 위한 전략이다.

유권자에 영향을 줄 수 있는 광고를 제작하기 위해 스테레오타입, 연결, 공격 등의 다양한 기법이 사용된다(West, 2018). 위협 소구나 유머 사용과 같은 설득 기법과 후보자 메시지에 대한 신뢰를 얻고자 제3자를 활용하기도 한다.

### 1) 스테레오타입

스트레오타입stereotype 기법은 사람들이 집단이나 개인에 대해 가지는 보편적인 모습이나 단순화된 판단을 언급하는 것이다. 예를 들어, 보수 정당은 안보 문제에 강점이 있지만, 서민이나 평등 이슈에 대해서는 소홀히 한다는 인식이 있다. 반면, 진보 정당은 소외된 사람들을 위한 복지 문제에 지나치게 관심이 많은 것으로 인식되곤 한다. 광고는 단순한 메시지를 다루어야 하기에 선거 전략가들은 유권자들이 가진 보편적인 스테레오타입에 호소하는 전략을 선호한다. 광고나 소셜 미디어의 메시지가 사람들이 생각하지 않는 것을 만들어내기는 매우 어렵기 때문이다. 이러한 사람들의 사고 패턴을 광고 메시지 구성에 적용하는 것이다. 이는 사람들의 보편적 생각에 호소하는 것이 광고의 설득 효과를 좀 더 쉽게 끌어낼 수 있다는 신념에 기초한 것이다.

---

**2** 사실성을 강조한 다큐멘터리 기법의 촬영을 말한다. 작위적 연출이나 편집을 가능한 배제하고, 소형 카메라를 이용한 촬영과 인터뷰 방식을 선호한다. 현장성을 높이기 위해 손으로 카메라를 잡고 렌즈의 초점이나 노출을 조정하는 핸드헬드(hand-held) 기법이 사용된다.

## 2) 연결

후보자나 특정 주장을 다른 아이디어나 사람에 연결association하는 기법이다. 사람들이 싫어하는 것이나 논쟁적인 대상에 상대 후보자를 연결하거나, 사람들이 존경하거나 좋아하는 대상에 자신을 연결하는 전략이다. 국기, 애국심, 저명인사들에 자신을 연결하거나 높은 세금, 복지예산 축소 등과 같은 비우호적인 이슈 등에 상대 후보를 연결할 수 있다. 진보 진영의 후보자를 신뢰할 수 없는 극좌로 묘사하거나 논쟁적인 인물과 연결하기도 한다. 신뢰를 확보하기 위해 정치 영역 밖에 있는 저명한 공적 인사, 스포츠 영웅, 배우 등에 자신을 연결하기도 한다.

## 3) 공격

상대 후보를 사악한 존재로 인식하도록 만드는 기법이다. 마치 전시에 상대방을 살인자, 테러리스트, 야만인이라고 비난하는 것과 같다. 상대 후보자를 상식을 벗어난 극단주의자 또는 비도덕적·독단적인 정책 집행자라고 표현하기도 한다. 안보를 맡길 수 없는 인물로 묘사하는 것도 이러한 사례에 속한다. 미국 대선에서 트럼프 후보자는 클린턴 후보자를 국내 소요 사태와 국제 테러에 책임이 있다고 비난한 바 있다. 반대로 힐러리 클린턴H. Clinton 은 트럼프가 국민의 본능을 자극하여 인종차별과 여성혐오를 불러오는 현대판 파시스트라 공격했다.

## 4) 암시

보편적 스테레오타입이나 특별한 단어와 관련된 암시를 활용하는 커뮤니케이션 기법이다. 이를 위해 사람들에게 다양한 암시를 줄 수 있는 단어나 영상을 찾아야 한다. 예를 들어, 사회 소요 사태나 집회 영상을 배경으로 사회적 질서가 필요하다는 내용을 전달하는 정치광고는 상대방이 안정을 해칠 수 있는 후보라고 암시할 수 있다. 소외 계층의 문제, 서민의 어려움, 북핵 문제 등이 암시적으로 표현될 수 있는 대표적 사례들이다.

### 5) 3자 검증

유권자들은 설득 전문가들을 공익보다 자신의 목적을 추구하는 이기적인 사람으로 판단하는 경향이 있다. 이로 인해 정치인들은 캠페인 외부에서 높은 신뢰도를 가진 제3자를 활용하곤 한다. 제3자 검증자들이 정치광고나 다양한 연설에 등장하여 후보자를 지지하는 발언을 하면, 제3자에 대한 인식이 후보자로 전이될 수 있다는 믿음에 따른 것이다.

제3자 검증자로서 언론인이 등장하기도 한다. 언론인이 공정성과 객관성이 높아 신뢰할 만하다고 믿는 경향을 이용하는 것이다. 이 외에도, 싱크탱크 관계자, 학계 인사, 유명인 등이 활용될 수 있다. 목표 후보자보다 신뢰도가 높은 인물을 찾아야 한다.

## 3. 정치광고 유형

정치광고는 크게 이미지와 이슈 광고로 구분될 수 있다. 이미지 광고는 후보자의 특성, 성격, 성품과 관련된 내용의 광고를 의미하고, 이슈 광고는 국민의 삶과 관련된 정책이나 이슈와 관련된 광고를 지칭한다. 미디어를 통해 형성된 후보자의 이미지는 강력하고 장기적인 효과를 가질 수 있고, 이슈는 합리적 투표를 위한 주요 토대가 될 수 있다..

이미지 광고와 이슈 광고는 광고의 목적에 따라 긍정 혹은 부정 광고로 분류될 수 있다. 최근 부정 광고의 증대는 세계적 추세다. 하지만 이로 인한 정치 혐오와 부정주의에 대한 우려 또한 많다. 정치에 대한 혐오와 부정주의는 정치 참여를 제한할 수 있어 참여 민주주의 정신을 훼손할 수 있기 때문이다.

광고 소구는 이성적·감성적·윤리적 방식으로 전개될 수 있다. 이성적 소구를 위해서는 객관적인 사실이나 증거를 사용하는 것이 일반적이다. 통계 수치나 사례 등을 활용하여 메시지를 논리적으로 제시함으로써 이성적 판단에 호소하는 전략이다. 반면, 감성적 소구는 광고에 노출된 유권자가 행복감, 자신감, 애국심, 분노, 희망, 만족 등과 같은 정서나 감정을 느끼고 후보자와 공감할 수 있도록 유도하려는 메시지로 구성된 광고다. 윤리적 소구는 설득의 수단 중 에토스와 관련된 영역에 속한다. 이러한 광고는 후보자의 능력이나 경력을 전달함으로써 신뢰할 만한 리더십을 강조하고자 집행되곤 한다.

## 1) 긍정 광고

긍정 광고는 후보자가 자신에 대한 긍정적 이미지를 만들고자 유권자들에게 전달하는 광고를 말한다. 긍정 광고의 메시지로서는 후보자 출마의 변, 정책 설명, 전문가 자질 등이 있다. 〈그림 4-9〉의 광고에서 이재명 후보자는 경기도지사로서 쌓았던 대표적 업적들을 광고에 담아 자신이 유능한 경제 대통령의 자질을 갖추었음을 설득하고자 했다.

그림 4-9 **긍정 광고 사례 1**

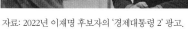

자료: 2022년 이재명 후보자의 '경제대통령 2' 광고.

그림 4-10 긍정 광고 사례 2

자료: 2017년 문재인 후보의 '연설' 광고.

　　서민 후보의 친근한 이미지를 전달하기 위해 대선 후보의 실제 집안이 공
개된 광고도 있었다(〈그림 4-10〉 참조). 보통 사람의 삶을 살아온 서민 후보자
를 부각하려는 전략으로 보인다. 문재인 후보자의 '연설' 광고에서는 어두운
터널 속을 지나가는 장면과 함께 배우 문소리가 영화 〈오아시스〉에서 부른
「내가 만일」이 배경음악으로 사용되었다. 어둠에서 밝은 톤으로 전환되는
영상 속에서 평등, 공정, 정의 관련 후보의 육성 메시지가 전달되었다. 후보
자가 거주하는 집과 일상을 공개하여 유권자들에게 친근감을 주는 광고였으
며 실제 집 안이 처음으로 공개된 광고이기도 하다. 바지를 다림질하는 아내
의 모습 후에 업무에 지쳐 소파에서 쉬는 후보자의 모습이 연출되었다. 마지
막 후보의 육성 발언은 "기회는 평등할 것입니다", "과정은 공정할 것입니다",
"결과는 정의로울 것입니다"였다. 메시지가 간결하고 리듬감 있게 효과적으
로 구성된 것으로 보인다.

　　미국 공화당 후보자는 자신의 강력한 리더십과 관련된 긍정적 이미지 구
축을 위해 군함, 성조기, 경찰들이 등장하는 긍정적 정치광고를 제작하곤 한
다. 반대로 민주당은 서민 복지, 의료, 인권 문제 전문가임을 알리는 목적의
긍정적 정치광고를 제작하는 경향이 있다.[3]

---

3　　보수당 후보자는 안보나 사회문제 등을 많이 다루고, 진보 정당의 후보자는 복지나 인권 관련
　　이슈를 상대적으로 더 많이 다루는 경향이 있다. 이는 사람들이 정당별로 우세한 문제해결 능
　　력과 관계된 이슈 분야가 있다고 믿는 데 따른 것이다. 페트로식(J. R. Petrocik)은 이를 이슈
　　소유권(issue ownership) 개념으로 설명한다(Petrocik, 1996).

## 2) 부정 혹은 공격 광고

부정적 캠페인 전략에 따라 부정적이거나 공격적인 정치광고가 즐겨 사용되는 추세다. 주로 상대 후보자에 대한 부당성을 강조하면서 자신의 정당성을 드러내는 방식으로 구성된다. 이러한 정치광고는 현직자incumbent보다 도전자challenger가 즐겨 사용하는 유형이다. 부정 광고는 공격 정도, 표현 양식 등에 따라 직접 공격, 직접 비교, 암시 비교로 분류될 수 있다(Johnson-Cartee and Copeland, 1991). 직접 공격은 상호 비교 형식을 취하지 않고 상대 후보자만을 거론하면서 공격하는 광고를 말한다. 이는 상대적으로 덜 부정적인 후보자에게 투표할 것이라는 가정을 토대로 집행된다. 직접 비교는 기존 경험이나 전력, 특정 이슈 등에 관해 자신의 상대적 우위를 보여주고자 상대 후보자와 직접 비교하는 내용으로 구성된다. 암시implied 비교는 광고 메시지의 부정성이 강하지 않지만 광고에 노출된 유권자가 상대 후보자에 대해 부정적인 인상을 가질 수 있도록 제작된 광고를 지칭한다. 한편, 부정 광고와 공격 광고를 구분한 후 공격 광고를 가장 악의적인 부정 광고 형태로 기술하기도 한다(Pinkleton, 1997).

대다수 정치커뮤니케이션 학자들은 부정적 정치광고를 비난하지만 진실, 정직, 공정과 같은 윤리적 가치를 갖춘 광고라면 유권자의 투표 결정에 유용한 측면도 있다. 특히, 비교를 통해 후보자 간 차별화가 용이하다는 장점이 있다. 미국의 경우 부정 광고를 줄이고자 시민단체들이 후보자들에게 상대 후보자에 대한 인신공격이나 스테레오타입 형성 등을 하지 않겠다는 선언을 요구하기도 한다.

2022년 대선에서 윤석열 후보의 '바꾸다' 광고는 안보, 부동산, 코로나 대책 등에 대한 정부 정책이나 대응을 공격하는 부정 광고였다. 문제점 제기를 통해 궁극적으로 이 상황을 바로잡을 적임자는 바로 자신임을 전달하려는 메시지를 담고 있다. 불완전한 대상이나 내용을 대조적으로 보여줌으로써

## 그림 4-11 **부정 광고 사례**

자료: 2022년 윤석열 후보자의 '바꾸다' 광고.

자신의 강점을 부각시키려는 캠페인 전략이라 할 수 있다.

부정적인 캠페인과 관련된 윤리적 쟁점으로는 공정성, 적절성, 효과성, 정치 시스템에 대한 영향(Powell and Cowart, 2003) 등이 있다.

### (1) 공정성

미디어 비평가들은 부정적 정치광고를 불공정한 정치 활동으로 바라보는 경향이 있다. 부정 광고는 후보자와 관련된 하나의 부정적 요인에 초점을 맞추고 그 사람 전체를 매도하는 극히 단순한 주장일 수 있기 때문이다. 선악과 같이 강한 이분법적 대조는 문제를 단순화시키고 정치적 분노를 유발하는 언어를 양산하는 요인이기도 하다(Lee, 2000). 현명한 유권자라면 제기된 이슈의 다양한 측면을 검토한 후 공정한 판단을 내릴 수 있도록 노력해야 할 것이다.

### (2) 적절성

적절성appropriateness은 부정 광고가 정치 담론에 적절하지 않다는 것을 의미한다. 부정 광고가 이슈 영역을 넘어 막말을 양산하고 개인 인격에 대한 공격으로 이어질 수 있기 때문이다. 무자비한 공격은 복잡한 이슈를 구체적으로 논의하려는 시도 자체를 제거하는 요인이 되기도 한다. 비난과 반박으로 진흙탕 싸움이 될 경우 정치에 대한 유권자의 혐오감은 커질 수 있다. 따라서 정치에 대한 유권자의 신뢰를 훼손하지 않도록 후보자들은 공격 수위를 적절하게 조절해야 할 것이다.

### (3) 효과성

부정 광고의 효과성effectiveness 관련 논의는 부정 광고가 매우 효과적이라는 입장과 비효과 또는 역효과를 초래하는 커뮤니케이션 수단이라는 주장으로 나뉜다. 먼저, 부정 광고는 캠페인 광고 예산의 절반 이상이 사용될 정도로 광범위하게 활용되고 있다. 이는 공격한 후보자의 이미지를 훼손하여 후보자의 이미지 차별화에 효과적인 것으로 밝혀졌기 때문이다(Kaid and Boydston, 1987). 하지만 부정 광고가 지나칠 경우, 광고주에게 부메랑boomerang 효과가 발생하기도 한다. 또한, 유권자들의 보편적 윤리적 가치와 공정성 범위를 벗어날 경우 인식공격으로 간주될 수도 있다. 중상모략에 능하다는 인식을 준다면 선거 결과에 부정적 효과를 줄 수 있다.

### (4) 정치 체계 인식

정치 체계에 부정적인 캠페인 활동은 선거 의미와 과정을 훼손시킬 수 있다(Gronbeck, 1992). 부정적 캠페인은 유권자의 대립을 조장하고 정치로부터 국민이 떠나가도록 만드는 요인일 수 있다. 궁극적으로는 유권자의 정치 참여를 감소시켜 참여 민주주의 정신을 훼손할 수 있다(Ansolabehere and Iyengar, 1995). 이러한 현상은 민주적 정치 체계의 불완전성을 가중시켜 조화와 통합 대신 갈등과 분열의 문화를 야기할 수 있다.

공격 광고가 유권자의 투표 감소와 무관하다는 주장도 있지만(Jamieson, 2001), 유권자들의 정치적 무관심과 정치 지식 감소를 불러온다는 입장도 있다. 나아가 부정적 캠페인은 유권자의 투표 결정에도 영향을 미칠 수 있다(Hollihan, 2001). 유권자들이 국가에 유익한 정책 이슈들을 생각하기보다 자기에게 좋은 것이 무엇인지를 토대로 투표하는 경향을 만들기도 한다.

부정 광고는 유권자의 정치적 냉소주의cynicism와도 관계된다. 조성된 냉소주의는 정치적 편견을 만들고 커뮤니티 형성 및 유지에 부정적인 효과를 미칠 수 있다. 또한, 냉소주의는 유권자 스스로 충분한 정치적 영향력이 없다고 판단하는 정치 소외감을 낳기도 한다(Miller, 1974).

하지만 부정 광고를 집행하려는 후보자가 반드시 점검해야 할 사항들도 있다(구교태, 2017). 먼저, 상대방을 공격하기에 앞서 자신의 대한 긍정적 이미지가 존재하는지를 확인해야 한다. 긍정적 이미지가 구축되지 않은 상태에서 상대방을 공격한다면 역효과backlash가 발생할 수 있기 때문이다. 만약 공격 광고 집행이 결정되었다면 상대방의 이미지보다 이슈 측면에서 메시지를 구성하는 것이 바람직하다.

상대방을 지나치게 공격할 경우 오히려 피해자를 응원하고 격려하는 역효과가 발생할 수 있기에 공격 수준도 검토되어야 한다. 또한, 공격할 정보의 수를 제한하는 것도 필요하다. 다양한 정보를 너무 많이 제시할 경우 집중 공격이 어려워 설득 효과가 감소할 수 있기 때문이다. 따라서 일관되고 지속적인 공격 메시지를 집행하려고 노력해야 한다.

상대 후보자를 목표로 한 부정적 메시지를 효과적으로 전달하고자 컴퓨터 그래픽이나 다양한 미장센 기법 등이 활용되기도 한다. 상대방에 대한 무자비한 공격 영상을 만들기보다 우아하면서도 치명적인 장면을 연출하는 것이 효과적이다. 예를 들어, 공격 메시지를 컴퓨터 그래픽으로 처리하여 세금 낭비를 싱크대에서 물이 빠져나가는 장면으로 표현할 수도 있다. 영화 〈트위스트twister〉에 나온 토네이도 장면처럼 상대 후보의 잘못된 업적들을 날려 보내는 영상 구성도 가능하다. 편집 과정에서 색감, 음악, 음향 효과를 활용하기도 한다. 무엇보다 해당 광고에 대한 주목도를 높이고 의도된 방식으로 메시지가 전달되고 해독되어야 한다.

부정 광고의 공격 대상에게 불안, 분노, 불쾌감 등을 느낄 수 있도록 다양한 영상 표현 기법을 활용하는 것이 보편화되었다. 상대 후보자를 당당하지 못한 인물로 묘사하기 위해 정면보다 측면, 불안한 눈빛, 어색한 표정 등을 적극적으로 활용한다. 불편한 인식이 상대 후보자에게 부정적인 감정으로 연결되도록 만드는 기법이다.

그림 4-12 공격 대상에 대한 영상 표현 기법

자료: 2020년 미국 대선의 바이든 후보자의 정치 광고.

〈그림 4-12〉에서 좌측의 상단 이미지가 보여주듯, 공격 대상의 얼굴을 일부만 노출하고 어두운 화면으로 처리했다. 코로나와 관련된 트럼프의 발언과 함께 부정적인 영상 구성을 만들어 그에 대한 불신을 연결하려는 시도로 보인다. 〈그림 4-12〉의 나머지 3개의 이미지에서는 상대 후보의 문제점을 중간 자막을 통해 제시하면서 상대방 얼굴을 흐릿하게 편집하고 측면을 응시하거나 눈을 흘기는 부정적 표정들을 편집에 활용했다. 상대 후보의 권위를 무너뜨리고, 해당 후보에 대한 시청자들의 부정적 인식을 만들려는 의도로 보인다.

공격 행위가 설득력 있는 자료를 통해 합리적으로 수용될 수 있도록 이성적 소구 방법을 사용할 수도 있다. 합리적 증거로서 언론 보도나 구체적 통계 수치 등을 사용하기도 한다. 데이터에 대한 사람들의 신뢰도를 이용하여 공격 메시지에 대한 설득력을 높이기 위함이다. 예를 들어, 〈그림 4-13〉처럼 신뢰도 높은 언론 보도를 활용하여 트럼프의 문제점을 합리적으로 비판할

그림 4-13 객관적 근거를 활용한 공격 광고

자료: 2020년 미국 대선의 바이든 후보자의 정치광고.

수도 있다. 그의 그릇된 코로나 대응이 엄청난 사망자와 실직을 초래했다는 것을 체계적으로 드러내고자 제작된 광고다. 객관적 자료나 수치는 메시지의 설득력을 높이고 명료한 의미 전달에 효과적일 수 있다.

# 온라인 캠페인

## 1. 온라인 선거 활동

인터넷 사용이 보편화되면서 정치 문화와 캠페인 활동도 급변하고 있다. 특히, 온라인의 개방적·상호작용적 특성은 시민들의 정치 참여 가능성을 높이고 수평적 커뮤니케이션을 활성화시키는 계기가 되었다. 신속한 정보 획득과 참여적 토론 문화를 통해 숙의가 이뤄지고 합리적 여론형성도 가능해졌다. 온라인이 정치 참여 공간이자 오프라인 활동의 계기가 되기도 한다.

선거 캠프에서도 쿠키[1]들을 활용하여 개인별 특화된 메시지 관리를 할 수 있다. 다수의 유권자와 소통할 수 있는 창구이자 맞춤식 개별 접촉이 가능하다는 점은 온라인 캠페인의 큰 장점이다. 나아가 정보량에 큰 제약 없이 다양한 유형의 콘텐츠를 활용할 수 있다는 점도 효과적인 캠페인 공간으로 인식되는 이유다.

온라인 정치 참여는 의제 설정 및 여론 형성, 조직 관리 및 운영, 동원 및

---

[1]  쿠키(cookie)는 이용자가 홈페이지 접속 때 생성되는 정보를 담은 임시 파일이다. 온라인 이용자가 무엇을 보고 이용했는지를 기록한 것이기에 사생활 침해 우려도 있다. 하지만 쿠키를 이용한 인터넷 이용자 정보는 캠페인 전략 수립에 활용될 수 있다.

집단행동 등에 많은 영향을 끼치고 있다(강미은, 2005; 김용철, 2003). 2004년 노무현 전 대통령 탄핵 때에는 인터넷 카페를 중심으로 한 시민 저항 운동이 있었고, 2016년 촛불시위에서는 네티즌들의 조직된 활동도 있었다. 이 외에도, 주요 이슈와 관련된 토론 및 댓글 참여, 청원이나 감시 활동, 시민운동 조직 및 참여 등이 활발하게 이뤄졌다. 나아가 온라인 연대는 정치 세력화의 가능성도 열어 놓았다. 이러한 온라인 활동들은 오프라인 참여에도 영향을 미쳐, 실질적 참여 민주주의를 강화하는 데 도움이 되기도 한다.

선거 초보자도 인터넷을 통해 저렴한 비용으로 유권자와 효과적으로 접촉할 수 있게 되었다. 이메일, 메신저 등을 통해 유권자들에게 자신의 정책을 알리고 커뮤니케이션 할 수 있게 된 것이다.[2] 하지만 신속한 정보 확산 속도로 인해 문제 발생 시 시의적절한 대처가 어렵다는 단점도 있다.

인터넷을 활용한 선거 캠페인 활동은 더욱 강화되고 있다. 이는 인터넷 관련 캠페인 기획과 집행 비용의 지출, 온라인 선거 인력 확충 등을 통해 확인할 수 있다. 선거에서 인터넷은 커뮤니케이션 활동, 정치자금 및 자원봉사 관련 활동, 보도자료 배포와 같은 홍보 활동 등에서 적극적으로 활용되고 있다(구교태, 2017).

## 1) 커뮤니케이션

인터넷은 정보 제공과 소통 기능을 통해 유권자들과 커뮤니케이션하고 자

---

2  미국 오바마 전 대통령은 선거운동 기간 마이크로 타깃팅 기법을 효과적으로 사용한 바 있다. 마이크로 타깃팅을 위해 유권자에 대한 방대한 기초 자료가 필요하다. 재정 상황, 관심 분야, 인맥, 취미 등을 파악하기 위해 온·오프라인을 탐색하여 정보를 수집한다. 이를 마이크로 타깃팅이라고 부르는 이유는 각각의 유권자에 대한 세세한 정보를 토대로 유권자 맞춤형 커뮤니케이션을 수행하기 때문이다. 유권자 관심에 따라 차별적인 메시지 전략을 구사함으로써 설득력을 높이는 전략이다.

신의 지지자들을 적절히 훈련시킬 수 있는 공간이다. 후보자가 구축한 사이트에서 이슈 관련 항목은 온라인 방문자들이 가장 빈번하게 이용하는 영역이다. 이는 후보자의 이슈별 입장에 대한 유권자의 관심을 보여주는 것이다. 이슈에 대한 사이트 방문자들의 관심을 고려하면, 상대 후보자와의 차이를 손쉽게 비교할 수 있는 내용 구성이 중요하다.

최근 다문화 사회를 고려한 온라인 번역 기능 지원도 소통에 효과적일 수 있다. 커뮤니케이션 수단으로서 동영상 활용도 증대되고 있다. 생방송을 통해 자신의 정책을 설명하거나 지지자들의 의견을 듣고 답변하는 온라인 토론을 전개할 수도 있다. 나아가 후보자 웹사이트는 선거 캠프의 커뮤니케이션 플랫폼으로서 캠페인 관련자 모두가 이용할 수 있는 소통 공간으로 운영하는 것이 효과적이다. 캠프 내 다양한 조직이나 지역별 지지자 모임방까지도 통합하여 운영하는 것이 효율적일 수 있다.

한편, '공직선거법'은 인터넷에 게시된 위법한 선거운동 정보의 삭제나 실명 확인에 대한 조치를 의무화하고 있다.[3] 이는 선거 정보 난립으로 인한 선거 과열을 방지하고 수신자의 정보 선택권을 보장하려는 조치다. 하지만 익명성까지 포함하는 표현의 자유를 침해하는 것은 아닌지에 대한 논의도 필요하다. 자신의 신분을 드러내지 않고 자유롭게 말할 수 있는 권리가 부정적 정보 환경 이슈에 밀려나는 것이 타당한지가 검토되어야 한다.

## 2) 정치자금 모금

선거 비용을 위한 모금 활동은 단순히 자금을 마련한다는 것뿐만 아니라

---

[3] '공직선거법' 제82조의6은 선거운동 기간 중 인터넷 언론사의 게시판이나 대화방에서 실명 확인을 요구한다. 실명제 주창자들은 공정하고도 객관적인 정보 유통을 위해 필요하다고 보지만, 익명적(anonymous) 커뮤니케이션 권리는 표현의 자유에 속한다는 반론도 있다.

선거 과정을 함께한다는 명분을 세우고 지지자들을 결집시키는 데에도 효과적이다. 출판기념회나 후원회 행사와 같은 전통적 자금 모집 방법과 달리 인터넷을 활용한 모금 활동은 상대적으로 저렴하고, 신속하며, 자유롭다는 장점이 있다.

인터넷 모금 시스템은 특별한 인건비 부담 없이 24시간 운영할 수 있으며, 후보자 활동이나 이슈에 따라 모금 활동을 할 수도 있다. 또한, 기부 금액에 대한 참여자의 심리적 부담이 적어 소액으로 자유롭게 참여할 수 있다는 장점도 있다. 나아가 개별 후원자에 대한 데이터베이스 자료는 향후 캠페인 활동을 기획하고 집행하는 데 활용될 수 있다.

성공적인 모금 활동을 위해서는 자금 기부가 쉽게 이뤄지도록 웹사이트가 디자인되어야 한다. 또한, 자금 기부를 쉽게 할 수 있도록 계좌번호뿐만 아니라 전자 결제 시스템도 갖춰야 한다. 나아가 세금 공제에 대한 정보 제공도 필요하다.

제20대 대선에서 이재명 후보는 'NFT 거래소'를 만들고 NFT 참여 증서를 제공하는 방식으로 혁신적 선거 펀드를 운영하기도 했다. 펀드 신청자가 약정 금액을 입금하면 차용 증서가 내장된 NFT 이미지 세트를 참여 금액에 따라 디지털 지갑digital wallet에 보내주는 방식이다. 선거 비용 마련을 위해 출시한 이 펀드는 1시간 49분 만에 1만 명이 넘게 참여하여 목표액인 350억 원을 돌파하는 모습을 보였다. 펀드를 통해 조성된 선거 자금은 국고에서 비용을 보전 받아 원금에 약정 이자를 더해 투자자에게 상환하는 방식으로 운영되었다.

### 3) 자원봉사자 모집

인터넷을 통해 자원봉사자 모집도 활발히 이뤄지고 있다. 이때 후보자 지지 선언이나 각종 행사 참여에 대한 온라인 서명서 등을 요구할 수 있다. 지원자를 선거 캠프가 정식으로 승인하고 공개적으로 인정해 준다면 자원봉사자에겐 적극적 활동을 위한 동기부여가 될 수 있다. 또한, 지지자들이 자신의 비용으로 후보자 관련 슬로건, 지지 문구, 상징물을 출력하거나 이모티콘으로 활용할 수 있는 기회를 제공하는 것도 필요하다. 확보된 자원봉사자 리스트는 향후 캠프 활동에서 유용하게 활용될 수 있다.

### 4) 보도자료 공개

언론인들은 여전히 캠프로부터 대다수의 보도자료를 전달받지만, 후보자의 홈페이지는 영상 자료와 같은 큰 용량의 정보를 제공하는 데 효과적이다. 다양한 콘텐츠를 데이터베이스로 활용할 수 있다는 점은 온라인의 큰 장점이다. 온라인 취재 환경을 고려하면, 이메일로 배포하는 보도자료에 관련 링크를 만들어 후보자 웹사이트에 대한 접근을 유도할 수 있다. 기자들은 홈페이지 방문을 통해 새로운 취잿거리를 찾기도 한다. 후보자 관련 내용뿐만 아니라 댓글과 같은 온라인 방문자의 활동도 취재 대상이 될 수 있다.

한편, 제20대 대선에서는 'AI 윤석열', '챗봇 이재명'처럼 AI를 활용한 선거운동도 등장했다. 하지만 후보에 대한 유권자의 판단에 영향을 미치고 공정성을 훼손할 수 있다는 우려도 많았다. 향후 딥페이크 기술을 활용한 선거운동의 허용 범위도 정비되어야 한다. 후보자가 직접 참여하기보다 선거 조직에 참여하고 있는 사람들이 질문과 답변을 하는 방식으로 운영되기 때문이다. 한편, 2022년 대선에서 선관위는 '딥페이크 영상 관련 법규운용 기준'을 공지한 바 있다. 제3자가 후보자나 정당의 동의 없이 딥페이크 영상을 AI 아바타가 상대 후보에 대한 허위 사실을 유포할 경우 선거법 위반으로 처벌받을 수 있다고 적시했다.

## 2. 홈페이지 활용

선거 기간 동안 대다수 후보자들은 캠페인을 위한 웹사이트를 구축하고 운영한다. 이들 사이트는 상업적 사이트처럼 유권자들을 소구할 수 있도록 매력적인 디자인과 흥미롭고도 유용한 내용들로 채워져야 한다. 온라인 방문자들은 자기 주도적으로 검색하고 탐색하는 특성이 있다. 이들의 특성을 반영하여 다른 곳에서는 접할 수 없는 콘텐츠, 논쟁적 이슈에 대한 후보자의 답변, 온라인 이용자 특성에 맞는 정책 제안 등이 필요하다. 또한, 중요한 정치 이벤트에 대해서는 실시간 방송도 시도해 볼 수 있다.

홈페이지 내용에 대한 통일된 원칙은 없지만, 일반적으로 후보자의 인사말, 정책 소개, 후보자 동정 사진이나 영상, 기부금과 자원봉사자 링크, 연락처 등이 필요하다. 소셜 미디어를 통한 메시지 공유 기능을 제공하여 정보 확산이 가능하도록 디자인해야 한다. 웹사이트 방문자가 후보자의 정치 철학과 비전을 이해하고 제공된 메시지를 주변인들과 공유할 수 있어야 한다. 또한, 후보자 인사말도 텍스트로 제공하기보다 동영상으로 제작함으로써 유권자의 관심을 높이고 친밀감을 줄 수 있도록 시도해 볼 수 있다. 텍스트 폰트나 디자인도 주목도를 고려하여 구성해야 한다.

제공 콘텐츠도 일방적이 아닌 반응형으로 제작하여 상호작용성을 높이는 방향으로 제작하는 것이 효과적이다. 이용자의 참여도를 높이고 흥미를 높일 수 있기 때문이다. 또한, 웹사이트가 다양한 플랫폼을 통해 적절히 구현되는지도 검토할 필요가 있다. PC, 휴대폰, 태블릿 등에서 콘텐츠가 제시되는 정도를 확인해야 한다.

2022년 대선에서 이재명 후보자 홈페이지의 경우, 12개의 롤링 화면들이 최상단에서 서비스되는 방식이었다. 2022년 2월 11일 후보자의 메인 화면 구성을 비교해 보면, 이재명 후보자의 이미지가 상대적으로 작고 문자 정보가 많은 특징을 보여주었다. 반면, 윤석열 후보의 이미지 컷은 메인 화면에서 대다수 크게 서비스되었고 상대적으로 큰 폰트 크기를 활용한 것으로 나타났다.

홈페이지 화면 구성 비율에서도 후보자 간 차이가 명확했다. 윤 후보자의 홈페이지는 16:9의 비율이었지만, 이 후보자의 홈페이지는 정사각형에 가까운 비율로 좌우 여백을 만들어 서비스했다. PC 모니터의 경우 대체로 16:9 화면을 사용한다는 점을 고려하면, 윤 후보자의 홈페이지가 공간을 효율적으로 활용하고 시각적으로 편안한 느낌을 준 것으로 보인다.

그림 4-14 **2022 대선 후보자의 공식 홈페이지**

자료: 이재명과 윤석열 후보자 공식 홈페이지 캡처.

2022년 대선에서 이재명 후보자는 반응형 서비스 방식으로 '재명이네 마을'이라는 실감형 온라인 플랫폼을 운영했다. 마우스로 말풍선 모양의 카테고리를 클릭하면 내용을 볼 수 있는 방식이다. 예를 들어, '공약센터'를 클릭하면, '소확행 공약', '정책 공약', '지역 공약' 등을 볼 수 있다. 각 공약은 썸네일 이미지와 요약 내용으로 서비스되며, 클릭하면 더 구체적인 내용을 확인할 수 있다.

메인 화면의 우측 하단에는 'JMBTI'와 '고등어 게임'과 같은 흥미 유발성 콘텐츠도 있었다. 특히, '고등어 게임'에서는 참가자가 가장 기억에 남는 후보자의 정책을 찾아보는 방식을 취하고 있다. 참가자의 동기부여에도 도움이 되지만, 선거 캠프에서는 유권자들의 선호 정책을 파악할 수 있는 유효한 수단이기도 하다.

그림 4-15 **이재명 후보자의 온라인 플랫폼**

주: 더불어민주당 홈페이지의 온라인 플랫폼(www.jmleetogether.com)으로 서비스된 '재명이네 마을'은 투표일이 다가오면서 공식 홈페이지로 운영되었다.

설득 관점에서 보면, 공동 창작 활동이 참여자 간 친밀도를 증대시키는 데 도움이 된다(Cialdini, 2016). 다른 사람과 무엇을 함께 만드는 과정에서 참가자들은 잠시라도 정체성의 통합을 가져올 수 있기 때문이다. 따라서 정치 후보자가 자신의 공약 중 유권자의 선호 정책을 파악하여 반영한다면, 참여 유권자들의 정책 관여도 증대될 수 있다.

이재명 후보자의 온라인 플랫폼의 경우 상단 메뉴의 주요 카테고리를 통해 개별 항목에 접근할 수 있지만, 우측 상단의 '재명이네 광장'을 통해서도 메인 화면의 카테고리에 접근 가능하다. 접근 방법을 다양하게 구성할 경우, 참여 방식이 다소 복잡하게 인식될 수 있다. 가능한 한 플랫폼 구조를 단순하게 만드는 것이 필요하다. 또한, 메인 화면의 카테고리 수를 지나치게 많이 구성한다면, 이용자들은 심리적 부담감을 가질 수 있다. 유사한 내용을 묶어 전체 숫자를 줄이는 것이 필요해 보인다. 예를 들어, '파출소'와 '부정선거 감시센터'를 그리고 '혁신센터'와 '에코센터' 등을 개별 카테고리로 구성해 볼 수 있다.

한편, 후보자들은 자신의 홈페이지를 뉴스나 루머에 대한 팩트체크 공간

**그림 4-16 조 바이든 후보자의 가상공간 캠페인**

자료: 닌텐도 동물의 숲의 조 바이든 공간(CNN, 2020.10.18).

으로도 활용할 수 있다. 관련 이슈에 대한 해명이나 설명은 지지자들을 결집하고 올바른 여론 형성에도 도움이 된다.

최근에는 메타버스를 활용한 캠페인도 이뤄지고 있다. 가상공간 활용은 특히 젊은 유권자들을 대상으로 수행된다. 2020년 미국 대선에서 조 바이든 후보자는 메타버스 캠페인 활동을 했다. 닌텐도Nintendo사의 인기 있는 비디오 게임 '동물의 숲Animal Crossing: New Horizon'에 캠페인 사인이나 팻말을 제공하는 방식이었다.

게임 참여자들은 후보자의 가상공간을 탐색하거나 커뮤니티 활동을 했다. 캠페인 슬로건을 말하거나 후보자의 캠페인 슬로건을 듣거나 함께 사진을 찍을 수도 있다. 하지만 그해 11월 닌텐도는 게임에서의 정치적 활동을 금지하는 가이드라인[4]을 발표했다. 이로 인해 닌텐도 게임에서 더 이상의 정치적 활동은 불가능하게 되었다. 〈그림 4-16〉의 마지막 사진은 게임 참가자들이 투표 방법(현장 또는 우편), 투표 장소, 투표소 접근 방법 등과 같은 투표 계획에 응답하는 목록이다. 게임 참가자들의 답변 내용은 향후 과학적 캠페인을 위한 기초 자료로 활용될 수 있다.

국내에서도 가상공간 활용이 강화되는 추세다. 2021년 청와대는 공식 홈

---

**4** 정치 활동과 관련된 가이드라인은 다음과 같다. "Please refrain from using the Game inappropriately or creating any content within the Game that would be considered vulgar, discriminatory, or offensive. Please also refrain from bringing politics into the Game."

페이지와 소셜 미디어를 활용하여 '어린이날 청와대 랜선 초청 특별관람' 콘텐츠를 선보였다.

샌드박스 장르의 게임인 '마인크래프트'로 구현한 청와대 공간에서 어린이들은 이곳저곳을 둘러보고, 대통령과 시간을 보내는 방식이었다. 참가자들은 가상공간으로 구현된 청와대 본관, 가상 학교, 가상 병원 등에서 다양한 활동을 했다. 대통령과 영부인이 직접 녹음한 음향을 활용함으로써 현실감을 높이는 방식으로 진행되었다. 향후 디지털 기술 환경을 활용한 이러한 온라인 행사 개최가 새로운 문화 트렌드가 될 것으로 보인다.

## 3. 소셜 미디어 활용

일반적으로 정치 지식은 참여 격차participation gap에 영향을 미치는 주요 변인으로 알려져 있다. 스마트폰이 보편화되면서 소셜 미디어는 지식 획득을 위한 효과적인 채널로 인식된다. 소셜 미디어를 통한 지식 획득은 정치 참여와 행위를 위한 토대가 되며 정치 참여, 정치 효능감, 그리고 정치관여도에도 긍정적인 영향을 주는 것으로 보인다.

2016년 미국 대선에서는 미국인의 44%가 소셜 미디어로부터 선거 정보를 얻은 것으로 나타났다. 이는 전국지와 지역지를 통한 정보 획득 비율을 넘어서는 수치였다(Pew Research Center, 2016, 2017). 소셜 미디어가 후보자의 유권자 접촉의 핵심 수단이 되면서, 캠페인 웹사이트의 역할도 달라지고 있다. 후보자 웹사이트가 여전히 정보와 조직의 중심이지만, 웹사이트 방문자와의 상호작용은 감소하고 소셜 미디어 중심의 활동이 강화되는 추세다.

특히, 2016년 대선에서 트럼프 후보는 트위트와 페이스북에 의존하는 캠페인을 펼쳤다(Pew Research Center, 2016). 1200만이 넘는 트위터 팔로우와 자신의 페이스북 공식 캠페인 페이지에 대한 900만 팔로우를 확보했다. 트럼프는 이들 플랫폼에 자신의 관점을 공표하거나 상대 후보에 대한 공격 메시지를 지속적으로 게재했다. 반면, 클린턴 후보는 750만 트위터 팔로우와 450만 페이스북 팔로우를 확보한 것으로 나타나 후보 간 큰 차이를 보였다. 퓨Pew 연구소에 따르면, 트럼프의 글을 일반인의 78%가 리트윗retweet했는데, 일반인의 리트윗이 없었던 클린턴 후보나 2%를 기록한 샌더스B. Sanders 후보와 비교하면 큰 차이를 보인다. 일반인들이 다른 사람들에게 전달하거나 읽어 보라고 추천하는 리트윗이 많았다는 점은 트럼프 후보의 메시지가 바이럴 마케팅viral marketing[5]에서도 성공적이었음을 시사한다. 페이스북에서도, 트럼프의 글은 평균 8367회 공유와 5230회 댓글이 있었다. 이는 클린턴의 1636회 공유와 1729회 댓글과 뚜렷하게 구별된다.

일반적으로 전통적 미디어는 전달 메시지에 대한 인지적 효과를 획득하는 데 유용한 매체이다. 반면, 소셜 미디어는 대인 커뮤니케이션 특성이 강한 매체라 할 수 있다. 이로 인해 소셜 미디어의 설득 효과는 전통 미디어와 비교하면 상대적으로 높은 경향이 있다. 매체적 특성을 고려하면, 소셜 미디어 활용에서 압도적 우위를 점한 트럼프의 캠페인이 매우 효과적이었음을 시사한다.

수백만 팔로워들을 가진 트럼프 후보자는 때론 전통 미디어를 간과하면서 소셜 미디어를 통해 유권자와 소통하는 캠페인 활동을 했다. 소셜 미디어 사용에서 뉴스를 적극적으로 활용하고 공유하는 현상도 보편적이다. 트럼프 후보의 페이스북에 포스팅된 링크의 78%는 뉴스 매체의 기사와 연결된 방식이었지만, 클린턴 후보자가 페이스북에 포스팅한 링크의 80%는 후보자의 캠페인 홈페이지와 연결된 것이었다(West, 2016). 클린턴 후보자가 소셜 미디어 활용에서 뉴스 미디어와의 연결을 소홀히 다루었다는 평가를 받는 이유다.

---

[5]  소셜 미디어 이용자들이 온라인을 통한 자발적인 메시지 전파를 통해 후보자나 정당에 대한 홍보가 바이러스처럼 확산되었다는 의미다.

뉴스를 적극적으로 활용하는 사람들은 투표 경향도 대체로 높다는 사실을 고려한 소셜 미디어 활용이 필요해 보인다.

트럼프가 2009년부터 트위트에서 사용한 글들을 분석한 연구에 따르면, 그가 가장 즐겨 사용한 단어는 '나I', '당신 또는 여러분you', '트럼프Trump', '그he', '@RealDonaldTrump', '우리we', '감사thank', '나의my', '#Trump2016'였다(West, 2016). 전반적으로 자신을 명확히 드러내는 메시지를 많이 사용했다는 것을 알 수 있다. 또한, 트럼프가 즐겨 사용한 형용사는 '위대한great', '나약한weak', '실패한failed', '불쾌한nasty', '가벼운lightweight', '미친crazy', '멍청한dopey', '바보 같은dumb', '미친wacko' 등이었다. 부정적 느낌의 형용사가 많았다. 자신의 소셜 미디어 플랫폼을 이용하여, 자극적이고 선동적인 단어로 상대 후보를 공격하고 자신의 의견을 홍보하는 커뮤니케이션 활동을 했다는 것을 의미한다.

광범위한 데이터베이스를 구축하는 것도 중요하지만, 이를 어떻게 활용할 것인지에 대한 전략도 필요하다. 2012년 미국 오바마 후보는 정교한 소셜 미디어 전략을 새롭게 선보였다. 온라인과 데이터 마이닝data mining 전문가들을 활용하여 대규모 온라인 조직 전술을 펼쳤는데, 현장 실무자들은 통화 내용, 대인 접촉, 행사 참여 기록 등을 토대로 웹사이트 게시판을 운영했다. 트위트와 페이스북을 활용하여 구체적인 유권자 프로파일로 데이터베이스를 만들고, 이를 캠페인 행사 참여나 선거 자금 모금에 활용했다.

소셜 미디어 이용자층의 특성을 고려한 메시지 기법도 달라지고 있다. 젊은 층에 어필하기 위해 후보자들은 짧고 간결한 메시지 전략을 추구하기도 한다.[6] 예를 들어, 제20대 대선에서 윤석열 후보가 페이스북에 "주식 양도세 폐지"라는 공약을 발표하자 이재명 후보가 "부자감세 반대"를 여섯 글자로 제시했다. 소셜 미디어를 통해 짧은 공약을 제시할 때 폰트, 색상 등에 대한 디자

---

**6**  한 줄 공약은 '짧다'는 영어 단어를 사용하여 쇼츠(shorts) 공약으로도 불린다.

인도 중요하다(〈그림 4-17〉 참조).

제20대 대선에서 국민의힘 대선 후보가 SNS를 통해 '여성가족부 폐지'를 주장하자, 정의당 대선 후보는 '여성가족부 강화'로 맞대응했다. 먼저 젊은 층에 어

그림 4-17 **소셜 미디어의 한 줄 공약**

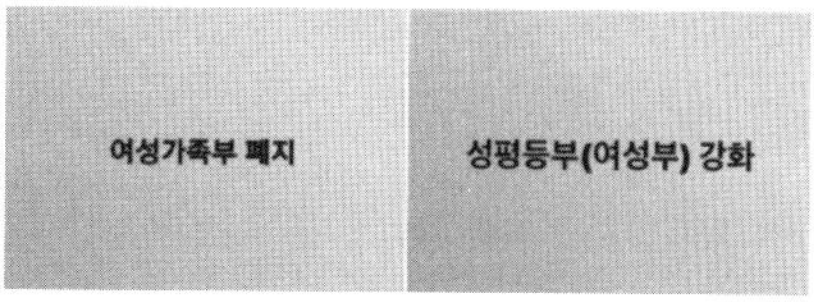

자료: 여성가족부와 관련된 후보별 페이스북.

필하고자 푸른 바탕에 짧은 단어만을 사용한 공약 제안이었다. 이를 반대하는 후보 측에서는 성 평등을 상징하는 보라색 바탕글에 '성평등부(여성부) 강화' 메시지를 내보냈다. 간결한 단어 사용과 색상 활용이 돋보이는 기법이지만, 구체성이 부족하다는 지적을 받을 수 있다.

짧은 텍스트와 더불어 짧은 영상도 보편화되고 있다. 소위 '숏폼' 영상들이다. 이재명 후보자는 1000만 명으로 추정되는 국내 탈모인들을 위한 체감도 높은 공약을 숏폼 형식으로 '디시인사이드'에 발표했다. 온라인에 공개된 "이재명을 뽑는다고요? 노NO, 이재명은 심는 겁니다. 앞으로 제대로 심는다! 이재명! 나의 머리를 위해" 영상은 다양한 패러디가 올라오는 등 높은 반응을 보여주었다.

이 정책이 포퓰리즘 공약이라는 비판이 상대 정당을 중심으로 만들어졌다. 탈모인들에게 필요한 조치일 수 있지만, 건강보험 재정 안정성을 악화시킬 수 있다는 주장이었다. 나아가 생명을 위협받는 희귀·난치성 질환 관련 관심을 촉구하는 단체의 입장을 다루는 보도도 나왔다. 주목받는 공약에 대한 당연한 수순으로 보인다. 따라서 공약 제안자는 예상되는 공격에 대한 효과적인 방어 메시지와 전략을 늘 수립해 두어야 한다.

제20대 대선에서 윤석열 캠프는 일상적 대화 형태의 공약을 제시하기도 했다. 이준석 대표와 원희룡 정책본부장이 대화식으로 정책 관련 논의를 한 후, 후보자에게 건의하는 방식의 영상이 여러 편 제작되었다. 주제로는 지하철 정기권, 전기차 충전 요금, 실내체육시설 이용료 등이 다뤄졌다.

**그림 4-18 후보자의 숏폼 공약**

자료: 이재명, 윤석열 후보자의 SNS.

실내체육시설 이용료에 대한 소득공제 관련 숏폼 공약은 다음과 같이 익살스러운 표현과 짧은 구어체 문장으로 전개되었다. "개(이미지)준스기, 살 좀 빼라! 그러던데" "그런 의미에서 체육비에 소득공제 어떨까요?" "체육비? 헬스장이나 필라테스 같은 실내체육시설 이용료 말이죠?" "네, 국민 건강 챙기고! 자영업자 살리고! 1석 2조 아닌가요?" "돈이 좀… 많이 들지 않을까?" "국민 건강 증진되면 미래 의료비도 절약되니까!" "결국 이익이 더 크다는 거죠? 후보님께 보고할까요?" "후보님! 추진할까요?" "(윤 후보자 등장)좋아 빠르게 가!" 짧고 간결한 대화를 통해 공약의 장점을 홍보하고 예상되는 공격을 차단하려는 의도가 담긴 영상이었다. 또한, 후보자를 위해 정책을 건의하고 후보자가 이를 승인하는 모습을 연출함으로써, 캠프 내 긍정적인 팀워크를 간접적으로 보여주는 측면도 있다.

이처럼 2022년 대선에서는 한 줄 공약이나 숏폼 영상과 같이 쇼츠shorts 선거전이 활발하게 전개되었다. 소셜 미디어 이용 특성을 고려한 짧은 공약과 영상은 젊은이들 사이에서 상당한 인기를 누린 것으로 알려졌다. 하지만 한 줄 공약이나 숏폼 영상이 짧고 강렬한 메시지로 표심 흔들기에 효과적일 수 있지만, 시간 제약으로 공약에 대한 설명이 미흡하다는 단점도 있다. 따라서 이러한 메시지에 대해서는 추가적으로 관련 내용을 보완하고 설명함으로써 정확한 내용 전달이 이뤄질 수 있도록 노력해야 할 것이다.

소셜 미디어 이용 후보자들은 방문자들이 남긴 메시지를 일방적으로 통제하기보다 어느 정도 다양한 의견을 허용함으로써 방문자를 포용하는 자세를 보여야 한다. 통제로 일관한다면 방문자는 캠프 사람들과 자원봉사자 중심의 공간으로 전락할 수 있다. 건강한 온라인 공간을 만들 때 자신의 지지 기반도 확대될 수 있다는 믿음을 가져야 한다.

후보자는 정치 이슈 외 개인적 취향이나 활동 등과 관련된 흥미유발형 콘텐츠를 포스팅하는 것도 필요하다. 음악, 미술, 스포츠 등의 취미 활동, 아침 식단이나 방문 음식점, 자신의 문화소비 활동 등을 인증샷 형태로 게재함으로써 방문자와의 감성적 교류를 기대할 수 있다. 관심 있는 주제별로 해시태그를 이용하여 메시지 검색이 쉽게 이뤄지도록 하는 것도 중요하다.

선거에서 소셜 미디어를 활용하려는 후보자는 소셜 미디어 이용 행태에 대한 통계자료를 바탕으로 목표 대상을 설정하고 메시지 전략을 세워야 한다. 성별과 연령에 따라 소셜 미디어 이용 행태에 차이가 있기 때문이다.

2020년 한국미디어패널조사[7]를 통해 SNS 이용 실태를 분석한 결과는 〈그림 4-19〉와 같다. 조사 결과에 따르면, 남성은 46.6%가 SNS를 이용한 반면, 여성은 53.4%가 이용하는 것으로 나타났다. 연령대별 이용 계정 현황에 따르면 40대(22.9%), 20대(20.9%), 50대(19.4%), 10대 이하(14.5%), 30대(14.2%), 60대(8.1%) 순으로 나타났다. 또한, 연령대별 선호하거나 사용 빈도가 높은 SNS도 있었다. 10대는 페이스북, 20~30대는 인스타그램, 40대는 페이스북, 50~60대는 카카오스토리를 가장 빈번하게 사용한 것으로 나타났다. 네이버 밴드의 경우 40~50대에서 두 번째로 많이 사용된 것으로 확인되었다.

소셜 미디어 이용에는 물리적·심리적 비용 부담이 적다는 장점이 있다. 하지만 집단 양극화polarization로 인한 정치 분절화fragmentation가 확산될 수 있다는 우려도 있다. 유사한 성향의 사람들과 쉽게 접촉하고 그들과 의견 교환하면서 자신의 신념에 대한 믿음이 강해져 쉽게 극단화될 수 있기 때문이다. 이러한 집단 양극화 현상은 집단 간 불통을 초래하여 숙의 민주주의를 가로

---

[7]  2020년 한국미디어패널조사에는 만 6세 이상 1만 302명이 참여했고, 이 중 SNS를 사용하는 대상은 4989명(48.4%)이었다.

그림 4-19  2020 연령대별 SNS 계정　　　　　　　　　　　　　　　　　　　　　(n=3,762)

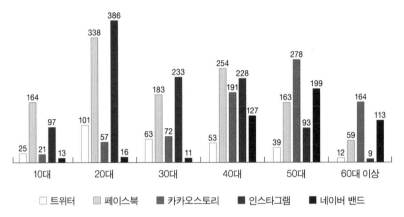

자료: 임정하·김경민·송지은·최정원(2021: 4).

막는 요인이 될 수 한다(강준만, 2013).

　인공지능AI이 맞춤형 콘텐츠를 제공하는 현실을 고려하면 개인의 편향성은 더욱 강화될 수 있다. 즉, 자신이 선호하는 이념적 성향의 콘텐츠에 노출될 가능성이 커질 수 있다. 이로 인해 기존 태도가 재강화될 경향이 높고 새로운 내용에 대한 노출 가능성은 상대적으로 제한적일 수 있다. 개방적 온라인 환경에도 불구하고 편향된 정보 소비는 개인의 다양성을 해칠 수 있다는 문제점을 안고 있다. 또한, 선거에서 이념적 지향이 다른 유권자를 설득하는 자체가 매우 어려울 수 있음을 시사한다. 기본적으로 개인의 선택성selectivity으로 인해 자신이 지지하지 않는 후보자의 설득 메시지에 대한 노출 자체가 어렵기 때문이다.

　소셜 미디어의 왜곡된 정보 이용이 가져올 부정적인 효과는 '필터버블filter bubble'과 '확증편향confirmation bias'으로도 설명된다. 필터버블은 이용 패턴에 따른 개인화된 알고리즘으로 인한 정보편식 현상을 의미한다. 이용 패턴에 따라 만들어진 정보 제공 알고리즘은 이용자가 유사한 콘텐츠만을 소비하도록 함으로써 다양한 관점을 가질 기회를 감소시킨다. 특히, 허위 정보나 가짜 뉴스를 소비하는 이용자는 관련 콘텐츠들에 노출된 가능성이 높아 현실에 대한 왜곡된 판단으로 이어질 수 있다.

자신이 소비하는 정보 위주로 사건이나 이슈를 판단하는 확증편향은 가짜 뉴스도 진실하고 유용한 정보라고 인식하는 결과를 만들 수 있다. 심지어 정확하거나 사실적인 뉴스도 자신의 신념에 부합하지 않을 경우, 허위나 가짜로 인식하는 현상을 초래할 수 있다. 필터버블과 확증편향에 의해 사람들은 정치적으로 극단적인 소셜미디어 이용 경향을 더욱 강화할 수 있다. 일반적으로 극단성이 높은 사람들은 전통 미디어를 적대적으로 지각하거나 불신하는 경향도 있다(Baugut and Neumann, 2019). 이로 인한 개인의 정보 왜곡은 더욱 커질 수 있고, 다원적 사회의 공존을 위협할 수 있다.

한편, 소셜 미디어의 영향력은 시민의 정치 문화 생산과 소비에서도 확인된다(조희정, 2012). 소셜 미디어를 통한 투표 인증샷 활동은 정치를 하나의 문화 행위로 바라보는 계기가 되었다. 이러한 활동은 선거에 대한 유권자의 관심과 참여라는 긍정적 효과로 이어질 수 있다. 이슈 토론, 선거 콘텐츠 이용, 투표 독려 등은 향후 젊은층의 정치 활동을 위한 동기가 될 수 있다.

소셜 미디어 이용자들은 단순한 정보 소비를 넘어 댓글을 통해 의견을 개진하거나, 관심 있는 글을 퍼 나르기도 하며, 오프라인 모임을 결성하는 등 상대적으로 적극적인 커뮤니케이션 참여자들이다. 상대적으로 사회적 네트워크가 강하고 오프라인 활동도 적극적인 편이다. 따라서 소셜 미디어가 영향력 있는 여론 지도자의 커뮤니케이션 채널이라는 점을 고려한 캠페인 전략을 세워야 한다. 이들을 통해 자신에 대한 긍정적 여론 형성을 기대할 수 있기 때문이다.

# 기타 캠페인 활동

## 1. 인쇄물 활용

인쇄물을 이용한 공식 선거운동으로는 선거벽보, 선거공보, 선거공약서가 있다. 선거벽보[1]는 통행이 많은 도로변 담장이나 게시판 등에 부착되는 것이 일반적이다. 선거벽보나 선거공보에 유권자의 공정한 판단을 방해할 수 있는 비정규학력(유사학력)은 경력으로 게재될 수 없다.[2]

선거공보는 후보자들의 정책을 비교 평가할 수 있는 핵심 자료다. 선거공보는 책자형,[3] 전단형, 그리고 시각장애인을 위한 점자형 등으로 구분된다. 책자형 선거공보의 첫 번째 면에는 책자의 명칭, 선거명, 선거구명이 게재되고, 두 번째 면부터는 후보자 정책 관련 정보가 제시된다. 선거관리위원회가

---

1     정당한 사유 없이 '공직선거법'에 의해 부착된 벽보, 현수막을 훼손하거나 철거한 자는 2년 이하의 징역 또는 400만 원 이하의 벌금에 처한다.

2     ○○대학교 ○○○대학원 최고관리자과정 수료 등은 비정규 학력이기에 게재할 수 없다.

3     책자형 선거공보는 대통령 선거는 16면 이내로, 국회의원 선거 및 지방자치단체의 장 선거는 12면 이내로, 지방의회의원 선거는 8면 이내로 작성해야 한다. 한편, 전단형 선거공보는 1매(양면에 게재할 수 있다)로 작성한다.

그림 4-20 대선 후보자 전단형 선거공보

자료: 제19대 문재인 후보자 선거공보물 일부.

정당이나 후보자로부터 제출 받은 선거공보물을 해당 선거구의 각 세대와
발송 신청자, 거소투표⁴ 신고인 명부에 올라 있는 사람들에게 우편으로 발송
한다.

〈그림 4-20〉은 제19대 대선 문재인 후보자의 전단형 선거공보물이다. 전단
형 선거공보의 첫 페이지에는 슬로건, 주요 메시지, 경력 등이 제시되었고,
다음 페이지에서는 한 장에 많은 메시지를 축약하여 담아내고자 만화 형식
으로 제작되었다. 자신의 여러 공약을 애니메이션 기법으로 제작함으로써
유권자의 관심도 높이고 메시지 전달력도 향상시킨 것으로 보인다.

---

4  거소투표는 부재자투표 방식의 하나로 유권자가 직접 투표소에 가지 않고 우편으로 투표하는
   행위를 말한다. 사전투표소 및 투표소와 멀리 떨어진 영내 또는 함정에서 오랫동안 생활하는
   군인이나 경찰공무원, 부재자투표소를 설치할 수 없는 병원, 요양소, 수용소 등에 장기간 머무
   는 사람들이 대상이다.

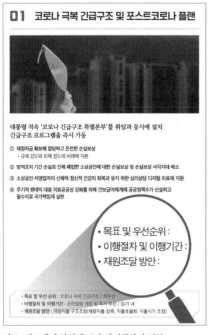

**그림 4-21 제20대 대선 선거공약서 사례**

**01 코로나 극복 긴급구조 및 포스트코로나 플랜**

대통령 직속 '코로나 긴급구조 특별본부'를 취임과 동시에 설치
긴급구조 프로그램을 즉시 가동

① 재정자금 확보해 정당하고 온전한 손실보상
· 규제 강도와 피해 정도에 비례해 지원
② 방역조치 기간 손실로 인해 폐업한 소상공인에 대한 손실보상 및 손실보상 사각지대 해소
③ 소상공인·자영업자의 신체적·정신적 건강의 회복과 유지 위한 심리상담 디지털 치료제 지원
④ 주기적 팬데믹 대응 의료공공성 강화를 위해 건보급여체계에 공공정책수가 신설하고
필요의료 국가책임제 실현

· 목표 및 우선순위 :
· 이행절차 및 이행기간 :
· 재원조달 방안 :

· 목표 및 우선 순위 : 코로나 극복 긴급구조 / 최우선
· 이행절차 및 이행기간 : 관련법령 개정 및 즉사 추진 / 임기 내
· 재원조달 방안 : 재정지출 구조조정(재량지출 감축, 지출효율화, 지출시기 조정)

자료: 제20대 윤석열 후보자 선거공약서 일부.

선거벽보에는 타인의 사진 게재가 불가능하지만 선거공보에는 타인과 악수하는 사진 등 후보자의 다양한 활동 사진도 가능하다. 하지만 다른 선거의 후보자가 되고자 하는 자의 사진이나 선전 문구를 게재하는 것은 허용되지 않는다.

대통령 선거 및 지방자치단체장 선거의 후보자는 선거공약서를 작성할 수 있다.[5] 게재 내용은 선거공약 및 구체적 추진 계획으로 구성된다. 〈그림 4-21〉은 제20대 대선에서 윤석열 후보자가 제작한 선거공약서의 일부다. 전체 15쪽으로 구성되었으며, 제시 공약마다 '목표 및 우선순위', '이행 절차 및 이행 기간', '재원조달 방안'을 포함하고 있다. 앞서 선거 보도에서 살펴보았던 매니페스토 차원에서 이러한 항목들이 나온 것으로 보인다.

인쇄물을 활용한 캠페인 활동 외에도 경력 방송, 방송 연설, 전화나 이메일을 활용한 캠페인 활동 등도 있다. '공직선거법'에 따르면 한국방송공사는 대통령, 국회의원 선거 및 지방단체장 선거에서 선거운동 기간 중 텔레비전과 라디오 방송 시설을 이용하여 후보자에 대한 경력 방송을 해야 한다. 이

---

**5** 선거공약서 작성을 위한 면수도 선거 유형별로 규제되고 있다. 대통령 선거는 32면, 시·도지사 선거는 16면, 자치구·시·군의장 선거는 12면 이내에서 작성해야 한다.

표 4-3 **경력 방송 시간 및 횟수**

| 선거 유형 | 방송횟수 | 방송 시간 | 방송사 |
|---|---|---|---|
| 대통령 선거 | 방송(TV, 라디오)별 각 8회 이상 | 후보자당 1회 2분 이내 | 한국방송공사 |
| 시·도지사 선거 | 방송별 각 3회 이상 | | 한국방송공사 기타 방송국 |
| 국회의원 선거 자치구·시·군 의장 선거 | 방송별 각 2회 이상 | | 한국방송공사 기타 방송국 |

는 의무 사항이며 한국방송공사가 비용을 부담한다. 경력 방송을 위해 방송
사는 후보자의 사진, 성명, 기호, 연령, 소속 정당명(무소속 후보자는 무소속), 직
업 및 기타 주요 경력[6]을 취합하여 내보낸다. 라디오는 300자, TV는 100자
이내로 작성하여 매회 2분 이내로 송출한다. 방송용 글자 수에서 구두점이나
문장부호도 자수로 계산된다. 경력 방송을 할 때 장애인을 배려한 수화나 자
막을 추가할 수 있다.

한국방송공사 외의 TV나 라디오 방송 시설[7]에서는 선거운동 기간 중 후보
자 자신이 부담하는 조건으로 경력 방송을 할 수 있다. 이때 경력 방송을 내
보내는 기관에서는 선거구 단위에 따라 모든 후보자에게 공평하게 처리해야
한다.

또한, 선거 기간 중에는 후보자와 후보자가 지명하는 연설원이 소속 정당
의 정강·정책 혹은 후보자를 홍보하는 데 필요한 사항들을 방송 시설을 이용
하여 연설할 수 있다. 대통령 선거의 경우 후보자와 후보자가 지명한 연설원
이 각각 1회 20분 이내에서, 방송(TV, 라디오)별 각 11회 이내에서 할 수 있다.
외부 방송 연설원을 활용할 경우, 전달 메시지 내용과 부합되는 인물인지 그

---

[6]    경력별 12자 이내로 작성되기에 경력만 단순하게 제시되는 한계가 있다.

[7]    방송 시설은 방송사업자가 관리·운영하는 무선국 및 종합유선방송국(보도전문 편성의 방송채
       널사용사업자의 채널 포함)을 말한다.

리고 연설원의 인지도와 신뢰도를 고려하여 선택해야 한다.

　지역구 국회의원 선거나 자치구·시·군의 장 선거에서는 후보자가 지역방송 시설을 이용하여 1회 10분 이내에서 방송별 각 2회까지 방송 연설을 할 수 있다. 또한, 시·도지사오후 11시부터 오전 6시까지는 전화를 선거에서는 후보자가 1회 10분 이내에서 방송별 각 5회까지 가능하다. 비례대표 시·도의원 선거의 경우, 당해 선거의 후보자 중에서 선임된 대표 1인이 방송별 1회 10분 이내에서 방송 연설을 할 수 있다.

　대통령 선거 후보자는 상대적으로 인지도가 높고 언론 노출 가능성도 크지만 11회까지 방송 연설을 허용하고 있다. 하지만 상대적으로 관심이 적고 후보자 인지도도 낮은 다른 수준의 선거에서 방송 연설이 1~2회에 그친다는 점은 충분한 정치 정보 획득에 한계가 될 수 있다. 후보자에 대한 지식이 합리적 투표 행위로 연계될 수 있다는 점을 고려하면, 다양한 미디어 노출 기회를 늘리는 방안이 검토되어야 할 것이다.

　한편, 선거운동 기간에 국회 의석을 가진 정당은 휴대전화를 활용한 선거운동이나 여론조사를 할 수 있다. 이를 위해서는 관할 선거관리위원회를 경유하여, 이동통신사업자에게 이용자의 휴대전화 가상번호를 요청하여 진행한다. 이때, 오후 11시부터 오전 6시까지는 전화를 이용한 선거운동을 할 수 없다. 전화를 이용한 여론조사도 오전 7시부터 오후 10까지만 가능하다.

　예비후보자와 후보자는 인터넷 홈페이지 또는 게시판이나 대화방 등에 글이나 동영상 등을 게시하거나 전자우편을 전송하는 경우 전송대행업체에 위탁하여 선거운동정보를 전송할 수도 있다. 이때 제목이 시작되는 부분에 '선거운동정보'를 표시해야 한다. 그리고 수신거부 의사 표시를 할 수 있는 조치 및 방법에 관한 사항을 명시하여 전달해야 한다. 컴퓨터나 컴퓨터 이용 기술을 활용한 자동 동보통신[8] 방법으로 전송할 수 있는 자는 예비후보자와 후보

---

8　동보통신은 한 지점에서 다수의 수신자를 대상으로 동일 내용(통신문이나 그림 등)의 정보를

자에 한정되며, 횟수는 예비후보자와 후보자의 신분을 합하여 8회를 넘을 수 없다. 하지만 선거 기간 지나친 문자메시지가 유권자 권리를 침해할 소지도 있다. 이를 위해 편리한 수신거부 조치나 횟수 제한에 대한 논의도 필요해 보인다.

끝으로 인터넷 홈페이지 또는 그 게시판·대화방 등에 글이나 동영상 등을 게시하거나 전자우편을 전송하는 방법으로 선거운동을 할 경우, 전자우편 전송대행업체에 위탁하여 전자우편을 전송할 수 있는 사람은 후보자와 예비후보자에 한한다.

---

전송하는 통신 방법을 의미한다.

제**5**장

선거 후 정치

| 제 **1** 절 |

# 선거 후 정치

## 1. 통합과 안정

출마 후보자들은 사적 이익보다 공익을 위해 출마했다는 명분을 잊지 않고 선거 후에도 국민을 위해 합당한 조치를 해야 한다. 선거 후 승자든 패자든 국민에게 긍정적 메시지를 전달하고 선거로 인해 분열을 경험한 유권자들을 통합시키고자 노력해야 한다. 선거로 인한 갈등, 소외감 등과 같은 심리적 불안감이나 적대감을 해소할 대안을 찾아야 한다. 진영이나 지역별 과열된 선거 분위기가 지속된다면 여러 부문에서 국가가 감당해야 할 부담도 커지고 국익에도 바람직하지 않다(구교태, 2017).

선거의 패자는 공정한 선거에 따라 도출된 결과에 대해서는 신속하게 승복하는 모습을 보여줘야 한다. 패자가 승자를 축하하고 승자는 패자를 위로하는 미덕을 보여야 한다. 캠페인을 시작한 주체라면 마무리도 스스로 하겠다는 의지를 보여야 한다. 이러한 조치들은 선거로 상처받은 유권자들을 치유하고, 국민의 신속한 일상 복귀에도 도움이 된다.

선거 과열로 인한 갈등과 분열을 치유하기 위해서는 당내 및 상대 후보에 대한 포용 정책도 필요하다. 비록 상대방이 제안한 정책일지라도 효용성이 있다고 판단되면 채택하거나, 필요한 인재 중용에 대한 탕평도 고려해야 한다. 미국 오바마 정부 시절 당내 경선에서 패배한 힐러리 클린턴을 국무장관에 임명한 것처럼 과거의 경쟁자를 국정 운영의 동반자로 대한다면, 당선자의 리더십에 대한 인식도 개선하고 국민 통합에도 효과적일 수 있다.

선거로 인한 문제를 치유하는 노력은 비단 정치권만의 문제는 아니다. 다양한 지역사회 조직이 참여하여 선거에서 빚어진 갈등을 함께 치유하려는 접근도 필요하다. 특히, 선거에서 직면한 갈등 상황들은 감수성이 풍부한 청소년에겐 부정적으로 작용할 수 있다. 이들에 대한 지역사회의 상담 지원 활동도 필요하다. 예를 들어, 미국에서는 지역 교육청이 앞장서 선거 후 필요한 조치를 학부모에게 안내하기도 한다. 선거 후 청소년들이 경험할 수 있는 좌절, 분노, 허탈함 등과 같은 부정적인 요인들을 치유하기 위한 노력이었다(구교태, 2017).

정치권의 노력 못지않게 평소 정치를 대하는 시민의식도 성숙해져야 한다. 1970년대 후반 독일에서는 보수와 진보를 대표하는 정치인과 지식인들이 이념과 정파를 뛰어넘는 시민교육 원칙에 합의한 바 있다. 독일 보이텔스바흐Beutelsbach에서 합의된 핵심적 원칙(≪중앙일보≫, 2017.2.16)은 강압적 교화와 주입식 교육을 금지하고 학습자의 자율적 판단을 존중하며, 논쟁적 주제에 대해서는 다양한 입장과 논쟁 상황이 그대로 드러나도록 하며, 학습자의 상황과 이해관계를 고려해 스스로 시민적 역량을 기를 수 있도록 지도한다는 내용을 담고 있다. 국내에서도 다양한 형태의 시민대학이 성숙한 시민의식 함양을 목표로 운영되고 있다. 하지만 파급력을 고려하면 정규 교육을 통해 정치적 성숙을 끌어낼 수 있는 교육과정 편성이 중요해 보인다. 따라서 정치 주체들은 다양한 가치를 존중하고 능동적으로 참여할 미래 세대를 양성할 수 있는 정책 수립과 집행에 중지를 모아야 할 것이다. 특히, 정치 파편화 현상이 심화되고 확증편향이 강화되는 상황을 고려하면 민주 시민의 덕목을 함양하기 위한 다양한 노력이 시급해 보인다.

2016년 미국 대통령 취임식을 앞둔 트럼프 당선인은 자신을 지지해 준 주요 지역을 방문해 '감사 유세' 활동을 하여 지역민들로부터 호평을 받기도 했다. 지역유세 활동 중 자신이 지명한 주요 정부 인사들을 소개하는 시간도 가졌다. 이러한 모습은 지역민과의 소통 이벤트에 대한 주목도를 높이고 지역 배려도 일정 부분 작용한 것으로 보인다.

반면, 한국의 경우 2022년 대선 후 내각 구성이나 정책에 대한 발표는 인수위원회 중심으로 진행되었다. 중앙집중식 발표를 벗어나 당선인의 산업 현장 방문이나 지역 행보에서 관련 발표를 한다면, 관련 분야에 대한 주목도도 높이고 현장감을 살리는 데 도움이 될 것으로 판단된다. 특히, 산업계 종사자나 지역민과 커뮤니케이션하려는 모습을 보여준다면 이들과의 신뢰 구축에도 도움이 될 것이다.

선거 후 시민들의 욕구는 현실적이고 더욱 합리적인 방식으로 작동한다. 캠페인 동안 제안한 정책들 가운데 세금, 부동산 등과 같은 주요 이슈들이 어떻게 달성되는지를 주목한다. 당선자는 자신이 제기한 공약을 실천하기 위해 노력해야 하며, 시민들은 당선인의 공약 이행을 모니터링하는 자세가 필요하다. 공약 이행에 대한 평가는 다음 선거에서 후보 지지를 결정하는 주요 요인이 될 수 있다. 정책 연기나 수정이 있다면, 다양한 소통 채널을 활용하여 국민을 설득하거나 양해를 구해야 한다. 투명하고도 객관적인 정보들을 전달하고 공유할 때, 정책 집행의 효율성을 높이고 긍정적 이미지 구축도 가능할 것이다.

## 2. 포용과 개방

선거에서 패한 정치인과 관련 유권자들은 심각한 소외감을 느낄 수 있다. 당선자는 자신의 지지자뿐만 아니라 패배로 상처받은 사람들에게도 관심을 가져야 한다. 이들에 대한 무관심은 반대 진영의 기반을 공고히 하는 계기가 되어 자신의 정치적 행보를 가로막는 요인이 될 수도 있다는 점을 명심해야 한다. 가장 현명한 방법은 선거 후 반대자들을 찾아가서 그들의 견해를 존중하고 앞으로 협조하고 싶다고 알리는 일이다(Faucheux, 2010).

선거에서 접촉했던 사람들에게 문자나 뉴스레터를 이용하여 정보를 알리고 의견을 구하는 노력이 필요하다. 현장 방문이나 미디어를 활용하여 시민들과의 소통도 강화해야 한다. 많이 경청하려고 노력하고 문제가 있으면 시정하겠다는 약속도 신뢰 구축에 도움이 된다.

정치 출마나 정책 결정 과정에서 일반 유권자들이 참여할 기회를 갖는 것은 참여 민주주의 실현에서 중요하다. 하지만 최근의 정치 엘리트화 현상은 정치 진입의 장벽을 만들어 정치 분극화를 야기하는 측면이 있다. 향후 정치권에서는 유권자의 정치 관여를 높이기 위한 대책들이 강구되어야 할 것이다. 특히, 여성과 젊은 층의 정치 소외를 극복하기 위한 노력은 시급하다. 현실적인 정치 참여 강화 방안들이 법적·제도적으로 마련되어야 한다. 이들의 정치 소외는 선출직과 임명직 모두에서 오랫동안 지적되어 온 문제였다. 보여주기식, 선심성 보완이 아니라 이들 집단의 대표성을 담보할 수 있는 근본적 조치가 필요하다.

선거 때마다 후보자들은 청년층과 여성층의 표심을 끌어오기 위한 다양한 노력을 보여주었다. 선대위 주요 보직에 청년과 여성을 배치하는 것을 포함해 이들에게 의사결정 권한과 책임을 부여하기 위한 다양한 방안들을 선보였다. 하지만 정치 참여 기회를 정책과 제도로서 보장하기 위한 노력을 찾아보기는 어려운 실정이다. 향후 이들의 정치권 진입을 구조적으로 해결하려는 행보가 필요해 보인다. 이는 미래 지지층 확보라는 중장기적인 측면에서도 고려되어야 한다. 단순히 표심을 공략하기보다 청년과 여성의 정치 참여 기회를 확대하여 국정 운영의 동반자로서 함께하겠다는 모습을 보여야 할 것이다.

표 5-1  2020년 성·연령별 국내 총인구수

표 5-1  **2020년 성·연령별 국내 총인구수**  (단위: 명, %)

| 연령(만) | 총인구 | 남자 | 여자 | 비율 |
|---|---|---|---|---|
| 17세 이하 | 7,627,884 | 3,925,693 | 3,702,191 | 0.145 |
| 18~39세 | 15,213,651 | 7,993,681 | 7,219,970 | 0.289 |
| 40~59세 | 16,815,061 | 8,498,112 | 8,316,949 | 0.319 |
| 60세 이상 | 12,976,269 | 5,718,208 | 7,258,061 | 0.247 |
| 계 | 52,632,865 | 26,135,694 | 26,497,171 | 100 |

자료: 국가통계포털(www.kosis.kr).

2020년 기준 국내 총인구수를 보면, 젊은 층으로 분류될 수 있는 20~30대의 비율은 40~50대 다음으로 높다(〈표 5-1〉 참조). 특히, 다른 연령대에 비해 남성의 비율이 높다. 선거 승리를 위해서는 이들이 당면한 문제점을 직시하고 관련 정책을 개선 및 발굴하려고 노력해야 할 것이다. 나아가 미래 정치 전문가 육성을 위한 정치적 노력도 필요하다. 현실 정치 속에서 이들이 역량을 발휘할 수 있도록 개방적 정치 환경을 조성하고 다양한 지원책을 내놓아야 한다. 이를 통해 민주정치를 위한 준비된 미래 정치 일꾼을 양성할 수 있다.

정치 활동의 폐쇄성을 살펴보고자, 2020년 4·15 국의의원 선거에 출마했던 후보자들의 성별·연령별 현황을 지역별로 살펴보았다(〈표 5-2〉 참조). 먼저 지원 후보자의 연령대를 보면, 50대가 압도적으로 많았고 30대 미만은 가장 적은 것으로 나타났다. 30세 미만 후보자는 70세 이상 후보자 수의 절반 이하에 머물렀다. 심지어 가장 적은 후보자 수를 보인 30세 미만에서 21대 국회의원으로 당선된 사례는 없었다. 비례대표를 통해 두 명이 선출되었는데, 이들 정당은 더불어시민당[1]과 정의당이었다. 이와는 대조적으로 70세 이상

---

1    더불어시민당은 민주당계 정당으로서 제21대 국회의원 선거에서 비례대표를 위해 만들어진 선거 연합 정당이다. '더불어민주당', '기본소득당', '시대전환'이 참여했고, 17명의 비례대표 국

표 5-2 21대 국회의원 선거 후보자와 당선인 현황

| 대상 | 지역 | 성별 | | 연령대별 | | | | | | 계 |
|---|---|---|---|---|---|---|---|---|---|---|
| | | 남 | 여 | 30세 미만 | 30~40세 미만 | 40~50세 미만 | 50~60세 미만 | 60~70세 미만 | 70세 이상 | |
| 후보자 | 수도권 | 387 | 128 | 14 | 36 | 99 | 228 | 124 | 14 | 515 |
| | 기타 | 505 | 81 | 1 | 18 | 79 | 308 | 160 | 20 | 586 |
| | 합계 | 892 | 209 | 15 | 54 | 178 | 536 | 284 | 34 | 1,101 |
| 당선인 | 수도권 | 98 | 23 | 0 | 5 | 19 | 72 | 24 | 1 | 121 |
| | 기타 | 126 | 6 | 0 | 1 | 9 | 85 | 35 | 2 | 132 |
| | 합계 | 224 | 29 | 0 | 6 | 28 | 157 | 59 | 3 | 253 |

자료: 중앙선거관리위원회(www.nec.go.kr).

에서는 세 명이 당선되어, 약 9%의 당선 확률을 보여주었다.

또한, 제21대 총선에서 여성의 정치 참여는 남성보다 매우 부족한 것으로 나타났다. 특히, 수도권(서울, 인천, 경기도)보다 기타 지역에서 여성들의 선거 참여는 남성보다 현저하게 낮았다. 총선에 출마한 여성 후보자의 비율이 남성보다 적은 것도 문제지만, 당선 확률의 경우 남성에 비해 현저하게 낮았다. 특히, 여성의 당선 확률은 수도권 이외 지역에서 상대적으로 더욱 심각한 수준이었다.

젊은 층과 여성들의 정치 참여가 상대적으로 낮은 현실을 고려하면 시민들의 인식 개선과 함께 관련 문제를 해결하기 위한 기성 정치인들의 노력도 절실해 보인다. 50~60대에 편중된 의회 구성은 다양한 요구를 반영하는 데 많은 한계를 가질 수 있기 때문이다. 젊은이와 여성들이 과소 대표되어 현실 정치에서 소외된다면, 정치나 정부에 대한 만족도나 신뢰도는 저하될 수 있고 그들이 느끼는 정치적 효능감도 떨어질 수 있다. 무엇보다 참여 및 대의 민주정치의 의미를 훼손한다는 사실에 주목해야 한다.

---

회의원이 선출되었다. 이후 더불어민주당과 합당하면서 소멸되었다.

청년층의 정치적 소외 현상은 정계 입문의 주요 채널인 지방의회에서도 발견되고 있다. 제7회 전국동시지방선거(2018년)에서 기초 및 광역의원 당선자 중 40세 미만은 6.3%인 반면, 5060세대는 71.2%였다. 다양한 분야의 시민 의사가 고르게 반영되어야 할 의회가 특정 세대에 편중된 것이다. 진입 장벽이 상대적으로 낮아 보이는 기초·광역의원 선거에서도 정치권 진입이 쉽지 않음을 시사한다. 지역 유지나 인맥을 넘는 공천권 제도의 혁신이 필요하다. 예를 들어, 청년할당제, 비례공천할당제 등을 고려해 볼 수 있다.

참정권을 실효적으로 확대하기 위해 2021년 말 피선거권 연령을 만 25세에서 18세로 하향 조정하는 '공직선거법' 개정안이 가결되었다. 참여 기회 확대를 위한 해결 과제가 여전히 존재하지만, 대표자를 선출할 권리 행사를 넘어 대표가 될 최소한의 기회를 얻게 된 것이다. 앞으로 서구권에서 시행되고 있는 것처럼 청소년의 정당 활동과 정치교육을 좀 더 적극적으로 도입해야 할 것이다.

2021년 1월 초 중앙선거관리위원회의 정당등록 현황에 따르면, 전체 50개의 정당이 존재한다. 현 정당등록 현황을 보면, 가장 최근에 등록한 정당은 '가가례도인연합'과 '통일한국당'(2021년 6월 4일 등록)이며, 가장 오래전 등록한 정당은 '독도한국당'(2007년 8월 8일 등록)이다. 현재의 여당과 제1야당의 역사는 오래되었지만, 여러 차례 정당명을 바꾸거나 재창당했기 때문에 나타나는 현상이다. 한편, 등록된 정당의 사무소 소재지는 모두 서울이다. 특정 지역 위주의 정당 활동도 지양되어야 할 것이다. 또한, 다양한 정당의 목소리를 담아내려는 미디어의 역할도 다양성과 포용의 정치를 위해 필요해 보인다.

대통령의 정책 의제가 당정 협의 형식을 통해 집권당에 전달되면서 의회 내에서는 협의에서 소외된 반대당과의 대립과 갈등이 발생하기도 한다. 집권당과의 당정 협의는 필요할 경우 반대당도 참여 가능한, 좀 더 확대된 협의체로 운영하는 것이 바람직하다. 정부와 국회가 함께 정책 사안을 조정하고

조율하는 방식으로 운영함으로써 국회가 제 역할을 할 수 있는 환경을 만드는 것도 중요하기 때문이다. 대통령제 정부 형태에서는 야당을 포함한 협력 정치로 나가야 안정적 정부 기반 조성에 도움이 될 것이다.

# 정치 참여와 위기관리

## 1. 정치 참여와 대응

시민의 정치 참여 활동은 제도적 혹은 비제도적 방식으로 이뤄진다. 예를 들어, 투표권 행사와 같은 제도적 방법이나 시위, 보이콧boycott과 같은 비제도적 방식을 생각해 볼 수 있다. 인터넷을 통한 정치 참여가 활성화되면서, 정치 참여 공간은 더욱 확장되고 있다. 정당이나 정치인 사이트, SNS 계정, 포털 공간 등이 정치 참여에 활용되고 있다. 이들 공간을 통한 적극적 의사 표현, 인터넷 청원이나 서명, 1인 미디어 채널 운영 등은 시민들의 정치 사회화에도 도움이 된다(구교태, 2017).

정치 권력자가 국민을 통제의 수단으로 보는 것은 지극히 위험하며 위임받은 권한은 국민을 위해 사용하겠다는 자세를 가져야 한다. 당선 후 공직 수행 능력이나 국민과의 효과적인 소통 전략이 부족한 경우 국민의 다양한 저항에 직면할 수 있다. 정치 저항 활동 참여자는 자신의 행동에 대한 나름의 명분을 가지고 있다. 일반적으로 이슈나 이데올로기를 중심으로 명분이 형성되는 경향이 있다.

민주 정치에서 집단적 항의는 보편적 정치 행위라 할 수 있다. 항의 정도

**그림 5-1 정치 행위 영역**

| | 정치 행위 수준 | | | | |
|---|---|---|---|---|---|
| | ① | ② | ③ | ④ | |
| 전통 정치:<br>투표<br>로비<br>이익집단 | 청원<br>Slogans<br>합법시위 | 보이콧 | 비공식파업<br>납세 거부 | 불법시위<br>점거<br>파괴<br>폭력 | 사보타지<br>게릴라, 분쟁<br>납치, 암살<br>혁명, 전쟁 |

| | 비전통적 정치 행위 | |
|---|---|---|
| 전통적 정치 행위 | 직접적 행동 | |
| | 불법 행동 | |
| | | 폭력 |

자료: Dalton(2006: 65).

에 따라 관례적이지 않은 파격적인 정치 행위들은〈그림 5-1〉과 같이 다양한 유형으로 구분될 수 있다(Dalton, 2006). 먼저, 청원서에 서명하거나 합법적 시위를 하는 것은 투표와 같은 전통적 정치와 비전통적 정치 요소를 모두 가지고 있다. 청원서 서명은 대다수 민주주의 국가에서 일상화된 참여 방식으로 인정되고 있다. 이제 전통적 정치 행위로 분류되는 추세다. 정치적 이유로 제품을 사거나 보이콧하는 정치적 소비주의자들도 항의의 한 유형이다. 2019년 한국에 대한 수출통제 조치에 대한 대응으로서 많은 시민이 동참했던 일본 상품 불매운동이 보이콧의 대표적 사례라 할 수 있다. 납세 거부나 불법 시위로 갈수록 행동의 불법 가능성과 물리적 위험성은 증대된다.

정치 활동에 대한 다양한 목소리 속에는 반대와 저항도 있다. 민주주의 국가에서 반대와 저항을 단순한 소외와 결핍의 결과로만 치부할 수는 없다. 시민들이 표현에 대한 자유를 행사하고 다양한 형태의 정치 활동을 조직하고 참여할 수 있는 능력이 있기에 가능한 일이다. 특히, 다양한 이익집단과 NGO 단체의 존재는 조직적 항의의 토대가 되었다. 또한, 온라인 중심의 커뮤니케이션이 활성화되면서 이슈별 연대 가능성도 늘어났다. 저항의 공간이 온·오프라인에서 모두 가능해진 것이다.

사회과학자들은 항의와 논쟁적 행위 동기를 체계적으로 설명하고자 몇 가지 모델을 제시해 왔다(Dalton, 2006). 첫째, 결핍deprivation 모델에 따르면, 저항이나 비판 활동은 좌절과 정치적 소외 감정으로부터 시작될 수 있다. 정치 분석가들은 개인적 불만족과 더 나은 조건을 만들려는 노력을 정치 저항의 근거로 보았다. 아리스토텔레스는 서민들의 경제적 혹은 정치적 평등에 대한 갈망으로 혁명이 일어난다고 보았고, 막스K. Marx도 가진 자와 못 가진 자 간 경쟁으로 인한 불만족이 정치 봉기의 원인이라 했다. 결핍으로 인한 불만족이 정치적 저항이나 폭력으로 진행될 수 있음을 시사한다. 여론조사 결과도 정책 불만족이 시위 활동의 참가 가능성을 높인다는 점을 보여주었다(Norris, 2002).

둘째, 자원resource 접근 모델도 항의나 저항을 설명하는 데 사용된다. 자원 접근의 관점에서는 시위와 같은 집단행동을 좌절된 공중의 분노로 보지 않는다. 오히려 투표나 자원봉사 활동 등과 같은 또 다른 정치적 자원으로 파악하고 있다. 사람들이 저항을 통해 자신이 추구하는 목표를 달성할 수 있다는 것이다. 이 모델에 따르면 시위와 같은 저항은 여러 경쟁 집단들이 정치적 영향력을 발휘하고자 경합하는 정상적인 정치 과정인 셈이다. 하지만 저항자의 특성이 편향되어 있다는 점은 문제로 지적된다. 저항에 참여하는 사람들은 교육 수준이 높고 정치적으로 잘 학습된 사람들인 경우가 많기 때문이다. 이는 시민 자원봉사civic voluntarism 모델을 통해서도 설명되는데, 시민 간 자원 접근의 불평등이 존재한다는 것을 의미한다.

마지막으로 항의나 저항은 정치 태도와 연계되어 설명될 수 있다. 저항은 흔히 기성 정치에 도전하거나 자신의 관점에서 전통적 정치를 뛰어넘으려는 진보의 도구로 인식되었지만, 최근 온·오프라인에서의 저항은 진보를 넘어 다양한 정치 영역에서 표출되고 있다. 한국에서도 대통령 탄핵, 검찰 개혁 등을 둘러싸고 온·오프라인에서 활발한 지지 및 반대 활동들이 있었다. 이는 저항이 정치적 입장에 따라 표출되는 행위일 수 있음을 시사한다. 특히, 태도 가운데 정치 불신은 시위 참여 의지와 관계되는 중요한 변인이다. 일반적으로 정부를 신뢰하지 않는 사람들이 시위 참여 경향이 높은 편이다. 또한, 정치 태도는 인구사회학적 요인에 따라 상이할 수 있다. 예를 들어, 시위 의지는 여성보다 남성 그리고 교육 수준이 높은 사람들에게서 높게 나타나는 경향이 있다(Dalton, 2006).

선거를 통해 공직을 수행하는 정치인이라면 미디어를 적극적으로 활용해야 한다. 국민에게 국정 관련 정보를 효과적으로 전달할 수단이자 자신의 정치 활동에 대한 피드백을 확보할 수 있는 소통 채널이기 때문이다. 나아가 국민의 참여를 유도하고 정책들을 체험할 수 있는 서비스 공간으로 활용할 수도 있다. 미디어를 통한 공유와 소통이 효과적으로 이뤄질 때 항의나 저항도 감소할 수 있다.

민주 시민 교육과 더불어 시민들의 인식이 변화되면서 민주적 실천 의지가 다양한 영역에서 구체화되고 있다. 이는 다양한 정치적 가능성을 열어줄 수 있다. 과거 정치 행태가 보여준 위에서 아래top-down로의 일방적 방식이 아니라 각자가 직면한 문제들을 숙고하고 필요 시 연대하면서 시도를 할 수 있게 되었다. 이는 의식의 변화와 더불어 열린 미디어의 출현으로 가속화되고 있다.

정치 관련 관심과 참여는 비단 선거 기간에만 한정된 것은 아니다. 모두가 평소 미디어 정보를 비평적으로 읽어내고 직간접적인 다양한 참여를 통한 민주적 도전을 이어갈 때, 비로소 국민이 희망하는 자기 정치의 길로 나아갈 수 있을 것이다. 이 과정에서 실용적 미디어 접근과 활용은 민주주의 이상을 구체화하는 효과적 수단이 될 수 있다.


## 2. 위기관리 커뮤니케이션

위기[1]는 예측하지 못한 상태[2]에서 발생한 사건이라는 의미를 내포한다. 갑

자기 발생하기에 놀라움이나 비예측성이라는 특성을 보인다. 위기 상황은 해당 조직뿐만 아니라 인접 분야에도 부정적 영향을 미치기도 한다. 국민들과 끊임없이 소통해야 하는 정치 영역에서도 위기관리의 중요성은 증대되었다. 정치적 위기는 국민의 신뢰 상실을 초래하여 정부의 동력을 약화시키고 정치 조직의 존립도 위태롭게 할 수 있기 때문이다.

위기에 직면했을 때 최초의 대응은 신속하고도 일관되게 그리고 개방적으로 추진되어야 한다(Coombs, 2001). 또한, 피해자가 있다면 이들에 대한 동정심sympathy을 표시하고 관련 정보를 제공하는 노력이 동반되어야 한다. 여기서 신속, 일관성, 개방은 위기 대응의 형식을 의미하고 정보와 동정심은 초기 대응의 내용과 관련된 것이다.

기술 발전에 따른 정보 확산 속도는 위기 대응에 필요한 시간적 여유를 감소시켰다. 신속한 대응은 통제에 대한 인상을 심어주는 데 중요한 역할을 한다. 신속 대응은 조직의 대응 능력을 보여주는 것이지만, 늑장 대응은 조직의 무능을 드러내는 것일 수 있다. 위기에 대한 신속한 대응은 조직 통제력과 신뢰도를 회복하는 첫 번째 단계인 셈이다. 또한, 조직은 이해 당사자들에게 일관된 메시지를 전달하도록 노력해야 한다. 통일된 대응이 일관성을 촉진시킬 수 있다. 공식 대변인의 역할이 필요한 이유다. 그리고 일관된 메시지는 비일관적인 경우보다 신뢰도 구축에도 도움이 된다.

조직의 개방성은 미디어 활용 가능성, 정보 공개성, 정직성을 의미한다. 미디어 활용 가능성은 위기 상황에서 미디어나 이해 당사자들의 질문에 시

---

1    조직의 운영에 미치는 영향력에 따라 사고와 위기를 구별하기도 한다. 사고는 지엽적·제한적 수준에서 조직의 운영을 방해하지만, 전체 조직의 일상적 운영을 방해한다면 위기로 인식되어야 한다(Pauchant and Mitroff, 1992).

2    현실에서는 위기를 경고하는 신호들이 있지만, 발견하지 못하여 예방을 위한 적절한 대응이 부족한 경우가 많다. 평소 경고 신호에 대한 스캐닝(scanning)과 모니터링(monitoring)을 통해 위기 발전 가능성을 판단할 수 있어야 한다.

의적절하게 답하는 것을 말한다. 위기 관리자는 정보의 완전한 공개를 강조하지만, 적절한 수준을 전략적으로 선택해야 한다. 법적 문제가 야기될 수 있기 때문이다. 나아가 이해 당사자들은 위기보다 위기 관련 조직의 거짓말에 더 크게 분노할 수 있다. 따라서 기만하지 않는 정직한 정보공개는 필수적이다.

신속, 일관성, 개방과 같은 위기 대응 형식도 중요하지만, 위기 관련 피해자들에게 동정심과 관심을 표현하고 관련된 내용을 적절하게 알리는 것도 필요하다. 위기 대응 정보는 위기에 대한 기본 정보, 해결 조치 등을 담고 있어야 한다. 동정심 표현은 신뢰도 형성에 효과적이고, 적절한 정보 제공은 조직의 상황 통제력에 대한 인식 형성에 도움이 된다.

위기관리 커뮤니케이션 전략은 방어와 수용의 목적을 모두 포함한다. 방어는 인물이나 조직의 명성을 보호하기 위한 노력을 의미한다. 심지어 피해자나 희생자를 외면하더라도 인물이나 조직의 명성을 보호하려는 의도를 가진다. 반면, 수용은 책임을 받아들이거나 위기를 바로잡기 위한 노력을 말하며, 인물이나 조직의 명성이 훼손되거나 재정적 피해가 있더라도 희생자에게 도움을 제공하기 위한 노력을 의미한다.

〈표 5-3〉에 제시된 다양한 위기 대응 전략을 선택할 때 고려해야 할 사항들은 다음과 같다. 먼저, 공격attack 전략은 식별하거나 반박할 수 있는 공격자가 있을 때 사용할 수 있다. 루머나 도전에 의한 위기 상황에 직면했을 때 사용 가능한 방법이다. 부인denial 전략은 위기가 존재하지 않거나 위기에 책임이 없다는 근거가 있을 때 사용할 수 있다. 루머나 도전에 의한 위기에 사용하는 것이 바람직하다. 변명excuse 전략은 위기에 대한 책임이 거의 없는 경우 사용할 수 있다. 예상치 못한 사고나 자연재해 등에 적당하다. 하지만 위기 피해가 심각할 경우 이 전략 사용은 바람직하지 않다. 위기로 인한 피해가 작을 때는 합리화justification 전략을 사용할 수 있다. 사고나 자연재해 등과 같은 위기 상황에서 사용하는 것은 바람직하지 않다.

표 5-3 **위기관리 커뮤니케이션 전략**

| 전략 | 내용 |
|------|------|
| 공격 | · 위기 주장하는 자나 집단에 맞서는 전략<br>· 비난자에 소송도 불사하겠다고 위협하는 대응 |
| 부인 | · 위기를 부인하는 주장<br>· 위기 부인 이유를 설명하는 행동 동반 |
| 변명 | · 위기에 대한 조직 책임 최소화 전략<br>· 위기에 대한 통제력이 없었다는 주장<br>· 부정적 결과에 대한 의도성 부인 |
| 합리화 | · 위기로 인한 피해가 대수롭지 않다는 주장<br>· 심각한 피해나 피해자가 없다는 주장<br>· 피해 입을 이유가 있다는 주장 |
| 아부 | · 당사자 칭찬<br>· 조직의 과거 선행을 당사자에게 상기 |
| 시정 | · 위기 피해 구제 방안 마련<br>· 위기 재발 방지 조치 |
| 사과 | · 위기에 대한 책임 인정 및 용서 구하기<br>· 금전 등의 보상 방안 제시 |

자료: Coombs(2001: 202)를 부분 수정 후 발췌.

아부나 아첨ingratiation 전략은 위기에 처한 사람이나 조직이 훌륭한 업적을 쌓아왔거나 강력한 명성을 가지고 있다면 고려해 볼 수 있다. 이러한 특성의 사람이나 조직이라면 다른 유형의 위기 대응 전략도 효과적일 수 있다. 시정 조치corrective action 전략은 범죄와 같은 위기 상황에 사용할 수 있다. 위기가 반복적으로 발생한 경우라면 다른 전략과 함께 시정 조치도 고려해야 한다. 마지막으로 사과full apology 전략은 조직의 범죄와 같은 위기 상황에 고려될 수 있다.

위기는 시기와 빈도의 문제일 뿐 누구나 마주칠 수 있다. 위기에 대한 예방 책을 세우고 위험 신호들을 감지할 수 있는 시스템과 유연한 태도를 갖추어 위기관리 능력을 높여야 한다. 준비된 상황에서 위기를 만난다면 오히려 정 치 활동을 진단하고 공중 관계를 점검함으로써 성장의 계기가 될 수도 있다.

# 참고문헌

강미은. (2005). 『인터넷 속의 정치』. 한울.

강미은. (2000). 「선거 여론조사 결과 발표가 투표의향에 미치는 영향에 관한 연구: 개인의 정보 처리 동기와 능력을 중심으로」. ≪한국언론학보≫, 44(2), 5~39쪽.

강승식. (2016). 「현대 입헌주의의 위기와 그 문제점」. ≪한양법학≫, 27(3), 3~27쪽.

강준만. (2013) 『감정 독재』. 인물과사상사.

구교태. (2008). 「한국 방송의 선거보도 특성에 관한 연구: 2007 대통령 선거방송보도를 중심으로」. ≪언론과학연구≫, 8, 5~38쪽.

구교태·김동윤·이미나. (2018). 『지방선거와 언론 보도』. 한국언론진흥재단.

권혁남. (2014). 『미디어 정치 캠페인』. 커뮤니케이션북스.

김광수·우성택·권은아. (2010). 『광고학』. 한나래.

김용철. (2003). 「한국과 미국 정당들의 인터넷 선거운동과 경쟁 양상」. 한국정당학회 세미나 발표 자료.

김일수. (2005). 「민주주의 정치참여」. 『정치학의 이해』. 법문사, 195~221쪽.

데카르트, 르네(Descartes René). (1997). 『방법서설: 정신지도를 위한 규칙들』. 이현복 옮김. 문예출판사.

동아시아연구원. (2010). 「유권자 투표참여에 영향을 미치는 요인에 관한 연구: 제5회 지방선거 사례를 중심으로」.

류성진. (2020). 「자유로운 선거와 공정한 선거: 공직선거법상 여론조사 결과 공표 금지를 중심으로」. ≪공법학연구≫, 21(12), 273~300쪽.

박아란. (2017). 「가짜 뉴스에 대한 법률적 쟁점과 대책」. 『Fake News(가짜 뉴스) 개념과 대응방안』. 한국언론학회·한국언론진흥재단 세미나 발표집.

박양신. (2008). 『정치인 이미지 메이킹』. 새빛.

박주현. (2015). 『선거보도의 열 가지 편향』. 커뮤니케이션북스.

바버, 벤자민(Benjamin R. Barber). (1992). 『강한 민주주의』. 박재주 옮김. 인간사랑.

서한수·조재목·서상봉·임영규. (1995). 『출마에서 당선까지』. (주)에이스기획.

서현진. (2008). 「제17대 대선과 투표참여」. 이현우 권혁용 공편. 『변화하는 한국유권자 2』. 동아시아연구원.

성장환. (2005). 「정당과 선거」. 『정치학의 이해』. 법문사, 225~247쪽.

스톤캐쉬, 제프리(Jeffrey M. Stonecash). (2009). 『정치 여론조사의 기술』. 휴먼비지니스.

안종기. (2017). 「후보자 이미지의 형성요인과 효과: 한국의 제18대 대통령선거 분석을 중심으로」. 고려대학교 박사학위논문.

원우현·박종민. (2000). 『여론홍보론』. 법문사.

유일상. (2001). 『선전과 여론설득』. 아침.

윤석만. (2017.2.16). "히틀러 이후 70년… 독일인은 어떻게 가장 매력적인 국민 됐나". ≪중앙일보≫.

이강형. (2006). 「선거보도와 개표방송의 쟁점과 방향」. 『동시지방선거와 선거방송 원칙』. 2006년 한국방송학회 세미나(2006.4.28).

이동희. (1986). 『정치학원로』. 일신사.

이상신. (2012). 「정치의 사인화(私人化)와 대선 후보자의 인지적 평가: 박근혜, 안철수, 문재인의 스키마(Schema) 분석」. ≪한국정치학회보≫, 46(4), 149~170쪽.

이효성. (2002). 「선거보도 개선을 위한 이론적 논의와 제언」. 『선거보도 가이드라인 제정을 위하여』. 2002년 한국언론학회 세미나(2002.7.30).

이홍철. (2004). 『여론조사. 정치커뮤니케이션의 이해』. 커뮤니케이션북스.

임정하·김경민·송지은·최정원. (2021). 「연령대별 SNS 이용행태에 따른 잠재프로파일 유형에 관한 연구」. 한국미디어패널 학술대회 논문.

정보통신정책연구원. (2016). 「SNS(소셜네트워크서비스) 이용추이 및 이용행태 분석」. ≪KISDISTAT REPORT≫, 16(7), 1~12쪽.

정일권·김영석. (2009). 「온라인 여론조사에 대한 수용자의 평가와 영향력에 관한 연구」. ≪한국방송학보≫, 23(3). 247~285쪽.

정한울. (2016). 「외주민주주의 시대의 여론조사: 여론조사가 투표선택에 미친 영향」. ≪한국정당학회보≫, 15(1), 63~105쪽.

조용상. (2005). 「현대정치와 인간」. 『정치학의 이해』. 법문사.

조일수. (2020). 「대의 민주주의와 참여 민주주의 특징 및 한계 비교 연구」. ≪한국교육논총≫, 41(3), 23~50쪽.

조희정. (2012). 『소셜미디어와 한국의 정치과정 변화』. 코리아연구원.

중앙선거관리위원회. (2014). 제6회 전국동시지방선거에 관한 유권자 의식조사.

중앙선거여론조사심의위원회. (2019). 『제21대 국회의원선거 선거여론조사 가이드북』.

중앙선거관리위원회. (2020). 『제21대 국회의원선거 총람』.

최한수·이현출·김학량·구경서. (2000). 『현대사회와 여론』. 건국대학교 출판부.

치알디니, 로버트(Robert Cialdini). (2016). 『초전 설득』. 김경일 옮김. 21세기북스.

쿰스, 티머시(Timothy Coombs). (2001). 『위기 관리 커뮤니케이션(Ongoing crisis communi-cation)』. 이현우 옮김. 커뮤니케이션북스.

포첵스, 로널드 A.(Ronald A. Fauchaux). (2010). 『정치캠페인 솔루션』. 전광우 옮김. 나남.

하승태·이정교. (2012). 「CNN 뉴스의 미국 대선 경선 보도와 정치여론조사」. ≪커뮤니케이션학 연구≫, 20(4), 67~84쪽.

황근. (2004). 「투표행위」. 『정치커뮤니케이션의 이해』. 커뮤니케이션북스.

Aldrich, J. H. (1993). "Rational choice and turnout." *American Journal of Political Science*,

37(3), pp.246~278.

Allyn, R. (1999). "The good that political consultants do." In D. D. Permutter(ed.). *The Manship School guide to political communication*. Louisiana State University Press, pp.304~310.

Ansolabehere, S. D. and S. Iyengar. (1995). *Going negative: How political advertisements shrink and polarize the electorate*. NY: Free Press.

Aristotle. (1995). "Nichomachean Ethics." In J. Barnes(Ed.). *The Complete Works of Aristotle*, Vol.2(6th ed.). Princeton University Press.

Atran, S. (2011). *Talking to the Enemy: Violent Extremism, Sacred Values, and What It Means to Be Human*. Penguin Books.

Baca-Motes, K., A. Brown, A. Gneezy, E. A. Keenan, and L. D. Nelson. (2012). "Commitment and Behavior Change: Evidence from the Field." *Journal of Consumer Research*, 39(5), pp.1070~1084.

Barker, L. L. (1990). *Communication*. NJ: Prentice Hall.

Baugut, P. and Neumann, K. (2019). "How right-wing extremists use and perceive news media." *Journalism & Mass Communication Quarterly*, 96(3), pp.696~720.

Barker, L. L. (1990). *Communication*. NJ: Prentice Hall.

Blais, A. (2000). *To voter or not to vote: The merits and limits of rational choice theory*. Pittsburgh: University of Pittsburgh Press.

Bullock, C. S., R. K. Gaddie, and A. Ferrington. (2002). "System structure, campaign stimuli, and voter falloff." *Journal of Politics*, 64(4), pp.1210~1224.

Bühlmann, M., M. Merkel, L. Müller, H. Giebler, and B. Weßels. (2012). Demokratiebarometer: ein neues Instrument zur Messung von Demokratiequalität. *ZfVP*, 6, pp.115~159.

Capella, J. and K. H. Jamieson. (1997). *Spiral of cynicism: The press and the public good*. NY: Oxford University Press.

Ceci, S. and E. Kain. (1982). "Jumping on the bandwagon with the underdog: The impact of attitude polls on polling behavior." *Public Opinion Quarterly, 46*, pp.228~242.

Cialdini, R. (2007). *Influence: The Psychology of Persuasion*. Collins Business.

CNN. 2020.10.18. "Joe Biden has his own island on 'Animal Crossing' where you can learn about his campaign." www.cnn.com.

Coe, J. and T. Kingham. (2007). *Tips on good practice in campaigning*. NCVO.

Coffman, J. (2009). *Overview of current advocacy evaluation practice*. Center for Evaluation Innovation.

Constans, J. I. (2001). "Worry Propensity and the Perception of Risk." *Behaviour Research and Therapy*, 39, pp.721~729.

Craig, S. C., R. G. Niemi, and G. E. Silver. (1990). "Political efficacy and trust: A report on the NES pilot study items." *Political Behavior*, 12, pp.289~314.

Dalton, R. J. (2006). *Citizen politics*(4th ed.). Washington, DC: CQ Press.

Diamond, E. and S. Bates. (1992). *The spot: The rise of political advertising*. MIT Press.

Downs, A. (1957). *An economic theory of democracy.* NY: Harper & Row.

Economist Intelligence. (2022). "Democracy Index 2021: The China challenge." www.eiu.com.

Eysenck, M. W. and M. G. Calvo. (1992). "Anxiety and Performance: The Processing Efficiency Theory." *Cognition and Emotion*, 6, pp.409~434.

Faucheux, R. A. (2003). *Winning elections: Political campaign management, strategy & tactics.* NY: M. Evans and Company.

Files, J. (2000.5.7). "For politicians, being funny is a serious business." *New York Times*, p.A24.

Franklin, M. N. (1996). "Electoral Participation." *Comparing democracies: Elections and voting in global perspective* in Lawrence LeDuc, Richard G. Niemi, and P. Norris(ed.). Thousand Oaks, CA: Sage, pp.216~235.

Franklin, M. N. (2004). *Voter turnout and the dynamics of electoral competition in established democracies since 1945.* Cambridge University Press.

Garzia, D. (2011). "The personalization of politics in western democracies: Causes and consequences on leader-follower relationships." *The Leadership Quarterly*, 22(4), pp.697~709.

GiammatteoGiammatteo, M. C. (1981). *Forces on leadership.* Reston, VA: National Association of Secondary School Principals.

Goldstein, K. M. and P. Freedman. (2002). "Campaign advertising and voter turnout: New evidence for a stimulation effect." *Journal of Politics*, 64(3), pp.721~740.

Gronbeck, B. E. (1992). "Negative narratives in 1988 presidential campaign ads." *Quarterly Journal of Speech*, 78, pp.333~346.

Hennessy, B. (1965). *Public opinion.* Wadsworth Publishing Co.

Hill, D. (2009). *American voter turnout.* Westview Press.

Hollihan, T. A. (2001). *Uncivil wars: Political campaigns in a media age.* Boston: Bedford-St. Martin's.

Iyengar, S. and D. R. Kinder. (1987). *News that matters.* Chicago: University of Chicago Press.

Jackman, R. W. (1987). "Political institutions and voter turnout in the industrial democracies." *American Political Science Review*, 81(2), pp.405~423.

Johnson-Cartee, K. S., and G. Copeland. (1991). "Southern voters' reaction to negative political ads in the 1986 election." *Journalism Quarterly*, 66, pp.888~893.

Jamieson, K. H. (2001). *Everything you think you know about politics ⋯ And why you're wrong.* NY: Oxford University Press.

Kaid, L. L. and J. Boydston. (1987). "An experimental study of the effectiveness of negative political advertisements." *Communication Quarterly*, 35, pp.193~201.

Katz, D. (1960). "The functional approach to the study of attitude." *Public Opinion Quarterly*, 24, pp.163~204.

Klapper, J. (1960). *The effects of mass communication.* NY: Free Press.

Ku, G., L. L. Kaid, and M. Phau. (2003). "The impact of web site campaigning on traditional news media and public information processing." *Journalism & Mass Communication Quarterly*, 80(3), pp.528~547.

Larson, C. U. (1995). *Persuasion: Reception and responsibility* (7th ed.). Belmont, CA: Wadsworth.

Lazarsfeld, P., B. Berelson, and H. Gaudet. (1948). *The people's choice: How the voter makes up his mind in a Presidential campaign.* NY: Columbia University Press.

Lee, R. (2000). "Images, issues and political structure: A framework for judging the ethics of campaign discourse." in R. E. Denton, Jr.(ed.), *Polititical communitiona ethics: An oxymoron.* Westport, CT: Praeger, pp.23~50.

McAllister, I. and D. T. Studlar. (1991). "Bandwagon, underdog, or projection? Opinion polls and electoral choice in Britain, 1979-1987." *The Journal of Politics*, 53, pp.720~741.

McCombs, M. E. and D. L. Shaw. (1972). "The agenda-setting function of the mass media." *Public Opinion Quarterly*, 36, pp.176~188.

McCrosky, J. C., T. Jensen., and C. Todd. (1972). *The generalizability of source credibility scales for public figures.* Paper for the Speech Communication Association. Chicago, IL.

Madsen, J. K. (2019). *The psychology of micro-targeted election campaigns.* Switzerland: Palgrave Macmillan.

McQuail, D. (1992). *Media performance : Mass communication and the public interest.* Sage.

Media Tenor. (2004). "Kerry: Media Push without Substance." *Media Tenor Quarterly Journal*, 1, pp.10~11.

Miller, A. H. (1974). "Political issues and trust in government: 1964-1970." *American Political Science Review*, 68(3), pp.951~972.

Morris, R. (1993). "Visual rhetoric in political cartoons: A structuralist approach." *Metaphor and Symbolic Activity*, 8, pp.195~210.

Newman, B. I. (1999). *The mass marketing of politics.* Sage.

Norris, P. (2000). *A virtuous circle.* Cambridge University Press.

Norris, P. (2002). *Democratic phoenix: Reinventing political behavior.* NY: Cambridge University Press.

Nimmo, D. (1970). *Political persuaders.* NJ: Prentice-Hall.

Nimmo, D. (1974). *Popular images of politics.* Englewood Cliffs, NJ: Prentice-Hall.

O'Keefe, D. J. (2008). "Elaboration Likelihood Model." in W. Donsbach(Ed.), *The International Encyclopaedia of Communication*, IV. Blackwell Publishing, pp.1475~1480.

Parry-Giles, T. and S. J. Parry-Giles. (1996). "Political socophilia, presidential campaigning and the intimacy of American poltics." *Communication Studies*, 47, pp.191~205.

Patterson, T. E. (1994). *Out of order.* NY: Knopf.

Patterson, T. E. (2005). "Of Polls, Mountains: U.S. Journalists and Their Use of Election Surveys." *Public Opinion Quarterly*, 69, pp.716~724.

Patterson, T. E. and R. D. McClure. (1976). "Television and less-interested voters: The costs of an informed electorate." *Annals of the American Academy of Political and Social Sciences*, 425, pp.88~97.

Pauchant, T. C. and I. I. Mitroff. (1992). *Transforing the crisis-prone organization: Preventing invidual organizational and environmental tragedies*. San Francisco: Jossey-Bass.

Petrocik, J. R. (1996). "Issue ownership in presidential elections, with a 1980 case study. *American Journal of Political Science*, 40(3), pp.825~850.

Petty, R. E. and J. T. Cacioppo. (1986). *Communication and persuasion: Central and peripheral routes to attitude change*. NY: Springer.

Pew Research Center. (2016). "Digital news development in U.S. presidential campaigns, 2000-2006." www.pewresearch.org.

Pew Research Center. (2017). "Social media usage: 2005-2015." Available in www.pewionternet.org.

Pfau, M., Diedrich T., Larson, K., and K. Van Winkle. (1993). "Relational and competence perceptions of Presidential candidates during primary election campaigns." *Journal of Broadcasting*, 37(3), pp.275~292.

Pinkleton, B. E. (1997). "The effects of negative comparative political advertising on candidate evaluation and advertising evaluations: An exploration." *Journal of Advertising*, 26(1), pp.19~29.

Powell, G. B. (1986). "American voter turnout in comparative perspective." *American Journal of Political Science*, 80(1), pp.17~43.

Powell, L. and J. Cowart. (2003). *Political campaign communication: Inside and out*. MA: Allyn and Bacon.

Prysby, C. (2008). "Perceptions of candidate character traits and the Presidential vote in 2004." *Political Science and Politics*, 41(1), pp.115~122.

Prysby, C. and D. Holian. (2007). "Perceptions of candidate personal traits and voting in Presidential elections, 1996-2004." Presentation at the annual meeting of the American Political Science Association, Chicago, August 29-September 2.

Radcliff, D. (1992). "The welfare state, turnout, and the economy: A comparative analysis." *American Political Science Review*, 86 (2), pp.444~454.

Riker, W. H. and P. C. Ordeshook. (1968). "A theory of the calculus of voting." *American Political Science Review*, 62(1), pp.25~42.

Rizzolatti, G. and L. Craighero. (2004). "The Mirror-Neuron System." *Annual Review of Neuroscience*, 27, pp.169~192.

Rizzolatti, G. and M. Fabbri-Destro. (2010) "Mirror neurons: from discovery to autism." *Exp Brain Res*, 200(3-4), pp.223~237.

Rodeheffer, C. D., Hill, S. E., and C. G. Lord. (2012). "Does this recession make me look Black? The effect of resource scarcity on the categorization of biracial faces." *Psychological Science*, 23(12), pp.1476~1478.

Rosenbloom, D. L. (1973). *The election men: Professional campaign managers and American democracy.* NY: Quadrangle Books.

Rosenstone, S. J. and J. M. Hansen. (1993). *Mobilization, participation, and democracy in America.* NY: Macmillan.

Swanson, D. L. (1976). "Information utility: An alternative perspective in political communication." *Central States Speech Journal*, 27, pp.95~101.

Toulmin, S. (2003). *The use of argumentation.* Cambridge University Press.

Tversky, A. and D. Kahneman. (1973). "Availability: A heuristic for judging frequency and probability." *Cognitive Psychology*, 5. pp.207~222.

Verba, S., K. L. Schlozman, and H. Brady. (1995). *Voice and equality: Civic volunteerism in American politics.* Cambrdige: Harvard University Press.

Verba, S., N. Nie, and J. Kim. (1971). *The modes of democratic participation.* CA: Sage Professional Papers in Comparative Politics.

Wattenberg, M. P. (2016). "The declining relevance of candidate personal attributes in presidential elections." *Presidential Studies Quarterly*, 36(4), pp.705~713.

Watts, D. J. and P. S. Dodds. (2007). "Influentials, networks, and public opinion formation." *Journal of Consumer Research*, 34(4), pp.441~458.

Wei, R., V. Lo, and H. Lu. (2011). "Examining the perceptual gap and behavioral intention in the perceived effects of polling news in the 2008 Taiwan presidential election." *Communication Research*, 38, pp.206~227.

West, D. M. (2018). *Air wars: Televison advertising and social media in election campaigns, 1952-2016.* Washington D.C.: CQ Press.

Zhao, X. (1998). "Horse-race polls and audience issue learning." *Press/Politics*, 3(4), pp.13~34.

# 찾아보기

지은이

# 구 교 태

계명대학교와 고려대학교 신문방송학과에서 학사와 석사 학위를 미국 아칸소주
립대학교와 오클라호마대학교에서 저널리즘 석사와 커뮤니케이션 박사 학위를
취득하였다. 현재 계명대학교 언론영상학과 교수로서 커뮤니케이션 이론, 미디어
정치, 미디어 글쓰기 등을 강의하고 있다. 저널리즘과 정치 커뮤니케이션 관련 분
야를 중심으로 연구를 수행해 왔으며, 최근에는 방송심의와 언론윤리에 대한 연
구를 진행해 왔다. 연구 논문들은 *Journalism & Mass Communication Quarterly* 및
국내 언론 관련 저널을 통해 발표되었고, 저술로는 『디지털 시대의 미디어 글쓰
기』 등이 있다.

한울아카데미 2438

**미디어 정치학**

ⓒ 구교태, 2023

지은이 **구교태** | 펴낸이 **김종수** | 펴낸곳 **한울엠플러스(주)** | 편집 **조인순**

초판 1쇄 인쇄 **2023년 3월 24일** | 초판 1쇄 발행 **2023년 3월 31일**

주소 **10881 경기도 파주시 광인사길 153 한울시소빌딩 3층**
전화 **031-955-0655** | 팩스 **031-955-0656**
홈페이지 **www.hanulmplus.kr** | 등록번호 **제406-2015-000143호**

Printed in Korea.
ISBN 978-89-460-7438-5 93300 (양장)
        978-89-460-8258-8 93300 (무선)
※ 책값은 겉표지에 표시되어 있습니다.